臺灣歷史與文化研究輯刊

二四編

第 1 冊

清代基隆河流域之移墾與黃金的研究

唐 羽 著

花木蘭文化事業有限公司

國家圖書館出版品預行編目資料

清代基隆河流域之移墾與黃金的研究／唐羽 著 -- 初版 -- 新
北市：花木蘭文化事業有限公司，2023〔民 112〕
目 4+198 面；19×26 公分
（臺灣歷史與文化研究輯刊二四編；第 1 冊）
ISBN 978-626-344-358-7（精裝）
1.CST：臺灣史 2.CST：移民史 3.CST：清代 4.CST：基隆河
733.08   112010195

ISBN-978-626-344-358-7

9 786263 443587

臺灣歷史與文化研究輯刊
二四編 第一冊   ISBN：978-626-344-358-7

清代基隆河流域之移墾與黃金的研究

作 者	唐羽
總 編 輯	杜潔祥
副總編輯	楊嘉樂
編輯主任	許郁翎
編 輯	張雅淋、潘玟靜 美術編輯 陳逸婷
出 版	花木蘭文化事業有限公司
發 行 人	高小娟
聯絡地址	235 新北市中和區中安街七二號十三樓
	電話：02-2923-1455／傳真：02-2923-1452
網 址	http://www.huamulan.tw 信箱 service@huamulans.com
印 刷	普羅文化出版廣告事業
初 版	2023 年 9 月
定 價	二四編 9 冊（精裝）新台幣 26,000 元

清代基隆河流域之移墾與黃金的研究

唐羽 著

作者簡介

唐羽，臺灣宜蘭縣人，本名蔡明通，字縱橫，一九三三年生於金瓜石鑛山。自幼長於當境黃、呂與本籍三大農、礦家族間。斯以所聞概及所見，親歷此一鑛山之興衰，大家族之起落。志趣歷史、窮究史學、專事鑛業史、家族史、方志學之研究；著有公私出版文字達六百餘萬言。又精於日文與典籍，久任臺北縣松年大學講師，兼從著述為業。其著者，有臺灣採金七百年、臺灣鑛業會志、雙溪鄉志、貢寮鄉志、臺陽公司八十年志、魯國基隆顏氏家乘、基隆顏家發展史，暨各類論文三十餘篇。

提　要

　　本論文集係以臺灣北部最大河流──基隆河流域之移墾開拓為經，次以河流砂金的發見，清人設立基隆砂金局，施行抽釐採金之始末為緯，附以相關自荷、西二殖民政權，分據臺灣南北，進行遠東貿易，暨致力於各地找尋傳說中之金鑛「哆囉滿」；乃至鄭氏在臺建立抗清政權，力行延祚，迄於末年，由於國用陷入窮蹙，亦派探金隊，圖打開傳說中產金地說法；其地也是「哆囉滿」，此一相關之論說多篇、綜合為一之論文集。

　　蓋文中所提之基隆河中上游所經，適處後世以產金而著之侯硐背斜與基隆火山群西麓。但有清一代，始以朝廷嚴行鑛禁，渡臺移民又未諳採金之法；原住族群雖知出金所在，祖傳以來又口噤守秘，凡言產金，即推其地為「哆囉滿（Turumoan）」應之。甚至，伏莽以待曰：「吾儕以此為活，唐人來取，必決死戰！」凡歷數百年。其實，所謂「哆囉滿」，也是瞞騙漢人與趨利之徒，轉換視線而已。

　　誰知，事及光緒十二年，法事已罷，臺灣建省，巡撫劉銘傳積極從事臺灣之開發，並築鐵路而由廣東招徠一班去過美洲，受雇築鐵路，又意外親自目睹採金之法的上述路工，擔任工程。十六年夏間，此批路工於建造七堵鐵路橋時，偶發見河砂含金，以椀試之，果為金苗，成為產金之發見。

　　事傳官方，時因劉銘傳經已開缺，改由兼通洋務之前布政司邵友濂，再次調臺出任其缺。友濂抵臺後發見地利已露，因設立基隆金砂局於瑞芳，以及沿河多處分局，任民眾納釐採金。擬以釐金所集為臺灣經費。未意，官方設局之事，因利之所趨與官場之暗鬥，致收入未若期待之成功，邵巡撫也下臺求去。金砂局改歸民營，卻由此採金之逐漸溯源，發見提供金源之九份山露頭；再進而發現金瓜石鑛山。消息傳揚，致引來時已潛藏於臺從事偵查之日諜所獲知，傳回日本，至于提早加快其人之侵臺。

　　斯此，史程雖遠，卻為臺灣本土史重要之一環，其所牽涉，匪唯金鑛之開發而已，今經重訂，彙為一集，更利於研究之參考，並且，旨趣橫生。

　　福留喜之助，日本鹿兒島人，一八七一年生，東京大學工學士，精通典籍。一九〇四年六月，來臺首任臺灣總督府鑛務課長，旋出巡金瓜石鑛山，即於當境內九份溪北部小丘上，發見鑛床露頭，是為此鑛山長仁系鑛床之發見。平生極精鑛藏之學，相關著述甚夥，並任臺灣鑛業會會長。一九二四年，罷官返日去；唯仍關心臺之鑛業，數次受聘來臺演講。

目

次

清代基隆河流域移墾史之探討──從河名之演變
　探討流域墾地之開發……………………………… 1
前言……………………………………………………… 1
一、基隆河之流路與西班牙人溯河雞籠 …………… 3
　（一）流路所經與清人對河港之命名 ………… 3
　（二）西班牙人之溯流發見基馬遜河 ………… 4
二、康熙間基隆河之命名與流域概況 ……………… 6
　（一）見於康熙志書與私家劄記之基隆河……… 6
　（二）郁永河來淡採硫時基隆河中下游之交
　　　　通景觀 ……………………………………… 8
三、乾隆初葉基隆河中游開發之探討 ……………… 11
　（一）內港二大溪之命名與北溪流域社莊之
　　　　推移 ………………………………………… 11
　（二）安溪墾民之入墾基隆河與錫口之成街… 13
　（三）乾隆中葉安溪墾民之溯源南港與峯仔
　　　　崎 …………………………………………… 17
四、嘉慶、道光間河源之推進與水返腳之開發…… 19
五、咸、同間基隆河河名之演變與茶業之興起…… 22

（一）內港二大溪與內港三大溪之演變 ……… 22

（二）中游大埔頭水返腳之發展與茶業 ……… 25

六、光緒間基隆河之命名考與河段之改隸 ……… 28

七、基隆河上游區段之地理形勢與開發之補述 …… 32

（一）補記八堵段流域之開發與暖暖街之

興起 …………………………………………… 33

（二）鰺魚坑龍潭堵河段之開闢與礦業之

崛起 …………………………………………… 37

（三）三貂峽谷段之河道推移與貂嶺古道之

開闢 …………………………………………… 42

（四）補記平溪地區之移墾與河源景觀之

探討 …………………………………………… 44

八、日據初期基隆河命名之多歧與最後之定論 … 47

九、結語 …………………………………………… 55

清光緒間基隆河砂金之發見與金砂局始末 ……… 59

前言 ……………………………………………… 59

一、古代臺灣產金傳說與文獻之記述 ………… 61

（一）清代以前臺灣之產金傳說與探金 …… 61

（二）清初三朝溪後山之產金與土著採金 … 64

二、金山與基隆河之地理位置、金之關係 …… 68

（一）基隆河砂金與基隆金山之關係 ……… 68

（二）發現砂金之年代與地點之訂正、金之

淘洗 …………………………………………… 71

（三）光緒十六、七年代之砂金業與禁採令 … 73

三、臺灣新洋務基隆金砂總局之開設 ……… 76

（一）邵友濂之巡撫臺灣與開源採金之議 … 76

（二）基隆金砂局之設與抽釐採金 ……… 79

四、清吏對於官設抽釐之爭議與洋務之態度 …… 84

（一）官設金砂局之不同爭議 ……………… 84

（二）官設金砂局之挫折與提調張經甫之

斥罷 …………………………………………… 90

（三）金砂局機器開探之議與經營之消長 … 95

五、五商金寶泉之包贌釐金與產金中心之推移 … 96

（一）金寶泉之包辦抽釐與民營金砂局 ……… 96

（二）九份‧金瓜石礦山之發見與採金地之
推移 …………………………………… 99

六、光緒二十年代金砂總局之恢復與採金業之
末期 ……………………………………… 103

（一）邵友濂、馬士之再議採金與金砂局之
恢復──馬關條約 ………………… 103

（二）金山之產金量、金買賣、金對地方之
影響──乙未割臺 ………………… 108

七、結語 …………………………………… 111

明鄭之取金淡水、雞籠考 …………………… 115

一、明鄭嗣王遣監紀陳福取金淡水 …………… 115

二、後世修志對史事之「時、地、人、事」二說
並存 ……………………………………… 118

三、從佚書《海上事略》對採金史事之探討 …… 120

四、從原住民關係與《事略》之說論採金位置… 123

五、從早期中外著述探討臺灣北部之出金 …… 126

六、從明鄭經營雞籠之消長探討人際關係 …… 128

七、結語 …………………………………… 133

早期之產金說與志書之擷取 ………………… 137

一、哆囉滿產瓜子金攜至雞籠、淡水易布 …… 137

二、康熙間志書外記門與諸家著述對金傳說之
取捨 ……………………………………… 139

三、哆囉滿之見於舊籍與今地之地理考證 …… 142

四、從後世探金報告與外人著述略論臺灣之產金
地 ………………………………………… 144

五、從出金地之推移探討原住民對守密之共識… 148

六、志書對口傳之筆削與私家著述之異說兼採… 152

七、結語 …………………………………… 159

三朝溪與金山地理考釋 ……………………… 163

一、金山在三朝溪後山？ ……………………… 163

二、三朝溪之地理位置 ………………………… 165

三、日人對金山所在之見解 …………………… 167

四、季、林紀述之再考釋 ……………………… 169

五、結語 …………………………………………… 171

臺灣最早產金地哆囉滿社之地理考證 …………… 173

譯按 ……………………………………………… 173

前言 ……………………………………………… 174

一、臺灣島產金的相關紀錄與文獻 ……………… 176

二、哆囉滿社位置之地理研究 …………………… 180

（一）由南方所做陸路之研究 ……………… 182

（二）從北方所做陸路之探討 ……………… 185

（三）由海路所做的探討 …………………… 186

（四）哆囉滿南北兩界的探討 ……………… 186

（五）關於金沙溪位置的探討 ……………… 188

（六）哆囉滿社內小社名的探討 …………… 188

（七）結論 …………………………………… 188

三、哆囉滿社位置相關之異說與否定 …………… 188

（一）花蓮港以及花蓮附近說 ……………… 188

（二）荳蘭社說 ……………………………… 189

（三）擢其黎溪下游附近之說法 …………… 192

（四）擢其黎溪上游多文蘭社說 …………… 192

（五）大濁水溪溪口附近說 ………………… 192

（六）新城部落一帶的新說與荳蘭社新說 … 194

（七）初期的擢其黎溪下游新城附近說 …… 197

（八）結語 …………………………………… 197

清代基隆河流域移墾史之探討
——從河名之演變探討流域墾地之開發

前　言

　　臺灣之著名河系二十三條，基隆河為最北端之一條，發源於臺灣東北部山區〔註1〕。流路總長大約五十餘公里〔註2〕。其水發自河源以後，初自臺北縣境，行經基隆市境南畔，復進臺北縣而入臺北市界。始於錫口、里族之間，紆迴曲流，過劍潭，貫穿八芝蘭地區由關渡隘路，滙入淡水河主流，西北流出大海。由此，基隆河由其最后之會流而論，係屬廣義淡水河水系三大支流之一，為北部之主要水源。曩日曾與臺灣北部之歷史，並著於史冊。

　　蓋基隆河在臺灣之有史三百餘年來，曾歷西、荷之統治，漢人之移墾，溯河開闢成漢人之社會。再以植茶、產金、產煤而聞名以外，亦曾以水運之利，沿河形成若干小型之水陸碼頭，成北部山區與後山之出入要衝；俾益于地方之拓殖，而與土地之開發，經濟之發展、轉型，結連密切之關係。概見

〔註1〕據《臺灣省通志》卷一〈土地志地理篇〉：「河谷地形」所列河系二十三為：基隆河、新店溪、淡水河、鳳山溪與頭前溪、中港溪與後龍溪、大安溪、大甲溪、大肚溪、濁水溪、嘉南平原諸河、曾文溪、楠梓仙溪、荖濃溪、隘寮溪、宜蘭濁水溪、大南澳溪、大濁水溪、擢其利溪、花蓮溪、秀姑巒溪、卑南大溪、以及恆春半島東坡諸河等，計列二十三系，見原刊本一，頁22。
〔註2〕按：基隆河流路，通志未列道里，此一數字係據比例尺從圖面計算。

此一河流，在近世臺灣之開發史上，有其應得之歷史評價與時代之地位。

　　唯其「河」之於歷史，固有其定位。但「河」之命名，今雖籠統而名之為「基隆河」，亦未聞有何異名見於口碑，乃至學者為文考證。至若求之前代方志，却亦窮翻書篋，從未出現「基隆河」一詞，見於卷秩。因疑「基隆」一詞，係始用於光緒元年（1875），臺灣建置之改制，始設臺北府分防通判駐雞籠時，因有取同音雅字之見，去「雞籠」而易以今之「基隆（Kiroung）」，命名地方之事〔註3〕。從而「河」亦自茲而以「基隆」命名。準此，推而上之，基隆河在光緒以前，是否亦從雞籠（Kiroung）之土著原語〔註4〕，冠詞於河，而名「雞籠河」者。蓋「雞籠河」一詞，雖曾見於外人紀述，却亦未列於國人著作，時亦不免滋生治史之困惑。窮河之正名，難既一至於此，因見後之為文者，竟為論述此河時，往往未遑稽其所因，復其原名。姑以今名代之，迨用於古，而言斷代之史。不倫之甚，莫如言郁永河之採硫事，却接以基隆河之名，言三百年前景觀云，能不噴飯。

　　然則，基隆河在有清一代，究何命名？河在今之臺北盆地而言，其瓜葛之開發關係如何？古人有云：「河流為文明之母」。基隆河固祇臺灣海島之一小型水系而已，遑論有其孕育文明之條件。然對於早期之移墾社會，亦有其特殊之貢獻，在臺灣之由草萊，進入農業之開發，次由農業而刺激商埠之興起，再而以河處鑛藏地帶，又興起臺灣最大之鑛業城市、沿河相連。其曾貢獻於社會、人文、經濟之發展與否，自不待言。

　　唯基隆河在今日之臺北平原而言，雖由於沿河之鑛藏枯竭、區域沒落、交通條件、沿河景觀、俱失昔日風貌。但其洩洪、排水之功，非獨仍居關要，為禍為福，亦已數見於洪水之泛濫，至有整治之議，列為時務之急〔註5〕。由此，今將明清以來，散見於典籍之史料，廣為引徵，試論河之沿革、命名、演變，推及漢人之移墾其間，作一歷史之溯源、亦備為後日「河」之相關研究，預作探路，是為本文著論之由。

〔註3〕（一）沈葆楨《福建臺灣奏議》「臺北擬建一府三縣摺」，見臺灣文獻叢刊（以下簡稱文叢）二九，百五十八。（二）洪敏麟《臺灣舊地名之沿革》：基隆市的舊地名第一冊，頁245云：「六年於此設置臺北分防通判時，寓『基地昌隆』意，取同音雅字易為『基隆』。」

〔註4〕按：「雞籠」一詞，可參閱同前記三之（二）《舊地名之沿革》：雞籠。

〔註5〕按：基隆河自松山附近，因流路曲折，近年，已有截彎取直，藉以疏洪之議。

一、基隆河之流路與西班牙人溯河雞籠

（一）流路所經與清人對河港之命名

　　基隆河為臺灣著名之河流，且為流經臺北盆地之淡水河系主要三大水源之一。是以地質學家於概述基隆河時云：「基隆河為臺灣最北端之一河系」〔註6〕。從而基隆河既為臺灣著名河流，則吾國自有史以來，以文字之國而著於世，至有「部、府、縣志，為一國之史也」〔註7〕；「山川、城邑、則稽之地圖……驗之方志」此種說法〔註8〕。唯獨於基隆河而言，雖為臺灣北部之重要河流，其就河名徵於前代臺灣志書，非祇名字未見，詢之史地中人，想亦一時難以應答。此蓋「不考古今，無以見其因革之變：不綜源委，無以識形勢之全」使然〔註9〕。

　　所謂「基隆河」，因係後世之命名、濫觴似始於外人之紀述，用於後世志書，斷代之史，別有名之。由比，欲考其名，必需先作流路之探討，明其範圍。基隆河之成河系，若據「臺灣省通志」地理篇之說云：

> 基隆河為臺灣最北端之河系，圍繞金瓜石至南港南方四分子附近之一大長形穹窿（Elongotod dome）北東半之大部分。其發源地為平溪鄉石底之西端；上游約十三公里間，呈東北東向，至三貂嶺附近，忽然折向北與北北東；至五公里處瑞芳之東，又突然轉為西南西之流路；於廣潤之河床中曲流約十三～十四公里，至八堵再轉向西南，呈顯著之曲流；由汐止附近進入臺北盆地後，更呈顯著之自由曲流，最後於關渡隘路與淡水河滙合，朝西入海〔註10〕。

由此論之，所謂四分子，係指舊南港鎮之四分子莊地方。於普通市販十一萬分之一地圖，畫一約二十五公里之比例直線，到達今瑞芳鎮下金瓜石之間，所看到成一穹窿型流路之幹流，則為基隆河之主流以外，次則凡滙入此幹流中之左右水流，均屬其河系之範圍。從而流路所經，係包括臺北市之北投、士林、大同、中山、內湖、松山、南港七區，次則臺北縣之汐正、瑞芳、平溪三鄉鎮以

〔註6〕據《臺灣省通志──土地志地理篇》，頁26：基隆河河系。
〔註7〕章學誠《文史通義外篇州縣》〈請立志科議〉，見國史研究室彙印大梁本，頁353。
〔註8〕左太冲〈三都賦序〉，見《昭明文選》卷四。東華書局粹芬閣藏版影印，頁55。
〔註9〕據顧祖禹《讀史方輿紀要》凡例。教文閣刻本新興景印，頁12。
〔註10〕同註1，〈地理篇〉：基隆河河系。

及基隆市之七堵，暖暖二區之地，均屬其流路所經，都達十三鄉鎮區在內，流域十分廣濶。

其次，河系幹流之全部流路，若以區段述之，係分為上、中、下游三部分；上游係指平溪鄉之河源，至於三貂嶺峽谷地形附近〔註11〕；中游係指由三貂嶺峽谷以次，流至南港附近〔註12〕；下游則指南港以下，迄於關渡隘路之間，亦為今之說法〔註13〕。但在清代而言，却以不同之分段，再以段而命以不同之溪名使用。此種命名方式，在可見之範圍，似與時代、地名、人文、地理形勢，區域開發均具連帶關係。從而見於方志之名，即有河、港、溪、潭，諸不同之記載留下。此種命名之依據，《諸羅縣志》曾見引用閩、越之水，為概略之闡釋云：

> 凡（閩、越）水皆東流，邑治之水獨西。臺灣在西、三邑攸同也。
> 閩、越間水源自山滙流，揚波謂之溪。溪漸於海，潮汐應焉，謂之
> 港；海汊無源，潮流而瀦，隨其所到以為遠近，亦謂之港……潭、
> 湖、陂、圳之屬不與焉〔註14〕。

據此，基隆河既成一水系，自若閩、越間之水，滙流眾山，成其溪流，再與他系之河，滙漸入海，至於河名多見，見其來自地形所受因素。

基隆河之命名，見於中外紀述與志書上面；若依時代為先後，大抵有：基馬遜河（Kimazon）、淡水港、內港大溪、北溪、大隆同溪、滬尾港、峰仔峙港、雞籠河（Kiloung 與 KE-Lung）、石碇溪、龍潭堵一帶溪河，以及若干民間契券之作為大港、大溪等，藉以為丈地之依據，可云：至為複雜。

由此，本文在下面之敘述，除徵引資科時保持原來之用法以外，著論之部分，仍按今名藉資明瞭。次則流路煩長，以及徵引資科之圍限、並分為：一、河口段，二、水返腳段，三、八堵段，四、龍潭堵段，五、三貂峽谷段，六、平溪段等，匪徒方便，且亦藉以配合清代漢人移民入墾之年代。

（二）西班牙人之溯流發見基馬遜河

基隆河之始有洋式命名，時在西班牙人占據臺灣北部時期。至於較早以前，是否別有中式命名，或地理之記載，不妨稍提一、二。明張燮《東西洋

〔註11〕三貂嶺峽谷：按地在今臺北縣瑞芳鎮苧橋、猴硐二里以南之峽谷地帶。
〔註12〕按今臺北市南港區葫蘆洲與洲尾村一帶。
〔註13〕參閱註1，〈地理篇〉。
〔註14〕周鍾瑄《諸羅縣志》卷一封域志山川，見文叢一四一，頁11。

考》，雞籠、淡水條云：

> 雞籠山，淡水洋，在澎湖嶼之東北，故名北港。又名東番云。深山
> 大澤，聚落星散……〔註15〕。

時在萬曆年間。其次，萬曆三十一年（1603）陳第《東番記》云：

> 東番夷人不知所自始，居澎湖外洋海島中；起魍港、加老灣，歷大
> 員、堯港、打狗嶼、小淡水、雙溪口，……皆其居也……〔註16〕。

又云：

> 嘉靖末，遭倭焚掠，迺避居山。……居山後，始通中國，今則日盛，
> 漳、泉之惠民、充龍、烈嶼諸澳，往往譯其語，與貿易……〔註17〕。

以上，數條記述，若就其「深山大澤」，「小淡水、雙溪口」之文字而論之，雖覺所指，彷彿若後人之記述，「內有大澳」，「分為二港」，「水淡」，而為淡水河系關渡門附近之描寫；且曾與漳、泉二地商人來往〔註18〕。毌奈，說法籠統，而無從佐證所指所在，為美中之不足。

由此，次若再求之典藉，則《明史》〈外國傳〉雞籠條，又有如下記述云：

> 雞籠山，在澎湖嶼東北，故名北港，又名東番，去泉州甚邇，……
> 中多大溪，流入海；水澹，故其外名淡水洋〔註19〕。

記述固亦簡略，唯文中曾言「水澹」，其外又名「淡水洋」云，實已涵蓋基隆河在內，淡水河水系流出外洋；潮汐交間之寫照。況且，又未定名稱出現。由此，河之有名，以及發見，却被後之日人，認同係始為西班牙人，亦為史料之不足徵引以致。

蓋西班牙人發見基隆河之說，係據日人中村孝志著述，引崇禎五年（1632），傳教士愛斯基委（Jaciuto Esguivel）〈臺灣島備忘錄〉之說云：

> 一六三二年三月，有由八十餘人組織的一個隊伍，在暗夜不可思議

〔註15〕張燮《東西洋考》卷五東番考：雞籠、淡水條，見商務出版人人文庫本，頁
68。

〔註16〕陳第《東番記》，見沈有容《閩海贈言》卷之二。文叢五六，頁24，萬曆癸
卯春纂。

〔註17〕同上註。

〔註18〕按：《東番記》所云與貿易之三地，惠民待考外；充龍在漳州，名充龍社，烈
嶼在浯洲。

〔註19〕《明史》卷三二三〈外國四雞籠傳〉，見新校本，頁8376。

的啟示逆淡水河而上，順武勝灣發見現在的臺北平原，再進而在另
一水流發現基馬遜河（Kimazon），始知依此航行，經里族（Lichoco）
可以到達雞籠之事〔註20〕。

所謂里族，分為舊里族與新里族二社，其地在今松山區之舊宗里與新聚里，以
及舊內湖鄉之湖興、石潭、週美、碧山、大湖、葫洲、五分、內溝等村之地，
沿多曲之河流而分布〔註21〕。基馬遜河云，就無疑為今之基隆河。況且，記述
此事之愛斯基委，身為傳教士在臺三年，而為傳教在淡水過苦行之生活，其說
應屬可信〔註22〕。

西班牙人在瞭解由臺北平原，可循河流前往雞籠之後，且曾築一路，通
往雞籠〔註23〕。但臺灣北部之西人，後於崇禎十五年（1642）八月，為荷蘭
人逐出〔註24〕。荷據時期，因致力於探金事業，曾自傳說中獲知有一產金之
河流，却未能確定其河流所在〔註25〕。其後，鄭成功於永曆十六年（1662），
驅荷進入臺灣。明鄭之經營範圍，雖曾及於臺灣北部，且有屯弁由鹿仔港至
淡水之八里坌。然後，溯河而上定居於大直庄之事，為漢人入墾之先河，對
於河之事，未言及其他，亦未有河名〔註26〕。若前述之河發見於西班牙人云，
至今雖猶未見異議出現，唯其定論一項，實亦有待商榷。

二、康熙間基隆河之命名與流域概況

（一）見於康熙志書與私家箚記之基隆河

基隆河首見國人之詳細記述，始於清代以後。蓋臺灣於康熙二十二年

〔註20〕據中村孝志〈十七世紀西班牙人在臺灣的佈教〉引用，見賴永祥《臺灣史研究
初集》，譯文頁126。民國五十九年三民書局初版。
〔註21〕（一）參閱《臺北縣志》卷五〈開闢志〉第九內湖鄉。（二）《臺北市路街史》，
頁76，松山區舊里族。臺北市文獻會七十四年。
〔註22〕參閱同註11，前揭書，頁125。
〔註23〕據緒方武歲《臺灣大事年表》前編：臺灣經世新報社編印。
〔註24〕村上直次郎譯註《バタヴィア城日誌》二附錄一《基隆占領關係史科》，見東
洋文庫刊本第二冊。
〔註25〕（一）同上《日誌》二，頁201，〈カウランの金〉。（二）《十七世紀臺灣英國
貿易史科》：中國史料補遺：克拉斯勃（Ellis Crisp）一六七〇年十月二十二日
寄呈 Bantam 報告，頁28云：「雞籠附近……地方，有土人在採金子，漢人不
能向被問明在何處採之。」見臺灣研究叢刊五十七種。
〔註26〕《臺灣省通志》卷七〈人物志開闢篇鄭長傳〉，見原刊頁325引臺北縣志人
物志。

（1683），入清版圖之後，首任知府蔣毓英修《臺灣府志》，即於卷三敘云：

> 諸羅縣地廣山眾，其為水最多，支分流折，凡一十有九。……一曰
> 淡水港，從西北大潮過淡水城入干豆門，轉而東南受合歡山灘流，
> 又東過外八投，南受里末社一水，又東過麻里則孝社，東南受龜崙
> 山灘、東北受雞籠頭山灘，從西北會歸於海〔註27〕。

「府志」於此所謂「淡水港」而未紀別水流之名，稽其原因，除平臺伊始，
對於大甲溪以北地理，尚未深入瞭解，緣略自海口之地理形勢，志其山川以
外。其次，當係依據前述「溪漸於海，潮汐應焉，謂之港」之觀念，再冠以
淡水之地緣，為河口之命名〔註28〕。但文中「東過外八投……又東過麻里則
孝社」一文，「麻里則孝」在他書又作「麻里則吼」，地在里族與峰仔嶼之間，
係指里族附近一社名〔註29〕。由此，此一水流復「東北受雞籠頭山灘」，「西
北會歸於海」云，當為清治初葉之基隆河流路莫屬。

至於「淡水港」則迨及五十六年（1717）《諸羅縣志》時，因行政區屬於
諸羅而較有進步之記述與註云：

> 八里坌之東北●為淡水港：海口水程十里至干豆門，內有大澳，分
> 為二港。西南至擺接社止，東北至峰仔嶼止……。滙合歡、龜佛、
> 小雞籠、鼻頭俱山名灘流，入於海〔註30〕。

此中「●」之記號，表示「港」與「溪」合。藉以說明淡水港係由數溪合流，
入於大洋。其次，註語之言「東北至峰仔嶼」等部分，却未詳及道里。但稍後
數年之黃叔璥《臺海使槎錄》卷一形勢，則詳述內容云：

> 上淡水在諸羅極北，中有崇山大川，深林曠野，南連南嵌，北接雞
> 籠，西通大海，東倚層巒。計一隅可二百餘里……外為淡水港，八
> 里坌山在港南，主柔山一作雞柔在港北；兩山對峙，夾束中流。南
> 北有二河；南河源出武勝灣，行四十餘里；北河源出楓仔嶼，行百
> 餘里；俱至大浪泵會流，出肩豆門一作干豆，入淡水港，曲折委宛，
> 五十餘里而歸於海〔註31〕。

〔註27〕蔣毓英《臺灣府志》卷之三敘川諸羅縣水道，見中華書局原刊景印（合刊
本），頁58。

〔註28〕同註14，《諸羅縣志》。

〔註29〕黃叔璥《臺海使槎錄》卷七〈番俗六考北路諸羅番十〉，見文叢四，頁136。

〔註30〕同註28，《諸羅縣志》，頁14。

〔註31〕同註29，《使槎錄》卷一形勢，頁8。

如此，不但以「流」為中心，言及周圍地緣作深入記述。且乙乙溯源楓仔嶼社，將其間散居流域左右之原住民聚落記載云：

北則麻少翁、外北投、內北投、大浪泵、麻里即吼、楓仔嶼諸社〔註32〕。

所謂「楓仔嶼社」，亦作「峰仔嶼社」，故社在今汐止鎮之鄉長、江北二里附近〔註33〕。「使槎錄」此種將基隆河河源，粗略假設於汐止附近之記述，當為來自當時對地理之瞭解尺度以外，次亦說明該一時代，漢人移民勢力所侵入之範圍，猶未涉及汐止以上之流域。至於河名；亦以「北河」指基隆河河系，次則相對以「南河」為淡水河系本流云，時為康熙之末年。

（二）郁永河來淡採硫時基隆河中下游之交通景觀

誠然，有關基隆河在清治初期之見於志書，既述如上，次則初期之河口段以上景觀與地理形勢如何，亦稍作探討明其環境。淡水港南北二河之原始面貌，康熙三十六年（1697），至淡水採硫之郁永河著《裨海記遊》，為志書以外最早之相關記載，是書之五月初二日條云：

初二日，余與顧君暨僕役平頭共乘海舶，由淡水港入，前望兩山夾峙處曰甘答門。水道甚隘，入門水忽廣為大湖，渺無涯涘；行十餘里，有茅廬凡二十間，皆依山面湖在茂草中，張大為余築也。……張大云：「此地高山四繞，周廣百餘里，中為平原，惟一溪流水，麻少翁等三社，緣溪而居。甲戌四月，地動不休，番人怖恐，相率徙去，俄陷為巨浸，距今不三年耳。」指淺處猶有竹樹梢出水面，三社舊址可識。滄桑之變，信有之乎〔註34〕？

以上，為見於合校本「記遊」之文。其次，見於黃叔璥《臺海使槎錄》之原刊引文一段又云！

〔註32〕 同上註，頁9。

〔註33〕 （一）吳守禮〈乾隆八堵番契釋文與事類集證〉引〈三浦裕之論文〉安倍明義《臺灣地名の研究》云：「蜂仔峙社之位置，若以後來地名釋之則在：石碇堡鄉長厝庄，即汐止之北方，臨基隆河，社之大半在建設水返腳街時，退入對岸內山，而水返腳街肆之形成，則在乾隆三十年頃。」見文獻專刊第三卷第三、四期，頁45。民國四十一年十二月，臺灣省文獻會。（二）《臺北縣志》卷五〈開闢志〉汐止鎮鄉長里條云：「以舊日鄉長厝莊得名。……相傳有賣香人居住於此，嗣以轉音，曰鄉長厝」又江北里條：「以地處今基隆河北岸得名。……又有番社莊，以昔日為山胞居住地名」。

〔註34〕 郁永河，〈採硫日記〉，收於方豪，《合校足本裨海紀遊》，頁15，見臺灣叢書第一種。

麻少翁、內北投在磺山左右，毒氣蒸鬱，觸鼻昏悶，諸番常以糖水
洗眼，隔關渡門巨港依山阻海，划蟒甲入，地險固。……武勞灣、
大浪泵等處，地廣土沃，可容萬夫之耕。八里坌社，舊在淡水港西
南之長豆溪……〔註35〕。

由以上二文觀之，今人之有據郁永河記述而言：「三百年前之臺北盆地，猶
為一大湖」之說，並不盡然，蓋所謂「大湖」，祇係時之作者由關渡門隘道，
駛舟進入時，視線豁然開朗，而視界所及之一段，又因舟行水上，載浮載沉，
遠處為波濤所阻，引起之錯覺，使人若置身於湖上使然；「廣為大湖，渺無
涯涘」，係起自身處之感覺。至於「湖」之範圍，若由「張大」所云：「麻少
翁等三社」在「甲戌四月」，為地動所浸沒。以及「大浪泵等處」卻不在浸
沒之範圍，時猶「地廣土沃，可容萬夫之耕」論之，陷湖部分，祇為今頂、
下浮洲與上、下八仙等沙磧地而已，不及盆地之中央。並且，陷浸之位置，
亦偏向於今基隆河之較下游一帶。

　　況前揭《諸羅縣志》之記「淡水港」，時距郁永河之後二十年而已，〈淡水
港〉條，又有註腳云：

（淡水港）海口，水程十里至干豆門，內有大澳，分為二港，西南
至擺接社止，東北至峰仔嶼止；番民往來俱用蟒甲。……澳內可泊
大船數百，商船到此載五穀、鹿脯貨物。內地商船，間亦到此〔註36〕。

又次，「同上」外紀又云：

干豆門從淡水港東入，潮流分為兩支，東北由麻少翁、搭搭悠凡四、
五曲至峰仔峙、西南由武勝灣至擺接，各數十里而止。包絡原野，
山環水聚，洋洋乎巨觀也〔註37〕。

更見時間相距二十年，郁永河所指之「大湖」，實則志書之「大澳」，而大澳以
內，非獨「可泊大船數百」，復「分為二港」，分為「西南……東北」。顯見經
過如「湖」之「大澳」後，則出現沙洲，隔開「二港」港道，番人之蟒甲，即
於此湖面與二港之間，為來往交通工具，搖檣而進〔註38〕。

〔註35〕同註29，《使槎錄》卷六〈番俗六考北路諸羅番十〉附載引《神海紀遊》，頁
　　　　138。
〔註36〕周鍾瑄《諸羅縣志》卷一〈封域山川〉，見文叢一四一，頁14。
〔註37〕同上《縣志》卷十二雜記：〈外紀〉，頁287。
〔註38〕同註34，《紀遊》云：「蟒葛元來是小舠，刳將獨木似浮瓢；月明海滸歌如沸，
　　　　知是番兒夜弄潮。」又云：「番人夫婦，乘蟒葛射魚，歌聲竟夜不輟」。見頁27。

　　康熙五十六年（1717），福建巡撫陳璸，巡視北路至於淡水，曾留有紀程見於〈陳湄川中丞澹水各社紀程〉云：

　　　　澹水港水路十五里至干豆門，南港水路四十里至武嘮灣，此地可泊船。內雞心礁陸路六里至雷裏，六里至了阿，八里至秀朗，三十里至里末，三里至擺接〔註39〕。

是為二港中「南港」部分之紀程，以及所巡番社或聚落。其次「北港」部分云。

　　　　北港水路十里至內北投，四里至麻少翁，十五里至大浪泵，此地可泊船，三里至奇武仔，十五里至答答悠，五里至里族，六里至麻里即吼，二十里至峰仔嶼。上灘水路七十里至嶺腳、上嶺、下嶺五里，渡海十二里至雞籠〔註40〕。

上述「紀程」中，陳璸所過之番社，南港部分計有：武嘮灣、雷裏、了阿、秀朗、里末以及擺接之漢人聚落。北港則：內北投、麻少翁、大浪泵、奇武仔、答答悠、里族、麻里即吼、峰仔嶼，皆在近水之傍。次則，如郁永河曾言臺北盆地土地之情形云。

　　　　臺郡之西，俯臨大海……東則層巒疊峰，為野番居穴之所。……其中景物，不可得而知也。……（但）山外平壤，皆肥饒沃土，惜居人少，土番又不務稼穡，……地力未盡，求闢土千一耳〔註41〕。

亦為臺北盆地河流周圍之意，概見此間之為沃土。據云：初自康熙二十四年（1685），已有閩人林永躍等至關渡、嗄嘮別之記錄〔註42〕。四十八年（1709），又有陳賴章等入墾擺接堡之事實〔註43〕。陳璸在職時，於「條陳經理海疆北路事宜」中，亟提保護北路迄淡水之番民，禁冒墾，當為有其深入之瞭解與目睹而發〔註44〕。

　　康熙間，阮蔡文亦以職司關係，曾至臺北盆地留有紀事詩「淡水」一首云：

〔註39〕　同註29，《使槎錄》卷六〈番俗六考〉引「陳湄川中丞澹水各社紀程」，頁141。
〔註40〕　同上註。
〔註41〕　同註34，《紀遊》，頁10。
〔註42〕　伊能嘉矩《臺灣文化志》下，頁280。
〔註43〕　（一）據陳賴章大佳臘墾單康熙四十八年七月二十一日，見《清代臺灣大租調查書》墾照三。文叢一五二，頁2。（二）並參閱臺北市發展史第一冊第一章，頁62註一。民國七十年臺北市文獻會。
〔註44〕　陳璸〈條陳經理海疆北路事宜〉禁冒墾以保番產條，載《陳清端公文選》，見文叢一一六，頁16。

> 淡水北盡頭，番居之所紀……大遯八里岔，兩山自對峙；中有干豆
> 門，雙港南北滙。北港內北投，磺氣噴天起……浪泵、麻少翁，平
> 豁略可喜，沿溪一水清，風被成文綺。……蟒甲風潮馺，周圍十餘
> 里〔註45〕。

亦為河口段美景之咏。

三、乾隆初葉基隆河中游開發之探討

（一）內港二大溪之命名與北溪流域社莊之推移

雍正元年（1723），清人由於實際之需求，將原諸羅縣之北境析出彰化縣
與淡水廳，臺北盆地屬淡水廳，治在竹塹〔註46〕。但雍正一朝，盆地之頗多土
地雖已先後為漢人移民所墾，足跡所至，亦已越干豆門內北港、北投莊、塔塔
悠等地，漸溯基隆河之中游，却未見有關「河」之官方史料。

河之記載，直及乾隆十二年（1747）始見於范咸《重修臺灣府志》淡水廳
條云：

> 淡水港：在廳治北二百里，海口水程十里至關渡門，內有大澳，分
> 為二港，西南至擺接社止，東北至峰紫峙止，番民往來俱用蟒甲，
> 澳內可泊大舟數百，內地商船、間亦到此〔註47〕。

紀述大抵採自《諸羅縣志》註腳之舊文，加上地距廳治之道里。河名：仍為
「淡水港」所屬，為「二港」之一；「東北」之港。

至於地理景觀，雖未有創新之說，却於交通方面，引前代「使槎錄」之說
於附考云：

> 淡水至雞籠，有東西兩路；西由八里坌渡砲城，循外北投、雞柔、
> 大遯、小雞籠金包裏諸山之麓，至雞籠內海，可一百二十里。……
> 東由關渡門坐蟒甲，乘潮循內北投、大浪泵至峰仔峙港，大水深沈，
> 灘河可四十里而登岸，踰嶺十里許，即雞籠內海〔註48〕。

出處原似黃叔璥採自陳璸之〈紀程〉。唯內容再經增刪而已。

〔註45〕同註28，《諸羅縣志》卷十一〈藝文志〉，頁268。又參閱《臺灣地理及歷史》
　　　　卷九〈官師志〉第三冊武職列傳，頁170本傳，見文獻會原刊。
〔註46〕據《臺灣省通志》卷一〈土地志疆域篇〉一府四縣二廳時期，分見原刊，頁26。
〔註47〕范咸《重修臺灣府志》卷一山川淡水廳，見中華書局原刊景印（合刊本），頁
　　　　1386。
〔註48〕同上卷一附考，頁1419。

　　所謂「峰仔峙港」，時為原住民之聚落峰仔峙社所在，基隆河中游之深水段，到此為止，往上則進入多灘帶。峰仔時，又作房仔峙、楓仔嶼、峰仔峙、峰紫嶼等均指同一所在〔註49〕。後人以潮水到此為由，更名為「水返腳」〔註50〕。清人於此採用地名而冠詞於「港」，當亦本於「溪漸於海，潮汐應焉」，因「謂之港」此一理由〔註51〕。從而基隆河在此水返腳，又增一「峰仔峙港」之命名。

　　然則，乾隆初葉出現「峰仔峙港」命名時期，基隆河區段之開發，亦當從此一水返腳段之流域，稍作探討。水返腳段流路之埠頭，共有三處：為錫口、南港、水返腳。始自開闢時，則為安溪籍移民，占有多數之墾地。開發之年代，以南港而言：《臺北縣志》謂：「約開闢於康熙、雍正時期」〔註52〕。但范咸於乾隆十二年重修《府志》，却未曾隻字提及以外，猶記載「答答悠社，……里族社、麻里雞口社」等，而不及「峰仔峙」在內〔註53〕。

　　麻里雞口亦則後之錫口〔註54〕。如此，開闢之順序，設若由河段溯流而漸進，下方埠頭猶為「番社」，上方定無搶先開闢之理。所謂「南港，開闢於康熙、雍正」之說，亦頗存疑問。

　　其次，再降及乾隆二十九年（1764），余文儀《續修臺灣府志》，對於此一河段之番社部分，即單提「塔塔悠社」而未見再提「麻里雞口」，却代之以「峰仔峙社……距城一百四十里」〔註55〕云。毋異說明此一河段間，原有番社已有消長。另外，於「坊里」條云：

> 新莊仔距廳一百十五里、塔塔悠莊、貓裏錫口莊距廳一百十里、里族莊距廳一百一十里，內湖莊距廳一百二十里、南港仔莊距廳一百五十里……峰仔峙莊距廳一百八十里〔註56〕。

凡新增加聚落，皆在基隆河水返腳段左右。蓋「社」指原住民聚居，「莊」代

〔註49〕參閱洪敏麟《臺灣舊地名之沿革》第一冊汐止鎮，頁336，水返腳條。按峯仔峙，《裨海紀遊》作「房仔嶼」、《諸羅縣志》作「峯仔峙」、《福建通志》作「峯紫峙」。
〔註50〕同上註。
〔註51〕參閱同上註之14。
〔註52〕《臺北縣志》卷五〈開闢志〉南港鎮條。
〔註53〕同註47，《重修府志》卷二〈番社淡水廳〉，頁1447。
〔註54〕《臺北市發展史》第一冊第一章，頁58，錫口之開發。
〔註55〕余文儀《續修臺灣府志》卷二規制：番社淡水廳，見文叢一二一，頁83。
〔註56〕同上《續修府志》坊里淡水廳，頁78。

表漢人聚落，故「猫裏錫口莊」，至此而取代從前之「麻里雞口社」，以及新增「南港仔莊、峰仔峙莊」云，概見由初葉到此中葉之間，三處埠頭均已進入規模之開發中，而為修志者採擷。

準此，前言《縣志》之說，亦不妨稍加澄清。《縣志》之說，疑據雍正九年（1731），福建布政使張嗣昌文書之有「南港……民番雜居」，誤為所指係「南港莊」而來〔註57〕。其實，原文所指之「南港」，顯係指陳璸〈紀程〉，以及《諸羅縣志》等所云：「內港二大港」之「南港」，為淡水河本流，而與基隆河之命名「北港」相對稱〔註58〕。引用時出於句讀之疏忽，相差千里，以及河之命名，過於煩蕪，貽害後世史家使然。

（二）安溪墾民之入墾基隆河與錫口之成街

基隆河水返腳之開闢，自乾隆初葉迄於中葉間，為其開發中時期，前文探討已備。然則，三處埠頭開發之內容，確切年代，過程如何？況且，錫口之開闢既以安溪人占絕大多數。其後，接踵而更進上游之安溪墾民與錫口之同籍人間，瓜葛如何？亦併行從資料進行瞭解。

臺北盆地之開闢，若以淡水河與基隆河為中心而論，二條河流所經在平原之左右，因有河流在泛濫時，由上游帶來肥沃之有機質黑色泥沙，堆積於沖積扇上。古代大加蚋、興直、擺接等堡之中心地帶，土質最稱肥沃〔註59〕。因此，初自陳賴章之入墾大加蚋於康熙四十八年（1709）以後。次及乾隆五年（1740），郭錫瑠鑿金合川圳，貫穿大加蚋之野，入北港大溪〔註60〕；六年

〔註57〕《臺灣省通志卷首大事記》雍正九年，引明清史料云：二月十一日福建布政使張嗣昌疏稱：「查淡水同知現住沙轆社，實屬無益；應請移住竹塹。又干豆門內，北港：北投莊。並南港：武勝灣莊、搭搭等處，直抵雞籠、淡水、海山環錯，圍繞數十里，民番雜居，應請於八里坌大社添設巡檢一員，給民壯四十名，訓練調用。」
〔註58〕見註36《諸羅縣志》。
〔註59〕見註35《臺海使槎錄》。
〔註60〕（一）陳培桂《淡水廳志》卷三建置志水利，瑠公圳條云：「瑠公圳（又石金合川圳），在拳山堡，距廳北一百二十里，業戶郭錫瑠鳩佃所置。其水自大坪林築陂鑿石穿山，引過大木梘溪仔口，再引至挖仔內過小木梘，到公館街後拳山麓內埔分為三條：其一由小木梘至林口莊及古亭倉頂等田，與霧裏薛圳為界；其一由大灣莊至周厝崙等田，水尾歸下陂頭小港仔溝；其一由大加蠟東畔之六張犁、三張犁口過梘直至車罾，五分埔、中崙前後上搭搭攸等田，水尾歸劍潭對面犁頭標入北港大溪。」見文叢一七二，頁76。（二）連橫《臺灣通史》卷三十一林胡張郭列傳：郭元汾本傳，見古亭書屋藏版原刊景印，頁907。

（1741），漳人何士蘭入墾內湖與內雙溪一帶〔註61〕。又其後則林成祖移墾枋橋，開擺接、興直二堡〔註62〕。覘見所開土地，至此已由肥沃地帶，轉移至周緣之傍山地區。

上述墾戶之中，陳賴章亡其里籍〔註63〕。郭錫瑠、何士蘭、林成祖，均為漳州人而籍南靖、詔安、漳浦等縣〔註64〕。其次以泉州人而論，泉之同安人在乾隆十年（1745）前後，相繼入墾淡水河流路所經，於內港南溪左右開拓墾地，而有「興仔武勝灣莊、興直莊」等之聚落〔註65〕。此種墾地與聚落、定居所在之選擇，似與其祖籍地理形勢之認同，具連帶關係。安溪人之移墾臺北平原，時間之上限，大致亦在乾隆之初葉。此一時期，除平原中心之沃土，可耕地已呈飽滿以外，安溪人對於地方之選擇，亦如同安人之以祖籍地理形勢之認同，作迅速抉擇。況且，安溪在漳、泉二州中，為一多山之地帶，乾隆《安溪縣志》云：

> 縣在藍溪之陰，鳳山之陽。舊為小溪場。南唐……名曰清溪。宋宣
> 和三年，改曰安溪，取溪水安流之義〔註66〕。

已見安溪為一多山夾水地區。其次，安溪人之日常生計，依山為居，土沃人醇。家業建置在僻遠之一隅，寄情山水〔註67〕。加上昇平戶口蕃滋，不得不勤儉求取生計，亦見於康熙以來所修方志〔註68〕。因而養成善於開墾山坡，

〔註61〕《臺灣省通志》卷七〈人物志開闢篇〉何士蘭本傳，見原刊，頁332。

〔註62〕同上〈開闢篇〉林成祖本傳，頁331。

〔註63〕同上註陳賴章本傳，頁328。

〔註64〕見同上註十四、十五、十六各條。

〔註65〕同註47，《重修府志》卷二坊里淡水廳，頁1441。

〔註66〕莊成、沈鍾等纂修《乾隆安溪縣志》卷之一城署，見民國五十六年安溪同鄉會出版，頁17。

〔註67〕謝宸荃總纂《康熙安溪縣志》卷之四貢俗條云：「安溪，泉支邑也。……土沃人醇。……依山之戶，壘石而畊……民樹藝而外，百無能解，商賈、百工、藝業，咸遠人擅之。」又云：「蓋窮鄉極谷之士，有饒於文辭者焉。僻在一隅，不廣於耳目，浸於慧巧，故其民愨，有溪山暢遂之觀，故其民和，田疇阡隴，多在崇岡複嶺間，雨露易滋，山泉所注，已足當畎澮、刀畊、火耨，力省事倍，故其民逸而易以情山水。」見安溪縣志辦公室一九八七年原刊景印。

〔註68〕同註23，《安溪縣志》卷之四〈風土〉云：「曩耕於田，今耕於山，曩種惟稻、黍、菽、麥，今耕於山者，若地瓜、若茶、若桐、若松、杉、若竹，凡可供日用者不憚陟巇巖，闢草莽，陂者平之，罅者塞之，歲計所入以助衣食之不足，勤者加勤，惰者亦勤。蓋緣邑半山谿，田疇狹隘，而昇平戶口蕃滋，人滿而土窄，不得不然也。」見頁79。

名為「做山」之精神。

再則，以地形而言，個人親涉其境所目睹，有清溪、藍溪二水，流經群山之間，沿溪亦形成若干扇狀之三角平原。將之與臺北盆地而言，基隆河流域，新店溪上游大漢溪上游等，均與其地形條件，不謀而合。由此，安溪移民之選擇基隆河流域為墾地，自非偶然。

然則，有關錫口之開發，始於乾隆初葉到中葉之事，日人西岡英夫於民國二十五年〈臺北近郊松山遊歷記〉對當地之沿革云：

> 相傳福建省泉州、漳州兩府渡來移住之先民，其所分占之地域，分布在今基隆河北端芝蘭一堡地方者為漳州人，南端大加蚋堡者，即今松山地區一帶之移民，大多屬於泉州人〔註69〕。

此一紀述雖係撰於五十餘年前，却與臺北文獻會新近對松山地區採輯資料所得〔註70〕，仍相脗合。且亦發見早期之居民，多為泉籍之安溪人以外。將其間之十二大姓分析在錫口地區之人口比例，更見祖籍為安溪者，占有絕大多數，次始推及永春〔註71〕。次則十二大姓在錫口，形成比例偏高以外，由水返腳段沿河而上，仍為此小數姓氏之高口數分布地區。

復次，錫口莊之開發，另一日人三浦祐之曾對臺北盆地開拓年代之研究下一論定云：

> 錫口街，乾隆十年，泉人沈用由大加蚋堡進拓猫里唧吼社，將原住民族追入石碇堡樟樹灣〔註72〕。

此一年代之說，是否正確？若由其後，同籍之認同而安溪移民相繼擁至。乾隆十八年（1753），因有「慈祐宮」媽祖廟之捐獻，初具雛型之村莊，大抵可以成立〔註73〕。但當時似尚未命名為「錫口」，而仍沿用「麻里雞口」之土語冠

〔註69〕日西岡英夫〈臺北近郊松山庄遊歷記〉，原載臺灣時報二〇四、二〇五、二〇六號民國二十五年十一月～二十六年一月，見臺北文獻直字第八十六期林昭南譯本，頁38。

〔註70〕參閱同上註「臺北文獻」林萬傳松山區耆老座談會紀錄：林衡道、周添益、李金生等語。

〔註71〕據陳紹馨、傅瑞德《臺灣人口之姓氏分布》：臺北市松山區之十二大姓口數順序為：陳、林、李、王、張、周、許、黃、鄭、蔡、高、蘇等，並占該區總人口六八％之多，見原刊，頁2。唯陳姓之多，部分來自安溪鄰縣之永春。並參閱同上註「臺北文獻」。

〔註72〕吳守禮〈乾隆八堵番契釋文與事類集證〉：臺北地方開拓一覽表，大加蚋堡錫口街條，見文獻專刊第三卷第三、四期合刊本，頁56。

〔註73〕日西岡英夫〈臺北近郊松山庄遊歷記〉，「臺北文獻」周添益語，頁4。又「慈

詞名「莊」。

　　至於其後繁榮之過程，知其適居再溯上游之據點而得地理之優良條件以外，由新近發見之當代民間契券，亦可勾出輪廓。此中，先是「乾隆十七年正月張居海賣店地契」載：

　　　　立賣店地契人張居海，因先年在于蘇哩唧口社番佃買得旱埔園壹塊，坐在港墘社邊，……情愿出賣，托中引就與王管前來出首承買店地參間，……納番地每間租銀參錢正，其地任從買主擇地起蓋店參間連……〔註74〕。

此一契字，並未定有「店地」之四至，係「任從買主」於埔園中「擇地」，「起蓋店參間」云，概見雖有村莊，猶未有固定，或規畫之街路。

　　其次，書於前述十八年捐獻「慈祐宮」次年之一紙「乾隆十九年閏四月王拔庸賣盡契」云：

　　　　立賣盡契人王拔庸有成胞弟管店地基貳間，坐落貓厘唧口番社邊，東至宋家店，西至杜家店地，南至街路、北至港墘，四至明白為界，……托中引就與杜天池出首承買……其店地付與買主前去掌管起蓋：〔註75〕。

此一契字，主要可以證明，建廟以後之麻厘唧口，已有「街路」之出現，而「地」左右，亦有他家現成之店存在。又次，另一「乾隆二十年七月杜天池盡賣契」即云：

　　　　立盡賣契人杜天池，有自置店地貳間，坐落貓裏唧口番社邊，東至本家店，西至張家店，南至街路，北至港墘，四至明白為界……托中引就與陳品官、王挺驕、王挺連、王挺月出首承買，……其店地即日付銀主前去掌管起蓋〔註76〕。

以上，仍為出賣「空地」之契券。但此契與上述十九年之契，在四至之中，均為「北至港墘」此一文字之背後，冊異在說明當時之街坊店舖，係背北，沿基隆河而建，再面對南面之街路，使人連想及後世饒河街靠北店舖之情景。

祐宮」之建，又一說作乾隆二十二年，見《臺北市志》（民國六十五年）卷四〈社會志宗教篇〉：慈祐宮志略，頁50。

〔註74〕同上〈文獻〉林萬傳松山區地名沿革引陳槐庭提供古文書「乾隆拾七年張居海賣店地契」，見頁64。

〔註75〕同上註引陳槐庭提供「乾隆拾玖年王抄庸賣盡契」。

〔註76〕同上註引陳槐庭提供「乾隆貳拾年杜天池盡賣契」。

次即，以上三紙契券，仍作「麻里唧口」為地名。唯降及乾隆三十三年十二月，一紙「何士蘭給佃批字」云：

> 立給佃批業主何士蘭，有厝地壹塊，坐落土名錫口街，前至車路為界，後至大港為界，左至周渡厝為界，右至公館為界，四址分明，茲有蘇清前來給批起厝，永遠居住〔註77〕。

如此，契與前面三紙相去十餘年，最大之進步，亦即已不見「麻里唧口」之名，而以「錫口街」土名取代。準此，街莊之成立，以及真正邁入繁榮，係在乾隆中葉之四十年代〔註78〕。

（三）乾隆中葉安溪墾民之溯源南港與峯仔峙

基隆河水返腳段之居中埠頭為南港仔莊。但此莊之開發，如前文所述，以雍正九年（1731）為始，係出史科引用之錯誤。其次，「南港」一詞，若據洪敏麟《臺灣舊地名之沿革》，認為舊稱「南港仔莊」，係位居基隆河之南岸，因與水返腳境內之有「北港」為對稱，或與「雞籠港」對稱之為「南港」云〔註79〕。其實，以前者之與「北港」對稱，較為具體，而亦符合時代。

蓋「南港仔莊」之名，見於方志為乾隆二十九年（1764）之余文儀《續修府志》〔註80〕。但以「南港仔」為地名，別處亦見於興直堡之和尚洲〔註81〕。唯此「南港仔莊」在莊名之下，又附有「距廳一百五十里，……峯仔峙莊距廳一百八十里」〔註82〕云，「和尚洲莊」為「距廳九十八里」〔註83〕，故由道里可以佐證「南港仔莊」亦則水返腳段之「南港」。

其次，南港仔莊亦為安溪人占絕大多數之墾地，況位置上下相距水返腳與錫口，上三十里，下為四十里〔註84〕，彼此，又均可藉舟楫為交通，地之開發當不早於錫口。另外《臺北縣志》謂：其地於：「乾隆初年，由泉州詹姓

〔註77〕同上註引陳槐庭提供「乾隆參拾參年何士蘭給佃批字契」。按同上原契並見史聯十四期，頁29等。
〔註78〕同註69，〈松山庄遊歷記〉二，漢民族之村落建設與開拓，頁39。
〔註79〕同註47，《舊地名之研究》，頁237：南港仔庄。
〔註80〕同註55，《續修府志》卷二規制，坊里淡水廳，頁78。
〔註81〕同註52，〈開闢志〉蘆洲鄉正義村條云：「為昔日南港子莊地區。相傳嘉慶年間……開闢。以地勢低窪，終年水濕，不可行人，故曰湳港子，嗣乃傳訛為南港子莊」。
〔註82〕余文儀《續修府志》卷二規制，坊里淡水廳，頁78。
〔註83〕余文儀《續修府志》卷二規制，坊里淡水廳，頁78。
〔註84〕余文儀《續修府志》卷二規制，坊里淡水廳，頁78。

開闢，相傳詹姓任武職，曾屯營於此〔註85〕。」對此紀述，則留待後日再作考證。至於，就姓氏而論，南港地區之早期墾民，除闕氏以及土著後裔之潘氏以外，其餘之十大姓氏，亦如錫口之情形，多集中於安溪籍移民之後〔註86〕，概見，其與錫口地區十二大姓之瓜葛，顯出濃厚之地緣色彩。

水返腳段最主要埠頭之峯仔峙莊。此地之開發，莊名亦如「南港仔莊」，見於乾隆二十九年（1764）。但日人三浦之研究認為：

> 水返腳街，由泉州人開發，為石碇堡最初之開拓地〔註87〕。

却未言年代，唯吳守禮從「八堵番契」之研究，有一來自三浦之語云：

> 石碇堡原為峯仔峙社番割據之地。乾隆初年，粵人溯淡水河，企圖拓殖。上陸於水返腳街，與蜂仔峙番立約購地，峯仔峙庄之稱，當始於此時云〔註88〕。

此一說法，仍如南港之開闢，尚乏直接之資料。唯由「八堵番契」之中，一件立於乾隆三十五年（1780），由「北港等社通事昇舉杜賣盡根契」之有云：

> 立杜賣盡根契北港等社通事昇舉，金包里社土目甘望雲、大圭籠社土目利加力、三貂社土目大腳準等，承祖遺下，有鹿場一所，土名蜂仔峙，緣界內被鄰番引佃開墾，經控訊還在案；併與鄰番定界，立約分收，各受有憑。舉等僉議：三社均乏口糧。不若將林埔依例招墾，年收多寡租稅，三社勻收，……免被侵越挖究。……〔註89〕

由此，乃將此一地在基隆河更上游之「鹿場」，給墾予名蕭秉忠之漢人。此中，立字人除通事昇舉以外，更包括其後之石碇保以北，金、圭、貂三社之土目在內。文中，又言界內曾「被鄰番引佃開墾」，致發生糾紛事。現在若由此一番契之背後觀察，移民之進入水返腳，或稍遲於錫口。但在立此「番契」之三十五年，移墾之勢力，既已將越「峯仔嶼」而推至多灘帶之上游，即當地應已有漢「番」各自之莊社成雜居社會，亦由有此漢「番」土地之交易，可以覘見。

其次，約與范咸同一時期之滿人六十七，著《番社采風圖考》，曾言一則

〔註85〕同註7，〈開闢志〉南港鎮條。

〔註86〕同註26，《人口之姓氏分布》南港鎮前十二大姓之口數順序為：陳、林、王、闕、李、鄭、張、潘、黃、周、高、蘇等，並占總人口之七十七%，見頁260。

〔註87〕同註72，〈臺北地方開拓一覽表〉石碇堡水返腳街條，頁57。

〔註88〕同註72，吳著〈事類集證〉註十五，頁51。

〔註89〕同上〈事類集證〉蜂仔峙之開拓引〈乾隆八堵番契〉，見頁43。

與「港」相關之紀述云：

> 雞籠、毛少翁等社，深澗沙中產金，其色高下不一。社番健壯者沒
> 水淘取，止一掬便起；不能瞬留；蓋其水極寒也[註90]。

文中雖未明指「深澗」究在何處？所謂「雞籠、毛少翁等社」，實指沿基隆河流域諸「番社」之意，「深澗沙中產金」，無疑亦指射其「社」附近之「深澗」，為山間之水。從而後日以河含金沙，而著於世之水返腳段以上，亦最得地緣之便。

無奈，河在乾隆中葉以後，雖有余文儀續修之《府志》，河實質之內容，大抵仍沿范咸之文，未作更改，故無從所知[註91]。唯在形勝之部，却載有「關渡分潮」列八景之一，因由字義推度，當係指大澳以內，分二港之景觀，聊勝於無而已[註92]。

四、嘉慶、道光間河源之推進與水返腳之開發

基隆河之再見於志書，較詳記載，時已降及道光年間。道光九年（1829）；陳壽祺纂《福建通志》臺灣省：淡水廳部有云：

> 淡水港即滬尾港，在廳治北二百里海口，水程十里至關渡門，諸溪
> 聚焉。長豆溪由八里坌南……礦溪由北投莊入礦溪源出礦山，大隆同
> 溪由番子渡入大隆同溪源出暖暖三瓜子，擺接溪由二甲九入擺接溪源出三
> 坑子山、合橫溪水、南龜崙山水、海山水，艋舺溪……新莊溪由艋舺街入
> 焉[註93]。

《通志》此一記載，除詳細說明滙入淡水河水系諸水之來源以外，長豆溪在八里坌，前志未言屬於淡水河系[註94]。礦溪在《府志》仍作「礦溪」[註95]。擺接溪、艋舺溪、新莊溪，屬於《府志》所云：「二港」之「西南至擺接」部

[註90] 六十七《番社采風圖考》淘金條，見文叢九〇，頁17。
[註91] 同註55，《續修府志》云：「淡水港：在廳治北二百里。海口水程十里，西至關渡門。內有大澳，分為二港：西南至擺接社止，東北至峰紫社止。番民往來，俱用蟒甲。澳內可泊大舟數百，內地商船間亦到此。」頁34。
[註92] 同上《續修府志》卷一封域形勝，頁48。
[註93] 陳壽祺《福建通志》臺灣府山川淡水廳淡水港條，見文叢八十四，頁83。
[註94] 同註47，《重修府志》云：「長豆溪在廳治東北一百四十里，源發八里岔山，南西入於海。八里坌之北為淡水港」，見頁1385。
[註95] 同上《重修府志》云：「礦溪在廳治北一百八十五里，源發礦山，西過內北投出關渡門，入於海」，頁1385。

分之水系，亦即今淡水河本流與新店溪河系之謂〔註96〕。「大隆同溪由番子渡入」，並注腳「源出暖暖、三瓜子」云，所謂「暖暖」在基隆河之中、上游，「三瓜子」為「三爪子」之誤，亦在中、上游〔註97〕。概見所指之「溪」，仍為基隆河。但「溪由番子渡入」，其「渡」應名「番仔溝渡」，在大加蠟堡溪仔尾洲〔註98〕。今地在大同區文昌里一帶，而舊名「番子溝」，地名大浪泵或大隆同〔註99〕。由此論之，此一「大隆同溪」，其實係指基隆河下游；經過八芝蘭境時，以左岸為大浪泵地區，而以「大隆同溪」為名。況且，《通志》在前段文字之後，又有續文云：

> ……其內有大澳，分為二支：東北由府丁（少）翁，搭搭優山名，在水返腳西，凡四、五曲至峰紫峙在治東北二百餘里，……數十里至滬尾港入於海〔註100〕。

「河」之因地取名，以及未有整系完整之命名，亦由此概見。

道光中葉基隆河水返腳段如錫口等地，已有規模之街市，故區域之發展亦更推而上。然則區域之發展如何？先是道光九年（1829），姚瑩〈臺北道里記〉，所提沿河之街市景況與交通云：

> 自郡至艋舺，皆北行。由艋舺以上，乃東地行。十里，錫口，有街市。五里，南港，入山，沿山屈曲；其港水自三貂內山出，上自暖暖，下達滬尾。十里，水返腳，小村市；水返腳者，臺境北路至此而盡，山海折轉，而東出臺灣山後，故名。過此天山嶺，迎日東行，十五里為一堵山，再北過五堵、八堵，凡十里至暖暖，地在兩山之中，俯臨深溪，有艋舺小舟，土人山中伐木作薪炭、材料，載往艋舺〔註101〕。

道光九年為距臺灣後山噶瑪蘭之開闢，相去三十餘年之後，河流流域小街市之成為要衝，後山之開發亦為直接之原因。例如「峰仔峙」，至此不但成為「水

〔註96〕同上《重修府志》頁1386參閱。

〔註97〕同註49，《舊地名之沿革》第一冊瑞芳鎮三爪子條云：「今瑞芳鎮爪峰、光復、碩仁等里。在臺灣本島東北角，基隆河中游南岸河階上。……地名起源於境內有三個爪狀山峰，其坡面向基隆河方向逐漸低降，終於現爪峰里河階面，而變成平坦地。」頁341。

〔註98〕同註60，《淡水廳志》卷三建置志橋渡番仔溝條云：「番仔溝渡，廳北百二十里大加蠟堡溪仔尾洲」，頁70。

〔註99〕《臺北市發展史》第一冊第一章番仔溝條，見原刊，頁12。

〔註100〕同註93，《通志》，頁84。

〔註101〕姚瑩《東槎紀略》卷三臺北道里記，見文叢七，頁90。

返腳」,「臺境北路至此而盡」云,概見其為要衝成為小街市,「轉東行二十五里,可至大雞籠」。另外,由保長坑取道今東山一帶,沿溪而入,過石碇子而通往平溪與拳山之大坪,直達頭圍後山,為安溪茶販入蘭往返之捷徑。此種交通之推移即別見於柯培元《噶瑪蘭志略》云:

> 噶瑪蘭入山孔道,初由東北行自淡水之八堵,折入雞籠,循海過深澳至三貂、崒崒嶺入蘭界。嗣改從東行,由暖暖、三瓜〔爪〕仔過三貂,則近於行雞籠矣〔註102〕。

此一路線,毋論初期之「循海」或其后之「改從東行」,溯流於基隆河,水返腳自為姚瑩所云:「北路」之「盡」頭。為入蘭必經所在。但稍后之情形,「同志」又云:

> 開蘭之日,復由三瓜〔爪〕仔迤東南行,過三貂、魚桁仔、遠望坑,過嶺至大里簡,入頭圍,又較近矣。然自蘭城至艋舺計二百餘里,官程四站,民壯寮雖便,而猶未捷也。茲查一路,地甚寬坦。由頭圍砲臺外,斜過石空仔山,六里至鹿寮,十二里至大溪,又十二里至大坪,二十里至雙溪頭,又二十里出淡屬之水返腳,又二十五里抵艋舺。統計自頭圍至艋舺九十五里,自蘭城至艋舺一百二十五里,凡所經內山,素無生番出沒,一概做料、煮栳,打鹿、抽藤之家。而大溪、大坪、雙溪頭一帶,皆有寮屋、民居,可資栖息,故安溪茶販,往往由此〔註103〕。

《志略》之修,在道光十五年(1835)年間,然及稍後之相去數年,陳淑均為《噶瑪蘭廳志》,雖仍沿襲前述《志略》之文,志入蘭孔道。但於後段「由頭圍,……出淡屬水返腳」文云:

> 現安溪茶販,入蘭往返,皆資此途,惟中有溪流數處,深廣五、六尺許,必須造橋五、六座,設隘一、二寮,方足以利於行人〔註104〕。

水返腳之開發,在前章已言,最早始於乾隆中葉,而在乾隆中葉,余文儀續修臺灣府志時,猶為原住民與漢人移民,各擁莊、社,成為雜居之社會〔註105〕。至於漢人,大抵以部分永春人以及絕大多數之安溪人,為此間之移墾者。此

〔註102〕柯培元《噶瑪蘭志略》卷十四雜識志,頁196,見文叢九十二。
〔註103〕柯培元《噶瑪蘭志略》卷十四雜識志,頁196,見文叢九十二。
〔註104〕陳淑均《噶瑪蘭廳志》卷八雜識(下)紀事,見文叢一六〇,頁432。
〔註105〕參閱本文三之(一)內港二大溪之命名與北溪流域社莊之推移。

一搭配係據該地之氏族人口、族譜，比較後世之姓氏統計資料，前十一大姓之口數順序，可以看出。此一順序依次為陳、黃、林、蘇、李、廖、王、周、鄭、潘、高等，此中，陳姓來自永春〔註106〕。其次，由黃至高之八姓，來自安溪〔註107〕。第十之潘姓，始為早年峰仔峙社原住民之後裔〔註108〕。

又次，從其世傳職業而言，安溪人與永春人，又大抵以種茶、務農與少部分從事商賈為業。由此，安溪茶販之出入此間，已見其商業行為以外，前引《志略》所云：「凡所經山……一概做料、煮栳、打鹿、抽籐之家」云，亦定為安溪人之活動地區與所從事之職業。如此，此類山產之運出易貨，毋論取道上述「孔道」，抑或由平溪順流經基隆河而紆迴出口，水返腳，均為水陸二路之集散埠頭，從而此一基隆河流域之最大埠頭，在後日同、光間之繁榮，於此實已種下特殊之遠因，並以水返腳之新命名，取代古代之峰仔峙〔註109〕。

五、咸、同間基隆河河名之演變與茶業之興起

（一）內港二大溪與內港三大溪之演變

基隆河河名，由道光《福建通志》之出，迄於咸豐一代，未見再有文字。但及咸豐後，或因修志者沿早期志書：「內有大港，分為二支」以及「內有大澳，分為二港」，此種敘述而加以創造，並取其「內」與「港」字，轉用為河系整體之名稱，却見於同治年間。

同治九年（1870），陳培桂《淡水廳志》山川：北路溪之條，所列「竹塹溪」等五十一溪之總名中，其與淡水河二港相關者，則占有「南溪、北溪」等達三十條，或溪、或潭，皆屬於「南溪」與「北溪」之支流。此三十條大小溪流，當悉為後世廣義淡水河系與基隆河系之主支流部分·《廳志》云：

> 內港二大溪，一曰「南溪」，其源出大壩尖山，西流過祐武乃社，西
> 北至三坑仔，繞觀音亭北至茅草山，過秀才潭西北為石頭溪。又東
> 過鳶山，南會三角湧溪，橫溪，南東過獅頭潭至大安山，北至沙崙

〔註106〕報導人：陳炎興居水返腳下街。
〔註107〕同上註：並參閱陳、林、蘇、李、廖、王、周、鄭高等姓氏族譜。
〔註108〕同註97，《舊地名之沿革》第一冊汐止鎮北港條云：「境內潘姓者可能為峰仔峙社平埔族人之後裔」，頁339。
〔註109〕按：水返腳一詞命名之確實年代，仍待求證。唯其義即為「潮漲及此而返，故以名」。此一命名，次及日據以後，又改為「汐止」，汐與潮同，止即終也。因而二義相同。

會石頭溪，西北至新莊，會海山小龜崙溪。北東至艋舺，南會內湖，青潭溪。東至大隆同，東北過番子溝，會峰仔峙溪，北至關渡，計百里許〔註110〕。

以上為「南溪」之全部敘述。但「峰仔峙溪」云，却為「北溪」之意。然則「北溪」部分，《廳志》又云：

……一曰「北溪」，其源出三貂山荇仔潭，過鯽〔鰱〕魚坑，出石碇北，東會獅毬球嶺西流，西北至峰仔峙，又西北至南港仔，北會八連港，會礦溪。北西至關渡，計百二十餘里〔註111〕。

由以上二文之內容，無疑為整體淡水河水系之記載以外。將水系分為「南北二溪」，更為一種發明。故南溪係指本流部分，北溪即泛指基隆河一系。

然而《廳志》對於二港，雖已有上述之創新命名。但另對於前揭《福建通志》所述之大隆同溪，亦有別條記云：

大隆同溪，其源自暖暖、三爪仔，至保長坑，水勢微急，經峰仔峙下瀨有聲，其西南曰水返腳，復錫口轉至劍潭。又西南經大隆同至番仔溝，會擺接溪、新莊溪、艋舺溪，經關渡入港。大隆同外有和尚洲平闊〔註112〕。

《廳志》此種為重覆紀述之法，無疑為據同一溪而分段，次又以擁有不同命名之水，為其收錄之標準而已。其實，整條河系在此，既以「內港北溪」一詞，概括全部河系而為指定名詞，大隆同溪，係指劍潭、芝蘭以次，流經大浪泵地區之下游區段。再如前文曾提及之「峰仔峙溪」，自為水返腳附近之區段。至若相對之「南溪」，自亦名為，內港南溪」云，泛指其水系，亦為此志之筆法。

然而所謂「內港二大溪」之名，雖具創新之見，無奈淡水河水系之構成，如本文於文字之首開已述，係由三大河流，會合而成。從而區分為「南北二溪」，仍有待商榷之處。例如：曾於光緒間旅遊臺灣之英人 Camille Imbanel-Huart，於所著《臺灣島之歷史與地誌》，對於河系之流路，支流之構成，以地理的眼光，留下記錄，先言「南溪」而云：

在流經艋舺之前，淡水河猶是兩股：一股來自東南，沿著土人的領土

〔註110〕陳培桂《淡水廳志》卷二封域山川內港二大溪南溪條。文叢一七二，頁35。
〔註111〕同上註，北溪，頁35。
〔註112〕同上註，大隆同溪條，頁36。

邊緣，穿過一些世蔗和藍草的畑地，並灌溉了那河名所來的新店城；
　　另一股導源於腹地的原始林，蜿蜒着穿越一些稻田，經過大科崁的城
　　郊，繞着產茶區域流去，和一些急湍以及層列在它整個行程上的砂帶
　　衝擊過之後，便在臺北府的高地上和第一股支流相滙合〔註113〕。

其次，復言「北溪」部分云：

　　由滬尾至島的東北方主要港口雞籠北緯二五度九，東經一二一度四七，由
那蜿蜒而多急湍的河道前往，約有五十二公里的距離，河名雞籠河，是淡水河
主要支流〔註114〕。

　　此一紀述，不但為有關「二大溪」之再見於外來文字，亦為「淡水河」與
「雞籠河」名稱，首次被提起。時間約在光緒十年（1884）之後〔註115〕。

　　準此，《淡水廳志》之將水系分為「南北二大溪」，顯見未切實際。從而初
自同治末年，迄於光緒初年完成之《臺灣府輿圖纂要》：淡水廳輿圖冊「水」
條，其言滬尾港者，更有如前述 Camille Imbanel-Huart 之見，紀述河流於圖冊
云：

　　滬尾港海口：在龜崙之北、艋舺之西，離城一百四十里。港內分南、
　　北、中三大溪，名曰內港〔註116〕。

如此，將同治末葉《淡水廳志》之分法，再加創新，分之為「南、北、中三大
溪」，為最具體之發明。至於各溪之流路內容，則亦先自南溪而云：

　　南溪之源出自大壩尖山，由大姑崁、三角湧向西北至新莊，與艋舺
　　溪會合；至大稻埕折而西至關渡，與北溪合流而出滬尾〔註117〕。

又次，則為北溪云：

　　北溪之源出自三貂嶺、南至水返腳、錫口轉西南，過劍潭會礦溪至
　　關渡，與南溪合流而出滬尾〔註118〕。

由此二文，概見前條之北溪，所述為今淡水河主流之大漢溪，滙流入臺北平原

〔註113〕C. Imbauel-Hluart《臺灣島之歷史與地誌》第二章，頁87，見黎烈文譯本，臺
　　　　灣研究叢刊五六種，臺灣經濟研究室民國四十七年。
〔註114〕同上註書，頁88。
〔註115〕按同上中譯本作者序有「C Imbaulrt 一八八五年於上海」語，度之，此書局
　　　　成稿於光緒十年（1884）。
〔註116〕《臺灣府輿圖纂要》：淡水廳輿圖圖冊：水：滬尾港海口條，見文叢一八一，
　　　　頁279。
〔註117〕同上註，南溪。
〔註118〕同上註，北溪。

成淡水河之流路。次條之北溪，自為今基隆河以外，河源所在，亦由《淡水廳志》之「三貂山苧仔潭」，再往上而推至「三貂嶺」所在。

最後，對於新滙入之中溪、亦將《廳志》之艋舺部分為底本而修改云：

> 中溪，名艋舺溪，發源於獅頭山，入拳山保大坪林，折而向西至大
> 加臘保，會南溪而入於海〔註119〕。

所謂「獅頭山」，同書未見提起。但由「大坪林」以上流路為溯源，似指後之新店鎮塗潭西方，平廣溪上游之獅頭山〔註120〕。《輿圖》此種沿溪溯源，却不及上溯真正河源之紀述，當係代表該一時代，漢人移墾足跡所及之地，而以經過開發之區域為詳細之紀述。藉以維持知者詳之，不知者虛之，存真而已，因不及未知之境。但淡水河水系係由三條河流構成，當亦由此而下定論。

（二）中游大埔頭水返腳之發展與茶業

前述水系由南、中、北三大河流構成云：此一定論時代，若由臺灣之發展而論，時間為中英、中法天津條約之訂立，臺灣開放與外國通商〔註121〕。次於咸豐十年（1860），闢滬尾與安平為商埠時代〔註122〕。由此，臺灣之對外貿易，亦擴開另一局面，茶、糖、樟腦三項經濟作物，成為臺灣對外輸出物之主要商品，取代往日之米穀〔註123〕。同治四年（1865）以後，更由於英人杜特（Joho Dodd）之提倡與獎勵，茶業之發達，邁入另一嶄新時代〔註124〕。從而茶業在淡水河系與基隆河系流域，蔚然興盛。此種興起之狀況，如前揭《歷史與地誌》之紀實云：

> 臺灣島北部茶的栽培地大多限於丘陵；最大的栽培地在淡水和艋舺
> 之北。這種栽培地每年以可觀的規模增加起來。十五年前，幾乎沒

〔註119〕同上註，中溪。

〔註120〕同註49，《舊地名之沿革》第一冊新店鎮直潭條云：「塗潭西方與三峽鎮交界上，有獅頭山（海拔八五七公尺），係乙未抵日義軍的根據地」，見頁359。並參閱十一萬分之一臺北縣地圖，大興出版社印行。

〔註121〕臺灣省通志卷大事記咸豐八年：「五月，清廷以英法聯軍之役，被迫簽訂天津條約……允開臺灣港口為通商口岸。」見原刊，頁88。

〔註122〕據東嘉生清代臺灣之貿易與外國商業資本四外國商業資本的進入過程，見臺灣研究叢刊二十五，《臺灣經濟史初集》，頁110。周學普中譯本。

〔註123〕林滿紅《茶、糖、樟腦業與晚清臺灣》：茶、糖、樟腦業對晚清臺灣經濟社會之影響、八、結論，見臺灣研究叢刊一一五，頁90。

〔註124〕張我軍《臺灣之茶二》，臺灣茶之產銷組織（2）手工藝時代，見臺灣特產叢刊三，頁5。

> 有茶樹種在大稻埕附近的高地上；現在呢，所有的崗巒都蓋滿了茶
> 樹。……不多時以前，還只有着叢莽或處女林的地方，現在却看到
> 一些廣袤的茶園……〔註125〕。

同治以來，此種經濟作物之興起，外在因素固由開港與茶商之提倡，但先天因
素，却由於淡水河水系流域，有其獨特宜茶生長之條件。若連橫《臺灣通史》
云：

> 蓋以臺北之地多雨，一年可收四季，春夏為盛。茶之佳者，為淡水
> 之石碇、文山二堡，次為八里坌堡，而至新竹者曰埔茶、色味較遜、
> 價亦下〔註126〕。

所述實為河流兩岸符合茶葉栽培。此中所謂「石碇堡」且為基隆河自南港之
中游以上地區。

然則，在茶業蔚興時期，基隆河流域之開發與發展，乃至交通如何。此中
如始自交通而言，則 Camille Imbauel-Huart 足跡所至之記云：

> 由滬尾至島的東北……雞籠。……河上所用的船係平底，長約六公
> 尺，寬約兩公尺：每船由船夫二人操縱，遇到急流則有時增加一個
> 新的水平。這種船和菲律賓土人的 banka 大致相似〔註127〕。

外人所記此種「平底船」，雖未說明用何動力，但《淡水廳輿圖》圖冊曾言內
港三溪中，南北二支之交通云：

> 南溪自新莊起，至艋舺溪邊尾，另有小駁船往來駁貨；北溪自暖暖、
> 八堵起，至關渡、滬尾亦有小駁船往來……〔註128〕。

由此論之，在河上來往船隻、當甚多樣。甚至，亦有動力汽船在內。

其次，對於流路沿岸、街莊、鄉村之發展以及交通工具之換乘，前舉外
人亦曾紀述云：從淡水乘小輪船出發，沿河而行，左岸是一片耕作良好栽培
着水稻、甘蔗和玉蜀黍的平原，這平原一直伸展至大屯山麓；右岸是觀音山
和緩的山坡。在距離河口二四里地方，淡水河依然有約一公里的寬度。在關
渡（Kan-tao）村莊上，我們遇到一個分叉處：靠左是雞籠河；靠右是淡水河，
它延續着一直到大稻埕下面……接受新店和大嵙崁合流的水〔註129〕。

〔註125〕同註113，《歷史與地誌》第三章農業和出產；頁94。
〔註126〕連橫《臺灣通史》卷二十七〈農業志〉，見古亭景印原刊，頁735。
〔註127〕同註113，《歷史與地誌》第二章，頁88。
〔註128〕同註116，《輿圖圖冊》，頁279，南溪交通。
〔註129〕同註113，《歷史與地誌》第八章臺灣島的遊歷（續），頁130。

以上應為船從滬尾港口，溯流迄於關渡隘之間，所看到兩岸之景觀，以及早期所云「大澳」以內，分為「二港」之後世寫實與部分「南溪」之敘述。次則：「北溪」基隆河之部分云：

> 穿過雞籠河，朝着八芝蘭的村莊駛去，到八芝蘭，便得改乘可以越過急湍的當地小舟。我們在這裏遇到無數載滿鴨子的扁平渡船，鴨子可說是放牧似的由一個人，將牠們帶往能夠找到食物的地方就食，在就食地方，牠們從朝至暮由一小孩看守：以一根長竹竿作為武器，指揮牠們，給牠們維持秩序，並以準確的一擊來處罰落後或是自由行動的鴨子。到傍晚，人們又再將這些長着翅膀的乘客驅入船中，將牠們帶回鴨舍。這是我們在南中國慣於看到的一種奇景……〔註130〕。

清代之臺北盆地，開發較晚，却為一富於河流之地區。乾隆初葉「渡禁」施行正嚴時，福建巡撫潘思榘曾向清高宗奏稱：「臺灣北路，多有漳、泉之人在彼搭蓋寮廠，招夥養鴨；恐匪類藉以潛藏，已經查緝整頓。現在並無滋擾，民情俱屬寧怗」云，因被高宗斥為「初看似屬留心地方；按之全無實際」〔註131〕。蓋淡水河水系在臺北盆地，形成一水鄉澤國，移民除農耕以外，更將傳統之古老養殖業帶到此間，開闢生計，亦云：「因地之利，因時制宜。」為地理形勢之運用開發，不無俾益於區域之經濟發展。故由 Imbauel-Huart 於河上所遇此一景象而論，此種古老之養殖業，在當時之南北二溪，更屬主要之經濟事業。

復次 Imbauel-Huart 又詳述在此段流路看到之左右兩岸，鄉村之景觀云：

> 雞籠河……在此處，兩岸均有修竹，竹子的枝葉彷彿給風景鑲上框子，東北方聳立着無數海拔不高等的丘陵，丘陵前面則有苧麻（Boehmeria nivea）田和胡椒灌木，人們從遠處看來會以為是一些小小的棕櫚樹林，高地往往一直伸到水邊，於是突然開展着，讓人……窺見廣潤的、浸水的稻田。風景極為綺麗。八芝蘭本身即處於一小山之麓〔註132〕。

此段文字所述，無疑為從河上看到，今芝山巖與左方從大直山，延伸到雞籠河邊之圓山丘陵等地之描寫。至於「浸水的稻田」，似係今中山區沿基隆河一帶，圳路最多之稻作農耕地帶。

〔註130〕同上註。
〔註131〕《清高宗實錄選輯》乾隆十四年夏四月初六日條，引《大清高宗純皇帝實錄》卷三三八，見文叢一八六，頁74。
〔註132〕同註113，《歷史與地誌》，頁130。

至於進入較近中游之河道以後之敍述，以及中游以上街莊之敍述即云：

> 由淡水徑水路往雞籠，所遇到主要市鎮和村莊……八芝蘭比之艋
> 舺較為通暢，亦較為清潔；錫口（Sik-kao），街道寬潤且相當整潔；
> 水返腳（Tsoni-teng-cha）潮水至此為止。而從此以上，河中便多急
> 湍〔註133〕。

又云：

> 水返腳是個重要市鎮和大有利的商務中心，灘便從此開始，在這裏
> 看到聚有許多各種形式和大小不一的船隻。灘並未經過太多困難便
> 越過了……〔註134〕。

水返腳如姚瑩所述，在道光年間猶為「臺境北路至此而盡」所在〔註135〕。但相距五十年後，顯現之社會景觀，已判若霄壤。另外，英人馬偕（G. L. Mackay），曾於稍後之光緒十六年（1890），於此地建立一座教堂，時之水返腳，據云：「已為人口四千之市鎮」〔註136〕。水返腳此種繁榮，若由前引外人紀述而論，因係基隆河「灘頭從此開始」之區段，而成為中、下游深水段與中、上游淺水段之交衝埠頭以外；陸路又為進入中、上游山區之起點；又次則捷徑且通噶瑪蘭、平溪等地云。除此三項地理位置之要件，最後一項亦即當地因係宜於植茶之丘陵帶，移民又多為安溪，以及少數永春籍移民為主之區域，此二籍之移民，世以植茶為業，地方繁榮自與茶葉之興起，茶葉之成出口作物，結有連鎖關係。

六、光緒間基隆河之命名考與河段之改隸

基隆河在前述同治間，名「內港北溪」為淡水河三大支流之主要河流云，至此亦殆可定論外。區域之開發，亦由茶葉之興盛，溯河更推至中、上游一帶。此種對於地理之認識，雖將擅於「做山」之安溪墾民，更推至上游之隩區，開發原始林地，使臺灣之經濟進入另一發展之階段。但在開發之負面，亦使河流面臨另一重大之再改變。

光緒十三年（1887），臺灣建省以後，巡撫劉銘傳認為：臺灣各縣之幅

〔註133〕同上註，頁 88。
〔註134〕同上註，頁 131。
〔註135〕見附註，註之九「道里記」。
〔註136〕G. L. Macdkay《臺灣六記》第十六章建設教堂，頁 66，見臺灣研究叢刊六十九種，周學普譯本。

員，較多於內地，如「新竹、淡水等，縱橫多至二、三百里，鞭長莫及」，因再提〈臺灣郡縣添改撤裁〉之議〔註137〕。奏摺之中，對於基隆一地，劉銘傳認為：「淡水之北，東抵三貂嶺，番社紛歧，距城過遠；基隆為臺北第一門戶，通商建埠，交涉紛繁」。況且：時值「開採煤礦，修造鐵路，商民麕集，尤賴撫綏」之際等由〔註138〕。因將淡水東北四堡之地，撥歸基隆廳管轄，將原設基隆通判改為撫民理番同知〔註139〕。亦為臺灣分為三府、一州、三廳、十一縣之始，基隆與淡水、新竹、宜蘭三縣同屬新設之臺北府〔註140〕。

　　如此，所謂東北四堡，亦即雞籠（基隆）、金包裹、三貂、石碇等，原淡水縣四堡之地〔註141〕。此中，除金包裹與三貂二堡以外，雞籠、石碇二堡，區域適在內港北溪之中，上游流域，從而基隆河之中，上游，亦從此隸屬於基隆廳，下游始屬淡水，至於二地之交衙，即以南港溪為疆界〔註142〕。此一「南港溪」，雖未註明所在，唯其據光緒〈臺灣地輿全圖〉之淡水縣圖而言，圖之東北方，注有一「南港口」於河流之右岸論之，似為通往舊莊之大坑溪支流〔註143〕。

　　然則，對於主要之基隆河而言，除志書之「內港北溪」以外，亦未見更具體之命名。唯如外人而言，若英人 Camille Imbauel-Huart 之作 Kiloung（雞籠）河〔註144〕，馬偕之作 KE-LunG 河〔註145〕，其次則美人 James W. Davidson 之沿用前者而為 Kiloung 河，而見於彼等之著述〔註146〕。但此種命名，似

〔註137〕《劉壯肅公奏議》卷六建省略臺灣郡縣添改撤裁摺，見文叢二十七，頁284。
〔註138〕同上註，頁285。
〔註139〕同上註，頁286。
〔註140〕參閱《臺灣省通志》卷一土地志疆域篇建省時期，見原刊，頁38。
〔註141〕〈臺灣府輿圖纂要淡水廳輿圖表〉：作「金包裹保、芝蘭一保、三貂保、石碇保」，見文叢一八一，頁260。
〔註142〕〈臺灣地輿全圖基隆廳輿圖說略〉云：「基隆通判，於光緒初年移設，兼理通商煤務。十四年分省，改撫民理番同治；析淡水所轄基隆、石碇、金包里、三貂四堡以隸之。……計東至三貂溪海邊民站八十里，東南由遠望坑至宜蘭交界之草嶺六十里，西南至淡水交界之南港四十里，北至海口二里。」見文叢一八五，頁26。
〔註143〕同上〈地輿全圖〉余寵淡水縣圖，淡水縣輿圖說略云：「淡水縣……北至基隆交界之南港口二十里」，見頁12、14。
〔註144〕C. Imbauel-Huart《臺灣島之歷史與地誌》：第一章，頁4：「臺灣曾因其北端的一個港口而得着雞籠（Kiloung）的名稱」。
〔註145〕G. L. Macdonald《臺灣六記》圖一：作 KE-Lung。又頁18作雞籠河。
〔註146〕James W. Davidson《臺灣之過去與現在》。

均出自地緣與交通條件之因素而來，對於清官方之史料，以及宦遊人士之著述，概未見使用。識見此「雞籠河」之命名，並未受正式之承認。此一理由之依據，若據日人將之譯為《佛軍臺灣遠征史》之原名「"L'Expédition francaise de Formose 1884～1885"」一書，其在征服之軍事上，對於敵方之地理，應有較深切之瞭解，以達到操勝算之目的始為常理者。然其對於基隆河之描述如依此間之中譯本，其言臺灣之地理章即云：

> 三條相當重要的水道流入淡水河中，來自三貂角（pic Sam-Tiao），並經過基隆附近的淡水河，是東部地方的主流。到暖暖為止被急湍所阻的這條河道，從暖暖起，可通舢舨。此河經過嶺腳（Niaka）、六堵（Locktou）、水返腳（Switenka）、四腳亭（Sikowdjon）和錫口（Sikkow）等地，在八芝蘭下流一哩處，淡水河容納了水量和本身大略相等的新店溪和大嵙崁溪[註147]。

如此，雖藉「基隆附近的淡水河」方式，為河名之指借。但記述者，絕非缺乏地理之常識一事，如上文之提及「新店溪」與「大嵙崁」溪而可說明外，其對於「新店溪」且云：

> 大型戎克船可上溯淡水河而至艋舺，該地為有四〇，〇〇〇人口之工業中心地。使水流因之得名的小小新店，乃是最近興起的市鎮，該鎮位於艋舺上流數哩之地，舟行至此，不能再進[註148]。

在前引二條原文之中，除「三貂角」為「三貂嶺」之誤以外，可云：敘述十分正確，却獨未提起「雞籠河」之名，寧匪可佐證馬偕等三位外人之名「雞籠河」，為乏可靠之依據。

準此，光緒中葉以後，地方之開發既溯流更推及基隆河之上游，況上游一帶之山間聚落，最初且可溯及開發於乾隆、嘉慶、道光年間者。然則，對於河之命名與使用通稱如何，亦就別從公私史料，乃至筆記，找其痕跡而已。

光緒十六年（1890）六月間，由於建造臺灣鐵路，架橋通過七堵附近之河上，工人於水中建造橋基，工餘偶見沙中有金，因而揭開河流含金之謎[註149]。未及三年間，淘金者由遠近擁至，並溯流尋金而發見基隆金山之

〔註147〕E. Garnot 法軍侵臺始末第一章：基隆及其附近，見黎烈文中譯本，頁7，臺灣研究叢刊七十三。

〔註148〕同上註。

〔註149〕唐羽〈清光緒間基隆河砂金之發見與金砂局始末〉二之（一）發見砂金之年代與地點之訂正、金之淘洗，見臺灣文獻季刊第三十六卷第三、四期合刊，

富於鑛藏〔註150〕。此一河流之事，因亦聞名中外。例如：當時在臺傳教之馬偕，記述為「一八九〇年為了在雞籠河上造鐵橋時，開鑿巖石而發見了黃金」云，仍名「雞籠河」〔註151〕。但十八年（1892），日本鑛業會誌之報導文，題為「臺灣基隆の金鑛」，亦不言「基隆河」〔註152〕，至於清人對於河中發見黃金之事，於官方文書更不提河名，而代之以區段之地名云：

> 基隆廳轄龍潭堵一帶溪河，上年秋、冬間，忽有金沙顯露……
> 〔註153〕。

蓋所謂「龍潭堵」，原係流路所經之一小地名，地在今瑞芳鎮之市區〔註154〕。同年二月二十八日，另一奉臺灣巡撫邵友濂之札飭，將河中金沙之利益，歸於地方所有之文云：

> 照得基隆出產金砂，屬地方自有之利〔註155〕。

又，十九年（1883），由基隆廳同知方祖蔭發出之「示諭」亦云：

> 瑞芳等處，凡溪流有挖金砂各處……〔註156〕。

未有直接提及基隆河或雞籠河云，以清吏處事之慎重，實見河名之作「雞籠（Kiloung）」，尚未經過清官方所確認。

誠然，基隆河在發見金沙之後，仍乏命名或公認，時之文人，若中國士人喜作筆記，所記如何以名。先是唐贊袞《臺陽見聞錄》〈金鑛條〉云：

> 基隆開地二百餘年，從未有滿地生金之說。忽於光緒十六年，三貂
> 堡（疑為三爪仔之誤），龍潭堵一帶顯露金沙，即有土人私淘金
> 砂……〔註157〕。

此文亦概以區段為名外，河在此一區段，別有適當之命名與否，却另由同一時期在臺任職之胡傳《臺灣日記》，可找出正確答案。蓋胡傳在臺時，於訪金沙

頁123。民國七十四年十二月。

〔註150〕同上，唐著五之（二）九份，金瓜石礦山之發見與採金地之推移，頁139。

〔註151〕同註145，《臺灣六記》，頁18。

〔註152〕據《日本鑛業會誌》八十三期，明治二十五年。

〔註153〕臺灣洋務史料「臺灣巡撫邵友濂奏報基隆廳轄龍潭堵一帶溪河顯露金砂准由股實業戶僱工淘洗會同地方官設局抽釐法」光緒十八年二月初四日，見文叢二七八，頁93。

〔註154〕同註49，《舊地名之沿革》第一冊瑞芳鎮龍潭堵條參閱，頁340。

〔註155〕據《臺灣私法商事編》第一章第一節之第四札飭「代理臺南府正堂，補用府即補清軍府加十級紀錄十次包為札飭事」，見文叢九十一，頁6。

〔註156〕據同上「商事編」第一章第一節之第七示諭光緒二十年七月初三日稿，頁9。

〔註157〕唐贊袞《臺陽見聞錄》卷上通商金礦條，見文叢三十，頁26。

局提調張經甫，以及寄書致漠河金鑛局袁行南（大化）之信，曾一再提及「石碇溪」之名。此中，訪友之十八年三月十七日《日記》云：

> 十七日，偕張經甫坐火車赴八堵，挽轎至暖暖……飯畢復行，五里至碇內，又五里至四腳亭……又八里，天已昏黑。宿龍潭堵。十八日，偕經甫沿石碇溪而上，行四里至瑞芳店。過溪而南，四里至苧子潭，又五里至平林莊。過溪而北，復東行二里至九芎橋，再十里即三貂嶺。後由溪北沿岸行回龍潭堵〔註158〕。

上述《日記》中之「石碇溪」云：因由文中之記述路線，係路由八堵、暖暖、碇內、四腳亭、龍潭堵、瑞芳店、苧子潭、平林莊、九芎橋而溯河將達三貂嶺下；所在無疑皆在今基隆河之中、上游，自八堵迄於瑞芳鎮猴硐之間，流路左右岸之地。如此，所謂「沿石碇溪而上」，亦則「沿基隆河而上」，名竟數見於《日記》。

　　復次，胡傳在同年九月二十三日致袁行南之信，且言「臺北石碇溪龍潭堵一帶，去年多間，金砂出現」之句〔註159〕云，若從此二文之記述論之，時之基隆河在正式方面，係作「石碇溪」命名。至於命名之依據，係因基隆河自南港溪以上，悉屬於基隆廳部分，再分割入於石碇堡，遂以地緣命名，抑或河流所經，既名「石碇保」，是墾民遂以居住所在冠詞於「河」，成為習慣用語，即已無從稽考。

七、基隆河上游區段之地理形勢與開發之補述

　　基隆河之中，上游在劃入石碇堡，名「石碇溪」時代，河之流域所面臨最大震撼與挑戰，固為前述於八堵、暖暖段發現河中之含有沙金，使河在有「金」之下，成為「金河」，於短短期間名揚中外〔註160〕。連帶反應而將區域之重大改變，推至更上游之龍潭堵段、三貂峽谷段，乃至河源之平溪段，使部分農民為利所趨，赴溪淘金。但其后數年，更由於日人之發動侵臺，入

〔註158〕胡傳《臺灣日記與稟啟》卷一光緒十八年三月十七日條，見文叢七十一，頁9。

〔註159〕同上《日記與稟啟》卷二復袁行南（大化）信，頁79。

〔註160〕林朝棨〈臺灣之金鑛業〉三之（二）基隆河之金鑛業云：「當時加里福尼亞州及其他太平洋岸各地，排華之風頗熾，美國制定排華法案。一方面澳洲金鑛地之英人，也實行排華，所以美、澳華籍勞工（尤其有採金經驗者），紛紛至臺，陸續群集於基隆河，從事淘金。」見臺灣特產叢刊第六種，臺灣之金，頁23。

據伊始，又挾其礦業技術之專長，採金、採煤，傳統之農耕，迅速受到摧殘，礦業在此間興起，並取代產茶之地位。

　　唯基隆河之開發，原先即非整體進行。況且八堵、暖暖段相關史料之出現，亦較遲至道光以後，更早之事，依據十分缺乏，下面容就流路分為四小段，勾出輪廓，進行瑣碎之探討，俾補早期事象之不足。

（一）補記八堵段流域之開發與暖暖街之興起

　　基隆河之流路，上游係指三貂嶺峽谷以上，以下迄於南港附近屬於中游，為《臺灣省通志》〈地理篇〉之分法〔註161〕，但日人據臺后，旋即進行之河床含金調查，則認為瑞芳以下迄於七堵鐵橋之間，地居中游〔註162〕。將七堵以下多灘地帶，劃入下游，雖毋關重要，却因前面之區域探討，猶未涉及此一多灘地帶，從而八堵、暖暖段，仍須從水返腳述起。

　　清代之水返腳，向東盤越山嶺，即進入五堵山區。之后，「山海折轉，而東出臺灣山後」云，因具移墾中繼站之意義〔註163〕。若依道里，出水返腳「十五里為一堵，再北過五堵、八堵，凡十里至暖暖。」以此種數詞冠於「堵」而用於地名，至今猶見五處之多〔註164〕。其最早之意義，據云：來自「拓墾當時，設垣為堵有關」，而數字即為設垣之前後次序〔註165〕。準此，「一堵」既在水返腳以次，即水返腳之為中繼站，被據為進取之地，亦顯得益為強烈。

　　其次，由五堵沿河而上迄於河源平溪，流路迢遙，非山坡即為河谷，平地稀少，流在兩山之間，更與安溪之多山相近似。如將上灘迄於河源之四鄉鎮十二大姓前茅，比較水返腳之前茅大姓，亦顯見姓氏集中，窺見進據上灘之墾民與水返腳，祖籍相同、血緣相近，似曾駐腳於此中繼站〔註166〕。然后，向尚

〔註161〕參閱註 12、13、14。

〔註162〕據石井八萬次郎〈基隆溪川砂金〉，見臺灣總督府殖產部報文一卷一期明治二十九年。

〔註163〕參閱前文四，〈嘉慶、道光間地理常識之推進與水返腳之開發〉。

〔註164〕按，以堵為名，現仍使用者有五堵、北五堵、六堵、七堵、八堵等五處地方。並參閱洪敏麟《臺灣舊地名之沿革》第一冊，頁 261 基隆市七堵區。

〔註165〕據同上《舊地名之沿革》第一冊第五章臺灣地區地名的緣起，頁 145「堵」字條。

〔註166〕據註 71，《人口之姓氏分布》基隆市七堵區之十二大姓口數順序為陳、余、李、林、黃、王、張、蔡、蘇、許、周、詹等，占區域總人口之六十七%。此中，張在水返腳係序次十三、詹為十五、余為十七，且為同屬来自安溪，見頁 64、250。

屬土著鹿場之山區進據，土著受迫後退，墾民且推且進，而於對方既退之最前線、設「堵」為防禦。直推進至八堵，次即進占暖暖，擇為立足點，為歷來之論〔註167〕。「堵」之存在，則其痕跡。八堵、暖暖段之開發，成莊始見於《淡水廳志》：屬城北兼東石碇堡條云：

> 五堵莊（距城）百四十五、六堵莊百四十七里、七堵莊百五十里、八堵
>
> 莊百五十里、暖暖莊百六十里……〔註168〕。

時，水返腳却列為「街」，名「水返腳街（距城）百四十里」〔註169〕。概見，二者繁榮之高下。

　　此五莊之開發年代，志書未曾提及。唯若意外史料，最早可溯及乾隆五十三年（1788），天地會之亂時福康安之奏摺，提及派徐夢麟至「八堵地方剳」事〔註170〕。次復追溯民間之契券，前於探討峰仔峙莊之開發，所引用乾隆三十五年（1780），由「北港等社通事昇舉」所立「杜賣盡根契」，契上對於墾地之敘述有云：

> 就界內圭籠港仔口八堵庄，踏出林埔一所；東至暖暖溪、西至石厝
>
> 坑，南至山頂盡水流內，北至大溪，四至明白為界，付秉忠前來開
>
> 墾，永遠為業〔註171〕。

此一契字所指之「石厝坑」，在基隆河八堵段之西北，有溪流可進入，東至「暖暖溪」，即疑為暖暖街前面之東勢坑溪支流，記載分明。後人曾謂：暖暖在乾隆年間，已形成小聚落，從事於「漢番交易」，亦可信度提高〔註172〕。另外，日人三浦亦認為：暖暖街之開闢，始於乾隆年間，至於墾民係由雞籠進入，趕走山番而拓〔註173〕。然則，基隆河之開設，除一支由臺北平原，溯河而上以外。另一支則由抄雞籠由北方進入。然后，以暖暖為再進上游之據點。至於由水返腳進據上游，而設「堵」防禦之事，時代之上限似可推上乾隆三十年（1765）之前。七堵地區，來自安溪之余氏，為當地十二大姓中，

〔註167〕同註165，《舊地名之沿革》第一冊，頁262，七堵條。
〔註168〕同註110，《淡水廳志》卷三建置志街里條，頁61。
〔註169〕同上註。
〔註170〕《欽定平定臺灣紀略》卷五十三乾隆五十三年二月初一日條，見文叢一〇二，頁848。
〔註171〕據註89引〈乾隆八堵番契〉。
〔註172〕鄭茂正淡蘭古道巡禮二，古道起點暖暖，見《史聯雜誌》第三期，頁93，民國七十二年六月。
〔註173〕同註72，〈臺北地方開拓一覽表〉石碇堡暖暖街條，頁57。

排序第二，僅次於陳。斯以，來自姓氏之研究，其先有余富者於乾隆初葉入墾此間〔註174〕。惜尚未獲此族之族譜，資深入之瞭解而已。

清代中葉，此一多灘帶之景觀與交通，見於嘉慶十二年楊廷理之〈紀程〉云：

> 自艋舺東北行，十五里至錫口，又十五里至水返腳，又十五里至七堵，又十五里至蛇仔形〔註175〕。

却未提及暖暖。但迨及姚瑩則詳而記云：

> 七堵、八堵，凡十里至暖暖，地在兩山之中，俯臨深溪，有艋舺小舟，土人山中伐木作薪炭、材料，載往艋舺。舖民六、七家，皆編籬茸屮，甚湫隘；每歲鎮道北巡及欽使所經，皆宿于此。蓋艋舺以上至噶瑪蘭頭圍，凡三日程，皆山徑，固無館舍耳〔註176〕。

以此比較二人之說，以及其他史料，係楊廷理並未住宿於暖暖使然〔註177〕但暖暖在此一時代，因河源之林木尚未採伐，河水流量充沛而平均，而可藉舟楫之利，順流而下臺北平原，出售山產。道光時，由此出入後山之人增加，姚瑩所看到之暖暖，已具雛型市廛，自與前者不同。

同治間，茶業在臺灣興起，暖暖復因地理之優勢，成為水返腳以上，另一新興之水陸埠頭，即見於《淡水廳輿圖》圖冊之言「內港」水運云：

> 北溪，自暖暖、八堵起，至關渡、滬尾亦有小駁船往來〔註178〕。

至若英人 Imbauer-Huart，亦提及多灘帶之行舟云：

> 灘從此處（水返腳）開始……灘並未經過太多困難便越過了。兩人在岸上給那平底船使勁地拉縴，而另一人則在船後，藉着一片當作舵的槳而操縱着船。在那些灘上，沿途的景況是頗為悅目的；兩岸都被樹木茂盛的、華美的丘陵圍繞着，顯出一些土舍和茅屋，場面非常熱鬧；漁夫們修補或是投出他們的魚網；半裸的小孩們在泥淖中行走，搜尋小魚，將袖捲起的婦人們在流水中洗濯她們的衣服，並好奇地觀看那

〔註174〕楊緒賢《臺灣區姓氏堂號考》，頁293，余富條，見民國六十八年六月，原刊本。

〔註175〕柯培元《噶瑪蘭志略》卷十三藝文載〈蛤仔難紀略〉道里引楊太守紀程，見文叢九十二，頁166。

〔註176〕同註101，〈臺北道里記〉。

〔註177〕據同註175，〈蛤仔難紀略〉宣撫條云，「秋，九月九日丁未，太守坐筍輿自艋舺行。是日行六十里，宿蛇仔形。明日又行五十里，宿三貂社。」見頁164。窺見楊廷理之暖暖，係屬路過而已。

〔註178〕據註128，《輿圖圖冊》，南溪交通。

些在河中上下的船舶。田地上，水車在敏捷地工作着，它們是由一頭蒙住眼睛的水牛，或是兩三個農夫牽引着。再遠一點，一些水牛在牧場上吃草，由一些太陽晒黑了的小孩看管着〔註179〕

其次，又云：

灘在嶺腳（Leang-Ka）村結束，河流至此不能再供使用。為着前往鷄籠，必須在此登陸，雇用稍嫌原始的轎子，並穿過那些包含產煤地的山脈〔註180〕。

此一紀述，無疑為水返腳以上，八堵、暖暖段之全部行舟歷程。從而同治以後之暖暖，不但沿河成莊，水上舟楫，亦非早年之「艋舺小舟」而已。交通之利，帶動繁榮，更上游之貨物亦由此集散，街衢擴大，茶行、染坊亦在此間興起以外〔註181〕。其地之主要姓氏分布，亦顯出其與鄰地之相似移墾色彩〔註182〕。

暖暖此種由基隆河造成之繁榮，降及七堵橋下之發見河中含有沙金，消息傳開，淘金者甚至有從美洲等地之華埠來者，囂集河中淘金，溯源披沙，暖暖市廛係適處於河之支流東勢坑溪與本流之滙入處。例如光緒十六年（1890），初發見沙金后之淘金者人數，已超過三千人〔註183〕。至於產金之數量，雖無從正確統計，但自是年十月十五日至是年年底，八十天之間，經由淡水稅間輸往香港及他處之黃金數量，已達四、五一九兩，折價六五、一八九關銀之多〔註184〕；暖暖以沙金產地最近之埠頭，受銷費影響而首蒙其利，於此推而可見。口碑之流傳，暖暖在光緒年間，埠頭富戶之多，有「八萬十八千」之稱，當由於河流之利，以及地居要衝，二項條件所帶來之功能與繁榮，所以造成〔註185〕。

〔註179〕同註113，第八章〈臺灣島的遊歷〉（續），頁1。

〔註180〕同上註。

〔註181〕同註172，古道起點暖暖。

〔註182〕同註166，《人口之姓氏分布》基隆市暖暖十二大姓口數月順序為陳、林、周、王、張、黃、李、劉、鄭、許、吳、蘇等而占有區域總人口，百分之六十五％強。見頁64。

〔註183〕同註160，〈基隆河之金鑛業〉，頁32。

〔註184〕據《本島最初の鑛業調查報告》砂金及金鑛，沿革條，頁34，見《臺灣鑛業會報》第一二一號。並參閱唐羽〈清光緒間基隆河砂金之發見與金砂局始末〉，七之（二）金山之產金量，頁144。

〔註185〕同註172，「古道起點暖暖」。

（二）鰊魚坑龍潭堵河段之開闢與鑛業之崛起

基隆河自暖暖以上迄於柑仔瀨，因中途之龍潭堵在河中發見金沙后，官方設有金沙總局於此，見於史料者又均以「龍潭堵」泛指基隆河。今竝借此名謂之「龍潭堵段」。此一區段之流路所經，早期之地名，即呈濃厚漳、泉色彩，而有碇內、四腳亭、楓仔瀨、八分寮、竪石、三爪仔、龍潭堵、柑仔瀨，迄於蛇仔形，皆為安溪人之墾地〔註186〕。區段之開闢，若據《臺北縣志》之說：

> 角亭里：以昔日四角亭莊得名。乾隆初，廖姓向山胞承購開闢，初建房屋一棟，四無牆壁，故名〔註187〕。

次如較陬區之三爪仔，蛇子形亦云：

> 三爪子莊，乾隆十五年，閩人劉玉蘭、蘇玉、蘇標香等三人開闢。以地有山脈三支，如人手指，故名。嗣以水源不足，三姓旋遷；後由繼起者開圳灌田，乃以成莊。

> 蛇子形，亦乾隆十五年，劉玉蘭開闢……以地形得名〔註188〕。

但《縣志》又言：「相傳乾隆十五年，閩人賴世來闢柑仔瀨莊」，是為瑞芳鎮「開闢之始」〔註189〕。至於日人三浦，對於瑞芳之開闢，却認為：始於嘉慶初年，由安溪人沈光明開闢〔註190〕。從而精確之說，雖猶待再深求證。但若

〔註186〕《臺北縣志》卷五〈開闢志〉瑞芳鎮上天里楓仔瀨條：「乾隆末，閩人蘇姓開闢」。又鰊魚里八分寮條：「乾隆末，閩人廖姓所闢。地為八人共同開闢，故名」。又爪峰里竪石條：「嘉慶三年，蘇標香開闢。莊有立石若人，故名。蘇姓後遷他處，由許姓繼開」。又三爪仔條，見註29。龍潭堵，見洪敏麟《臺灣舊地名之沿革》。柑仔瀨，見註52。又碇內條：據《舊地名之沿革》云：「按碇為壓船大石，閩南語碇（Tēng）用於堅硬之形容，若發音 Tian，即固定之意。石碇即堅硬石頭用來碇泊船隻之意。」，頁266，又四腳亭，見註28。

〔註187〕見同上註瑞芳鎮角亭里條，頁22。

〔註188〕同上註，爪峰里三爪仔莊與蛇子形條，頁21。

〔註189〕同上註，瑞芳鎮條，頁21。

〔註190〕同註172，引〈臺北地方開拓一覽表〉基隆堡瑞芳街條，頁57。按瑞芳地區之開闢年代，說法多歧。洪敏麟《舊地名之沿革》第一冊頁34。柑仔瀨條：引劉良璧《重修臺灣府志》卷五坊里淡水海防廳：淡水保管下有「澗仔歷莊」一詞，認為此或「柑仔瀨莊」之早期莊名而云：「柑坪里昔稱柑仔瀨莊，劉良璧《重修臺灣府志》作澗仔歷莊」。對於此說：瑞芳之開闢於乾隆初年，如依《府志》之修於乾隆六至七年，固能成立。唯「澗仔歷莊」一詞在《重修府志》係與「海山莊、坑仔莊、虎茅莊、奶笏莊……甘棠莊」並列。乾隆十二年范咸《重修府志》卷二坊里條，依劉《志》之舊。唯及乾隆二十九年余文

從此間之大姓，除去後世由三貂方面遷入之南靖簡氏與漳浦吳氏，則其十二
大姓之順序，猶如暖暖，顯出地緣與同籍之關係，瓜葛密切〔註191〕。

龍潭堵段在清代，仍為茶之產地，且直延續及日人據臺以後。連橫《臺灣
通史》〈農業志〉云：

> 臺北產茶，近約百年，嘉慶時，有柯朝者歸自福建，始以武彝之茶，
> 植於鰈魚坑，發育甚佳，既以茶子二斗播之，收成亦豐，遂互相傳
> 植〔註192〕。

準此，河段毋異茶業在臺灣之發祥地。

此一植茶之鰈魚坑，位在四腳亭數里之上游。沿河上下，在礦業興起以前，
除少數水田以外，多為茶圃〔註193〕。臺灣茶成為主要輸出品后，所謂「臺茶
之佳者，為淡水之石碇、文山二堡」〔註194〕。名次在文山之上，所指亦則由
此沿河之產茶帶，直迄水返腳；基隆河流路成一大長形穹窿（Erongotoa dome）
之弧內河畔，均名石碇茶〔註195〕。

龍潭堵段之早期交通，陸路自暖暖以上，楊廷理之〈紀程〉云：

儀《續修府志》卷二坊里條即云：「北勢莊距廳五十六里、澗仔瀝莊距廳五十
五里、外蚋仔歷距廳五十里、加冬莊距廳六十里、南興莊距廳六十里、龜崙
莊距廳六十五里、八座莊距廳五十六里，桃仔園莊距廳八十里……奶笱莊距
廳七十里、甘棠莊距廳七十里、南崁莊距廳八十里、虎茅莊距廳八十里……
坑仔口莊距廳八十一里」，係指南崁以南之莊名與道里所在，而「澗仔瀝莊」
在焉。至于淡北自新莊以上，同志又云：「武勝灣莊距廳九十七里……里程莊
距廳一百一十里，內湖莊距廳一百二十里、南港仔莊距廳一百五十里……峰
仔崎莊距廳一百八十里」最北祇及「峰仔崎莊」為止，不及基隆河中、上游
之地。由此推論之，「澗仔歷」亦作「澗仔蘰」。但其是否為瑞芳之「柑仔瀨」，
若由志書之紀述，以及道里計之，恐非同一所指，昭然若揭矣。

〔註191〕按同註182，《人口之姓氏分布》瑞芳地區大姓口數之順序，因日據以後，由
於基隆金山金鑛業之興起，姓氏人口大量由三貂等漳人墾地湧入，此中如吳
為漳浦、簡為南靖、楊為漳浦與長泰、游為詔安，許為南靖。由此，較失原
來面貌。此中，若舉十五大姓為順序，則為林、陳、黃、吳、王、簡、李、
張、廖、楊、許、賴、蘇、鄭、游等。其中，將之除去前述由三貂等外地再
遷之五大姓；則來自安溪者為林、陳、黃、王、李、張、廖、賴、蘇、鄭、
謝、蔡、高等而近若暖暖以次埠頭，頁260。

〔註192〕同附註五，註之七十《臺灣通史》，頁735。

〔註193〕註186，〈開闢志〉鰈魚坑條云：「乾隆末，閩人廖培塔所闢。地產鰈魚以名」，
頁21。

〔註194〕同註192，《通史》。

〔註195〕參閱本文一之（一）基隆河之流路。

七堵，又十五里至蛇仔形，可住宿〔註196〕。

然后，又二十里可至三貂社之牡丹〔註197〕。紀述甚簡，但後之姚瑩〈道里記〉則較詳而及景觀云：

> 暖暖，迎日東北二里許，稍平廣，可三百餘畝，居民四、五家散處。三里，至碇內，渡溪北岸，更東行二里，楓仔瀨；復過溪南岸，仍東行，三里至鯽〔鱗〕魚坑；過渡，沿山二里，伽石按：後人作豎石，路甚險窄，土人白蘭始開鑿之，奇其事以為神所使云。二里至三貂嶺下，俗云三貂〔爪〕仔，有汛。四里，茶仔潭，過渡，水深無底，有小店，為往來食所〔註198〕。

姚瑩此一行程，中途「過渡」數次，窺見路係循河而行，而且取直行徑，因需數次越過環曲之河流。次就小路而言河自暖暖以上，灘多河窄，後人之紀述，雖見可以行舟，如雨后水流湍急，易招覆舟，概見祇有部分，可以水行而已〔註199〕

然則，基隆河此段產茶帶之開闢，雖云：最早可溯及嘉慶以前，但前引〈紀程〉與〈道里記〉，所提亦祇有「蛇仔形可住宿」，「茶仔潭……有小店，為往來食所」，所指為同一所在。其餘，一路均未提及有墟集之紀述，從而此間之開發，較具發展，仍在道光以後〔註200〕。次及茶興，莊社亦具成形。同治間，更登於《淡水廳志》列城北兼東石碇堡一十四莊部分云：

> ……石錠〔碇〕內莊（距城）百六十三里，四腳亭莊百六十六里、枋〔楓〕

〔註196〕同註175。

〔註197〕同上註。

〔註198〕同註176。

〔註199〕參閱李建與《紹唐詩存》危渡脫險詩註云：「余在十二歲時、曾隨先君、八叔父同往基隆挑食物。歸次，買舟渡河，適雨後河流湍急，船行中流，木槳折斷，頓失操縱，幾告傾覆……。」見原刊，頁2。

〔註200〕按瑞芳地區之開發，在道光年間，猶處移墾階段一事，有二例可舉。例一：《義方李氏家乘》遷臺譜牒：第一世條云：「清道光二十年，歲次庚子五月，曾祖庇公，奉母翁太夫人，率子聯霸、聯淵、聯錦舉家三代來臺，於瑞芳海濱登陸。初居……基隆海防廳石碇堡滴水仔庄，閱五年，移同堡新寮大尖後居住。」又，例二：《鱗魚坑顏氏族譜》，頁61云：「嘉慶間，（浩妥公）子玉蘭公，玉賜公兄弟，捲土重來，……遭漳、泉人械鬥之難，……事定，移北路暖暖之碇內庄居焉。……道光二十八年戊申，乃買鱗魚坑溪洲墾之。居碇內凡五十餘年，於咸豐三年之亂，碇內及八堵之屋宇均為焚燬而鱗魚坑所有惟茅屋而已。……即以咸豐末或云同治元年移家焉。」

> 仔瀨莊百七十里、鯽〔鰦〕魚坑莊百七十里〔註201〕。

至於較陬區之部分，即劃城外兼東芝蘭堡三十二莊為：

> ……長潭堵莊二百里，芎潭莊二百零八里〔註202〕。

所謂「長潭堵」，即為其后之龍潭堵〔註203〕。芎仔潭係指蛇仔形附近，餘猶虛懸。

　　茶業在此一區段興盛之原因，除多雨水以外，以地形而言，《省通志》〈地理篇〉論此區段云：

> 基隆河中游與下游河道……碇內間河谷兩岸之山地迫近呈狹隘之隘路，碇內、瑞芳間河谷比較寬闊，兩岸各地有拔海五十公尺，比高四～五公尺之低位河岸段丘，成為水田，……丘陵上有緩起伏部分，而時有赭土分布〔註204〕。

此種丘陵地帶，當為宜茶之生長。

　　但茶在此間興盛至光緒中葉，河中之採金潮中繼而起。光緒十八年（1892），浙江池志徵曾於十二月間之某日，旅遊其境，並志景觀云：

> 在新竹兩日……次日，復坐東路火車，訪友人於金砂局。局在鷄籠內山，距鷄籠北十里，曰七堵、八堵，凡十里至暖暖，瑞芳，二十里內皆金山。山氣磅礴蒽厚，左右巖溪，溪水映日，流沙閃耀。每日淘沙者約數千人。溪中時有山人小舟，伐木作薪，載往艋舺〔舺〕者，滿山奇花異草，綠陰繽紛，男女紅辮絲衫，歌唱自樂，真仙境也〔註205〕。

十二月適值摘取冬茶季節；「男女紅辮絲衫，歌唱自樂」，頗能襯托出當時農家之富裕；採茶、唱歌，衣有絲綢，富而樸實。

　　但同時興起之淘取金沙，在致富之負面，却亦為基隆河，造成破壞。同一時期之美人 W. Davidson《臺灣之過去與現在》目睹採金之狀況云：

> 由基隆約一公里半，……循如畫之小徑走於龍潭堵，接近基隆河，……達瑞芳村〔註206〕。

> 瑞芳近邊採掘之基隆河含金碎石，分布於廣大地區，這些碎石是山上

〔註201〕同註110，《淡水廳志》卷三建置志街里條，頁61。
〔註202〕同上註，頁60。
〔註203〕同註154。
〔註204〕同註6，〈地理篇〉基隆河河系，頁26。
〔註205〕池志徵〈全臺遊記〉，見文叢八十九臺灣遊記，頁6。
〔註206〕W Davidson《臺灣之過去與現在》第二十六章臺灣之金，頁324。

的含金巖石，因溪之急流發生侵食及分解作用之結果。基隆河除掉十

月起至三月止之雨季外，一般很淺，在其上流差不多到處皆可築小堤

採掘河床之碎石。……年約七個月間，可以安逸工作〔註207〕。

然而對於破壞面，作者又云：

　　漢人洗金者，漸掘走河岸……這些河岸有些地方是天然的防洪堤，以

　　其高及隣接之低地來防洪，洪水之損害增加，引起不少狼狽〔註208〕。

如此，若「楚本無罪，懷璧其罪」，基隆河由其含有豐富之沙金，開始走向被

破壞之命運。甚至其如光緒十八年（1892），夏秋間，一次兼旬之陰雨，山洪

暴發，將岸上之淘金人茅屋，以及河上之採金艇，悉數沖走，造成人命之莫大

損失〔註209〕。

　　光緒十九年（1893），清臺灣巡撫將官設之金沙局，交與民營之金寶泉承辦

抽取釐金，仍置總局於龍潭堵，採金之管理獲得改善，淘金人因溯流河源而發見

九份山之金脈露頭，採金中心，自此進入基隆金山，成為金鑛業在山區興起之契

機〔註210〕。此一進出金鑛山之孔道，在隩區之柑子瀨，位適基隆河畔。

　　柑子瀨，名柑子瀨莊。其據《臺北縣志》之說，地之開闢為時甚早云：

　　乾隆十五年，閩人賴世、陳火燒或曰陳登所闢。地沿今基隆河，有淺水

　　成瀨，附近栽培柑樹，以名。昔地當去蛤仔難宜蘭孔道。賴、陳二氏

　　於此設雜貨店，並宴商旅，標店號瑞芳，乃訓以為莊名〔註211〕。

對於此說，今人別有討論前已論及〔註212〕。唯「瑞芳」一詞之正式用於地名，

雖已降及日據之后。當光緒十八年（1892），八月初七日，胡傳於赴宜蘭巡視

營務，經過此地時，《日記》有言：「是夜，宿瑞芳店金沙釐局」云，餘亦復

數次提到「瑞芳店」之名〔註213〕。揆之，當時「瑞芳店」一詞，應已用於地

名，取代「龍潭堵」。越后，有「內瑞芳」一詞指柑子瀨，而「外瑞芳」指龍

潭堵之新興街市。準此，胡傳經過時，當為地名之推移過渡期。蓋柑子瀨非

但其后地當進入基隆金山所必經孔道，淡水廳時，亦為舖遞道，名柑仔瀨舖；

〔註207〕同上註。

〔註208〕同上註。

〔註209〕同上註，頁322。

〔註210〕參閱註184，〈金砂局始末〉五，五商金寶泉之包贌釐金與產金中心之推移，
　　　　　頁138。

〔註211〕同註180，〈開闢志〉柑子瀨條，頁22。

〔註212〕參閱註189、190。

〔註213〕同註185，《臺灣日記》，頁48、49。

《廳志》云：

> 暖暖舖，北距柑仔瀨十五里，舖司一名，舖兵四名。柑仔瀨舖一名楓
> 仔瀨，北距燦光寮十五里，舖司一名，舖兵五名〔註214〕。

此一「舖」之遺址，今雖傾圮，但斷垣猶存〔註215〕，並見曾為交通要衝。

（三）三貂峽谷段之河道推移與貂嶺古道之開闢

基隆河在上溯中游迄於苧仔潭后，往上之區段，大抵為《省通志》列為上游之三貂嶺峽谷迄於河源平溪部份，因劃分為三貂嶺峽谷段與平溪段。唯流路之敍述，仍涉及若干屬於中游之苧仔潭與員山子河灘之形成。《省通志》〈地理篇〉云！

> （河自）猴硐北方至三貂嶺之間，河谷與地層層向斜交，流向與地
> 層傾斜方向相背，因而流速較急。……缺少高位段丘之發育。低位
> 段丘亦因臺北盆地中之水，向淡水退出，侵蝕基準面降低〔註216〕。

為造成無法構造段丘，乃至赭土緩起伏面亦低之原因。

其次，基隆河之上游溪谷，係於三貂嶺附近轉向北流，因認為古代之基隆河，由地形上之研判似曾於林口期或中壢期時，流路係由瑞芳流入焿子寮灣。嗣后，受到谷頭截頭，河水遂轉流向東成為現河道，自瑞芳以下流路水量驟增，河蝕轉盛而拓開龍潭堵以下，寬濶之河床，例如瑞芳東方之員山子河灣。即為古代之襲奪灣（Elbow of capture），而員山子與焿子寮間之無能河（Mistit river），亦以所在冬季多雨，已被侵蝕而祇留其赭土緩起伏面之小殘片而已〔註217〕。

由此論之，前述由三爪仔以下，固為適宜農耕水稻，以及種植茶業於丘陵，此段上游以上，實已進入峽谷，其間，除西畔蛇仔形，平林一帶之小型沖積地，猶宜農作以外，餘則甚少耕作之利。至於東岸，更是連崗疊嶂，山壁陡峭，小粗坑、大粗坑，位在此山區之上面。九芎橋偪促於峭壁之下，沿河成一小聚落，殆無耕地可言。但地却為適處通往後山之三貂嶺古道所必經。基隆河在此峽谷段之交通狀況與景觀，姚瑩〈道里記〉云：

〔註214〕（一）同註201，《淡水廳志》卷三卷三建置志舖遞條，頁57。（二）《臺灣府
與圖纂要淡水廳與圖冊》舖舍條，頁285。
〔註215〕按：舖舍遺址疑在今柑坪往九份之已廢「舊道」首途。
〔註216〕同註204，〈地理篇〉基隆河河系。
〔註217〕同上註。

茶〔茗〕仔潭，過渡，水深無底，……。三里，則三貂嶺矣。盤石曲磴而上，凡八里至其嶺。嶺路初開，窄徑懸磴，甚險，肩輿不能進。草樹蒙翳，仰不見日色，下臨深澗，不見水流，惟聞聲淙淙，終日如雷。古樹怪鳥，土人所不能名，猿鹿之所遊也。藤極多，長數十丈，無業之民，以抽藤而食者數百人。山界廣約數十里，內藏生番〔註218〕。

由姚瑩此一紀述之在中途，不但未提及有路過之村莊，且言「嶺路初開」，出入其間者又多為「抽藤而食」之「無業遊民」而已。概見，此河段在道光間猶屬僻遠之區。唯此嶺路之極頂，名「三貂嶺」，向被視為臺灣北路山之最高者〔註219〕。路係道光三年（1823），經淡水大戶林平侯就早年之古道重為修築。十一年（1831），全卜年署噶瑪蘭通判，赴任途過，因「欲悉其詳，求碑文不可得」。十五年（1835），陞任臺防同知，重越三貂嶺時，遂撰一〈修三貂嶺路記〉，留為後之履道者，知修路之所自〔註220〕。

又次，降及同治六年（1867），發生於琅璚之美艦羅妹號事件告一結束，鎮道劉明燈北巡過此，驚歎嶺道之嶮巇，因擇處摩崖，鐫一詩於石上云：

雙旌遙向淡蘭來、此日登臨眼界開，大小雞籠明積雪、高低雉堞挾奔雷；穿雲十里連稠隴、夾道千章陰古槐，海上鯨鯢今息浪，勤修武備拔良才〔註221〕。

字為隸刻，復上以金，因俗稱「金字碑」。由石上詩句，更可資證此段境壤之偏僻，以及地悉岡巒。唯自咸豐、同治間，其嶺道下，或因地居交通孔道，已有梁、黃等姓數家，山居其間〔註222〕。但因地仍界外而設有民隘，見於《淡水廳志》云：

〔註218〕同註176，〈臺北道里記〉。
〔註219〕同上〈臺北道里記〉云：「嶺上極高，俯瞰雞籠在嶺東南，海波洶湧，觀音、燭台諸嶼、八尺門、清水澳、跌死猴坑、卯裏鼻諸險，皆瞭然如掌，蓋北路山之最高矣。」頁91。
〔註220〕全卜年〈修三貂嶺路記〉，見文叢一六○《噶瑪蘭廳志》，頁388。
〔註221〕按：劉明燈三貂嶺摩崖題詩，曾見《臺灣詩乘》，頁191，臺灣慣習記事（中譯本）第貳卷上頁271等，唯文句內容皆有失誤。今引用句，係民國七十六年五月十三日偕文建會邱秀堂、基隆書法家蔣孟樑並雇二野友陳漢隆、簡建田，另約宜蘭縣文化中心徐惠隆、潘寶珠、賴愈仲、李萬源、張士貴等，專程前往造架拓印，印後再經考訂者。
〔註222〕俞明震《臺灣八日記》，記光緒二十一年五月初八日條至「探報：昨晚倭前鋒已過三貂嶺，住嶺背梁紳家。」按此一梁紳，當時即為居住三貂嶺中亭之大戶。其子孫今已移居猴硐九芎橋。

三貂嶺隘：民隘，在芝蘭堡三貂社民番交界處，距城東北一百九十

五里，十分寮隘之北。今設隘丁十名〔註223〕。

至於河畔支流之大粗坑與小粗坑，水出九份山之小金瓜與菜刀崙之產金地
帶，成為基隆河沙金供鑛源。後者又因光緒二十一年（1895），侵臺日軍自
頂雙溪越過三貂嶺，欲進攻金胶剪，於此與民主國之抗日軍發生遭遇戰，成
為古戰場〔註224〕。

（四）補記平溪地區之移墾與河源景觀之探討

基隆河上游之最后區段為三貂峽谷，上溯河源迄於今宜蘭線鐵路三貂嶺站
下面，急轉向西南之平溪段。此一區段，流之所經自下而上：有幼坑〔註225〕、
六分〔註226〕、新寮〔註227〕、十分寮〔註228〕、望古坑〔註229〕、嶺腳寮〔註230〕、
石底〔註231〕、菁桐坑〔註232〕、薯榔寮〔註233〕、火燒寮〔註234〕、番子坑〔註235〕

〔註223〕（一）同註201，《淡水廳志》卷三建置志隘寮條，頁48。（二）淡水廳與圖
　　　　冊隘寮條，頁289。
〔註224〕同註222，〈臺灣八日記〉，見文叢五十七割臺三記，頁8。並王國璠編著臺灣
　　　　抗日史第六章第五節三貂嶺不守、小粗坑內閣，頁229。臺北市文獻會民國
　　　　七十年。
〔註225〕同註186，〈開闢志〉平溪鄉南山村幼坑條：「乾隆間，泉州人蔡姓開闢。因
　　　　係初闢，山坡地力肥壯，以名」，頁32。
〔註226〕同上六分條：「乾隆間，泉州人蘇姓開闢。地為六股共有。故名」。
〔註227〕同上新寮村條：「以新寮莊得名……以地力瘠薄，開闢較晚，相傳咸豐三年始
　　　　有泉人胡文濟、胡文隈等前往開墾，種植大菁、蕃薯等作物。」頁32。
〔註228〕同上十分村條：「以地為昔日十分寮莊地區。乾隆間泉州人胡姓等十人承領墾
　　　　單開闢，煮腦及種植大菁為業，因係十股，故名十分寮」。
〔註229〕同上望古村條：「以望古坑莊得名。地力瘠薄，昔無人開墾種植；相傳咸豐五
　　　　年，泉州人胡結，於此開坑採煤，為水淹沒，乃名亡礦坑，日人據臺，改名
　　　　望古坑」，頁32。
〔註230〕同上嶺腳寮條：「以嶺腳寮莊得名。乾隆間，安溪人林國華開闢。以建莊於山
　　　　麓，得名」，頁31。
〔註231〕同上石底條：「即石底村之一部，乾隆時，永春人開闢」，頁31。
〔註232〕同上菁桐村條：「為昔日菁桐坑莊地區，以名。乾隆時，泉州人李大青開闢，
　　　　昔日地多菁桐樹，乃為莊名」，頁31。
〔註233〕同上薯榔村條：「以昔日薯榔寮莊得名。嘉慶、道光間，泉州人黃文富開闢。
　　　　以建莊於此，種植薯榔，故名」，頁31。
〔註234〕同上紫來村火燒寮條：「乾隆間，泉州人陳泉等開闢。嗣遭大火，村舍為灰，
　　　　乃相傳曰火燒寮」，頁31。
〔註235〕同上番子坑條：「乾隆間，泉州人胡姓承購潘姓山胞荒埔開墾，嗣山胞轉移拳
　　　　山堡地區居住，以地係山胞舊居，故仍曰番子坑」，頁31。

等早期之墾地。此區段之開發，由於取道嶺腳寮向西北而行，經石碇仔即通往保長坑，轉往水返腳，地緣之利，早期之移民，疑由水返腳直接越嶺進入外，暖暖與瑞芳，亦有翻山之道路。故毋須溯河三貂峽谷進入。況且，由同籍認同，姓氏認同，亦殆為安溪籍移民，次始永春以及其他縣份墾民。

　　平溪河段的開墾，見於《淡水廳志》分圖，名為「新墾地」，次《臺北縣志》之說，最早可溯及乾隆年間〔註236〕。唯若依據此間的胡氏資料之說，原為汀州府學教授致仕的胡克修，於嘉慶二十五年（一八二○），獲得墾照。由此，返鄉招徠安溪故鄉的族人渡臺墾荒。初以抽藤與種大菁為業，後轉植茶〔註237〕。因有同族之出的胡典變、胡典熾兄弟來到臺灣成為平溪的開墾者〔註238〕；但典熾似未來臺，典變諱文濟，因成入墾平溪之祖，族群甚盛〔註239〕。另一出於同祖之堂弟胡典澳，諱文限者，即入墾當地新寮，時約道光中葉，亦以抽藤、植大菁，再轉種茶而傳，遂成此間的最大姓氏之祖；世稱「十分寮胡」，且為早年的「金、雞、貂、石」，四大姓之一〔註240〕。準此，平溪河段之開拓，應不早於道光中葉，抑或更後〔註241〕，《廳志》乃書之為「新墾地」；見於〈分圖〉上面。

　　平溪段在清代，仍屬於基隆廳之石碇堡，分為什份寮與石底二莊〔註242〕。較早之淡水廳時，未見莊名，度之，係附於最近之保長坑莊〔註243〕。並且，設有隘防云：

　　　　十分寮隘，民隘。在石碇堡內山又路口，距城東北一百七十里萬順

〔註236〕參閱前面：幼坑以下迄番子坑各條註，並《淡水廳志》卷一〈分圖〉。

〔註237〕據新寮《胡氏族譜附安谿來蘇里胡氏源流》，十分寮胡分下私房族譜，請谿胡氏族譜等，並胡氏後裔報導人：胡嘉侯，並註六十八參閱。

〔註238〕楊緒賢臺灣區《姓氏堂號考》胡氏條云：「嘉慶初年（安溪縣）胡繼基派下，胡典熾、胡典變兄弟入墾今臺北平溪」，頁287，並見胡嘉侯、胡家駒修《平溪十分寮胡氏族譜》，2004年。

〔註239〕按清谿《胡氏族譜》十五世條：典熾，卒年葬地未載，其妻即葬於「太平頭鄉金星墓邊」。概見典熾並未臺。

〔註240〕又同上十五世條：典變諱文濟，乾隆庚戌年（五十五）生，咸豐丙辰（六）年卒，葬臺灣本山茶園云。概見渡臺者為典熾之弟典變。

〔註241〕又同上十五世條：典澳諱文限，乾隆乙卯（六○）年生，光緒丁丑（三）年卒，葬頂坪林云。由此論之，嘉慶元年，典變年猶六歲而已，而文限之渡臺，報導又云：係依親來投堂兄典變，時在壯年，概見已降及道光以次。

〔註242〕《臺灣省通志》卷一〈土地志疆域篇〉二十六平溪鄉疆域沿革志。原刊頁189。

〔註243〕按淡水廳志有保長坑莊，為通往平溪之道路。

　　寮隘之北。今設隘丁十名〔註244〕。

同治間仍屬隘外之地，族群衝突尚未弭息，因見開發之遲。日據時期更以地緣關係，一度劃入水返腳支廳管轄〔註245〕。

　　平溪段之流域，因係基隆河上源谷地，地窄而多瀑布，境內亦多山地，只有在今名十分之附近，始見廣潤臺地地形。「平溪」之取名，即來自附近之有溪流名「平溪仔」，演變而為鄉名〔註246〕。基隆河之上源，在今菁桐坑煤礦西南約一公里附近，河源在此忽然折向北方；但乾谷却繼續向西延長，次於薯榔寮順河谷約一公里，為分水嶺〔註247〕。但供水源却在嶺腳寮附近，南面注入源於火燒寮之東勢格溪〔註248〕。以及於十分寮瀑布區，北面注入多支流之山水，為河之主要供水源〔註249〕。

　　另外，平溪段之下方，若由瑞芳之蛇仔形附近，沿溪而上，過平林，進入峽谷北畔石碇堡部分，又有魚寮子〔註250〕、新路尾〔註251〕、烏塗窟〔註252〕、中坑〔註253〕等，亦可抵達三貂嶺瀑布區，開發據云在嘉慶間，但均待考證。

　　基隆河此一上游最西一段之景觀，史料少見。唯竹塹張純甫曾有「平溪雜咏」八首，見於「臺灣詩鈔」，今錄其三如次：

　　　　地為平溪拓、天從峭壁摩，車飛循鳥道、水急湧鯨波；怒石迎頭撲、
　　　　亂峰掠面過，康莊猶覺險、能不念蹉跎！

　　　　村酒何曾薄、山花更覺芬，微波初剪水、不雨亦生雲；茶葉青堪摘、
　　　　薑芽白未分，平生貪野趣、荊布作裑裙。

〔註244〕同註223。

〔註245〕同註242，〈疆域篇〉十二廳時期，水返腳支廳：什分寮、石底二區。原刊頁58。

〔註246〕同註163，《舊地名之沿革》第一冊平溪鄉條，頁355。

〔註247〕同註6，〈地理篇〉基隆河河系。

〔註248〕前揭《舊地名之沿革》平溪鄉石底條云：「火燒寮：在東勢格溪上源東岸，年平均雨量六、五七二公釐，為我國及遠東雨量最多地區」，頁355。

〔註249〕按今十分寮與三貂嶺地區之多瀑布：參閱王鑫《臺灣的地形景觀》：平溪至大華的河谷地形，頁108。渡假出版社民國七十二年版。

〔註250〕同註186，〈開闢志〉瑞芳鎮碩仁里魚寮子條：「嘉慶間，閩人葉聘來此建寮捕魚，以名」，頁22。

〔註251〕同上新路尾條：「嘉慶間，閩人杜柏端開闢。當時，荒場適開，杜姓鑿路，僅至其地止，故曰新路尾」，頁22。

〔註252〕同上烏塗窟條：「嘉慶間，閩人方姓開闢，以地皆黑壤，故名」，頁22。

〔註253〕同上中坑條：「嘉慶間，閩人劉姓開闢，當時地有三莊，本莊居中，故名」，頁22。

未至身親歷、安知境足驚，一峰平地裂、半壁小橋橫；石底地名厓無
底、溪平按平溪仔水不平，休鋌陵谷變、珍重以詩鳴〔註254〕。

由此三首，上游景觀與早期安溪墾民之生涯，概可窺覘矣。

八、日據初期基隆河命名之多歧與最後之定論

淡水河之北支基隆河，其自初發見於西班牙人迄於光緒中葉，由於再發
見河中之含金，聞名中外，間亘二六〇年之久。河流究何命名？由前面之溯
流探討與揭開其與開發之關係後……歷康熙、雍正、乾隆、嘉慶、道光、咸
豐、同治，迄於光緒八朝。可云：河名各異而無法作一定論事，已概見於文。
然而今名之為「基隆河」，雖疑始自外人 Kiloung 一詞，推移自雞籠之音譯
者。但外人係作雞籠（Kiloung），亦未作為「基隆河」使用，則此名之始其
濫觴，亦應有作俑者，因亦有稍加追踨窺其完整之必要。

前曾言及，日人為鑛業之先進國。例若採金一項，初自德川幕府開府江
戶，則為支持其經濟基礎而致力於鑛山之開採。初自明萬曆九年日慶長九年
（1604），則置有「金山奉行」之官衙，專司全國金鑛山之開發〔註255〕。從
而迨至明治維新，日人之採金經驗，已積二六〇年之久，並注重金鑛之開採。
同治十三年（1874），日人曾以牡丹社土著殺害琉球難民為藉口，首次發動侵
臺同時，即別遣鑛業技術者，進入後山岐萊活動，其經過猶存史料於《同治
甲戌日兵侵臺始末》〔註256〕。時山東巡撫文彬，即認為「此次日本有事生番，
未必不因臺灣後山之金沙溪，可以淘金而往〔註257〕」。

其次，光緒十六年（1890），基隆河八堵段發見河沙含金。二年後，其國
鑛業界人士即撰文曰：「臺灣基隆の金鑛」，披露內容於《日本鑛業會誌》，引
起業界之注目〔註258〕。從而光緒二十一年（1895）之馬關條約，毋異將現成
之金鑛山送與日本；而對於日本鑛業界而言，更屬實際對於臺灣之鑛藏進行

〔註254〕《臺灣詩鈔》卷二十一張漢詩。漢字純甫，號筑客，新竹人，見文叢二八〇，
頁404。
〔註255〕（一）日黑板勝美更訂《國史研究年表》慶長九年甲辰七月云：「七月，大久
保長安佐渡金山を管す」。岩波書店昭和十六年版。（二）田中吉一著佐渡金
山二，大久保長安の榮光と沒落，見教育社歷史新書一〇三，頁64。
〔註256〕參閱同治《甲戌日兵侵臺始末》卷二：七月乙巳（初五）日辦理臺灣等處海
防兼理各國事務沈葆楨等奏以次各篇，見文叢三十八，頁69。
〔註257〕同上卷二署山東巡撫漕運總督文彬奏，頁74。
〔註258〕見註152。

占據，劃地瓜分之大好良機，亦具體見於光緒二十二年（1896）九月間之〈臺灣鑛業規則〉〔註259〕。以及基隆金山之瓜分〔註260〕由此，初自二十一年（1895）六月，據臺始政，至次年二月間，兵戈未息，日臺灣總督府殖產部即派理學士石井八萬次郎，進行臺灣瑞芳金山之調查。此項調查範圍係包括產金區之九份溪、金瓜石山、三貂嶺、水湳洞、大竿林以及烏帽子岳，均在其內〔註261〕。其次，即為基隆河之流域。並提出詳細之調查報文，刊載於「總督府殖產部報文第一卷第一期」。石井此篇報文題〈基隆溪川砂金〉，除沙金之內容以外，且為直接提及基隆河之地理、地質雙方面之報文。其對於首要之地理提示有云：

> 今茲に基隆溪川と稱するは、三貂嶺の北麓，小粗坑川の合流點近傍より，七肚〔堵〕鐵橋に至るの間，川筋延長四里五町余の區域に在り〔註262〕。

另外，凡在文中提及河名時，又別稱為「基隆川」〔註263〕。由此論之，侵臺初期之所謂「基隆溪川」，仍為一借用之指定代名詞而已。

其次，日人於二十一年（1895）侵臺始政後，曾由「在臺混成技隊司令部」附通譯官岩永六二著一《臺灣地誌及言語集》，係提供來臺官吏使用之參考者。其對於（江河）部分，雖列有「那利河、刺奴亞刺河、坦河、巴橫亞河、太和伯河、淡水河、波亞爾河……」等二十三條來自譯音之名，却未見有一名類近基隆河者。次却於錫口街部分附帶而云：「鷄籠河，北ラ流ル」〔註264〕。亦見名非可靠。

又次，另一初版於二十一年（1895）九月，而於二十四年（1898）修訂第四版，且經文部省檢定之《臺灣新地誌》者，曾於山、河、湖部分云：

> 淡水河ハ、其源ヲ東南、山間ヨリ發シ、北流シテ基隆ニ至リ西轉

〔註259〕同註206，《臺灣之過去與現在》「臺灣之金」附臺灣鑛業規則一八九六年九月七日制定，頁327。
〔註260〕同上註，頁325。並參閱林朝棨〈臺灣之金〉。
〔註261〕石井八萬次郎〈臺灣瑞芳金山〉，明治二十九年調查報文。原載總督府殖產局報文一卷一期。唐羽輯本。
〔註262〕石井八萬次郎〈基隆溪川砂金〉，見同上報文。
〔註263〕見同上報文，頁292。
〔註264〕日岩永六一《臺灣地誌及言語集》：臺灣地誌錫口街條。按作者抬頭有云「在臺灣混成枝隊司令部附通譯官」。明治二十八年十月中村鍾美堂再版，頁9，見成文出版社中國方志叢書，臺第一一七號。

　　ジ、又北二折レテ海二入ル〔註265〕。

此一「新地誌」又顯見將之命名為「淡水河」。然由此論之，日人入臺之初，對於基隆河命名之未見具體，係因「馬關條約」來得太出意外，因而對於臺灣之地理常識，亦處於摸索階段使然。

　　唯過渡期之初，河之命名，固諸說各異，有一刊於二十二年（1896）三月，而於四月再行訂正出版之《臺灣小誌》，係小學新地誌附錄者，以及另一《臺灣地誌略》則較有創見而云：

　　　　淡水河八本島第一ノ大河ニシテ、上流ヲ大姑陷河トロフ、北流シテ

　　　　しんしゃむ河を併セ、臺北の西二於テ基隆河ト合シ、一大河トナル、

　　　　即チ淡水河ナリ、河幅四五町ニシテ、河流凡ソ二十里餘アリ〔註266〕。

如此，迭經摸索始有稍正確之說法，付諸梨棗。祇是此一《臺灣小誌》雖初見「基隆河」之名，河名仍非定論。光緒二十六年（1900）之「帝國大地誌」臺灣地誌：對於河之紀述，且及歷史云：

　　　　淡水河即ち大河はエスパニア人ガキマゾン（Kimazon）河と稱せし

　　　　ものなり、……本流を糴崁溪と云ひ、……臺北附近に於て新店溪

　　　　及び基隆溪を合せて大河と成り、大稻埕に接し、滬尾溪の滸に至，

　　　　淡水港を為して海に注ぐ……〔註267〕。

於此地誌却作「基隆溪」。次於二十七年（1901），島田定知《臺灣名勝地誌》，又別為「基隆川」〔註268〕。三十年（1904）石阪莊作《臺嶋踏查記》，復名「基隆溪」〔註269〕，河名之命名，可云複雜不一。

　　準此，「基隆河」之名，正式起用於何時，猶無法作一定論。唯就地圖論之，民國十五年（日大正十五年），由「大日本帝國陸地測量部」測繪五萬分之一地形圖：富貴角、淡水部分之「臺北地形圖」，上面所繪淡水河北

〔註265〕日石井宮三郎《臺灣新地誌》第四章山河湖條，頁 4。明治三十年八月訂正三版，松友學館編輯。同上成文臺一一七號。

〔註266〕興風學館編文部省檢定濟〈臺灣小誌地勢〉，頁 3。明治二十九年神戶書店發行。又日農美重由〈臺灣地誌略〉河湖，頁 3。明治二十九年七月訂正。明輝社藏版，見同上成文臺一一七號。

〔註267〕日野口保興著《再訂增補帝國大地》：河湖條，頁 13。明治三十三年排印東京成美書店、目黑書店合梓，見成文中國方志叢書臺一一二號。

〔註268〕日《島田定知日本名勝地誌》第拾貳編〈臺灣之部〉，頁 71。明治三十四年東京博文館發賣。

〔註269〕日石阪莊作《臺島踏查實記》第七章全島踏查記：基隆、臺北間，見臺灣日日新報社明治三十七年出版。

支支流，已標名為「基隆河」〔註270〕。其后，此一河名亦就數見於輿圖上面，則河名之定論，已至日據之中葉，亦殆出吾人意外。由此，後面並將崇禎以來，河名之演變，依次統為一表，次則將流路所經，滙入河中左右支流之較長流路者為附表，藉以窺覘因革。唯無名山水，小支溝洫，恕不與之。

基隆河系河名沿革

史料年代	河　名	河源所出或流路地理梗概	史　料
崇禎五年	基馬遜河。	經里族可通鷄籠	臺灣島備忘錄
康熙二十三年	淡水港東南一水	鷄籠頭山灘。	臺灣府志
三十六年	淡水港一溪流水	內有大湖，渺無涯涘。麻少翁等三社，緣溪而居	裨海紀遊
五十六年	淡水港北港水路	峰仔嶼上灘水路七十里。麻少翁、大浪泵可以泊船。	澹水各社紀程
五十八年	淡水港內有二港	西北至峰仔峙止，番民往來俱用蟒甲。滙小鷄籠、鼻頭灘流。	諸羅縣志
	淡水港潮流分二支	東北由麻少翁、搭搭悠凡四、五曲至峰仔峙。山環水抱，洋洋乎巨觀也。	諸羅縣志外紀
六十一年	澹水港北河	北河源出楓仔嶼，行百餘里；至大浪泵會流，出肩豆門，入澹水港。	臺海使槎錄
乾隆十二年	淡水港東北之港	東北至峰紫峙止，番民往來，俱用蟒甲，墺內可泊大船數百	重修臺灣府志
	峰仔峙港	大水深泝，灘河可四十里，踰嶺十里許，即鷄籠內海。	同上府志引使槎錄
道光九年	大隆同溪又，滬尾港東北支	由番子渡入，溪源出暖暖、三爪子淡水港即滬尾港……其內有大澳，分為二支，東北由麻丁翁（未詳）搭搭優（山名，在水返腳西），凡四、五曲至峰紫峙。	福建通志臺灣府
同治末年	內港北溪	源出三貂山苧仔潭，過鱴魚坑，出石碇北……西北至峰仔嶼。	淡水廳志
	大隆同溪	源出暖暖、三爪子。至保長坑，水勢微急，經峰仔峙下瀨有聲，其南曰水返腳。	
光緒初年	滬尾港：內港三大溪之北溪	北溪之源出自三貂嶺，南至水返腳、錫口轉西南，過劍潭會磺溪至關渡，與南溪合流而出滬尾。	臺灣府輿圖纂要

〔註270〕大正十五年測繪〈臺北地形圖〉大日本帝國陸地測量部五萬分之一地形圖
臺北七號：富貴角、淡水。臺北市文獻會藏。

十一年	基隆附近的淡水河	來自三貂角（Pic Saw-Tiao），並經過基隆附近。	法軍侵臺始末
十三年	基隆溪川		基隆港川沙金報文
	淡水河		臺灣小誌
十六年	KE-Lung 河		臺灣六記
十七年	Kiloung 河		臺灣島之歷史與地誌
十八年	龍潭堵一帶溪河		臺灣洋務史料邵友濂奏報臺陽見聞錄
	石碇溪	沿溪而上有暖暖、碇內、四腳亭、龍潭堵、瑞方店、苧子潭、平林莊、九芎橋等	臺灣日記
	鷄籠內山之巖溪	距鷄籠北十里，曰七堵、八堵、十里至暖暖、瑞芳。內皆金山。	全臺遊記
二十一年	Kiloung 河		臺灣之過去與現在
二十一年	鷄籠河	錫口街、南江仔ヨリ六清里，地ニ在リ……鷄籠河北ヲ流ル。	臺灣地誌及言語集
二十二年	基隆溪川		總督府殖產部報文
	基隆河	淡水河本島第一ノ大河ニシテ……臺北ノ西ニ於基隆河ト合シ。	臺灣小誌臺灣地誌略
二十四年	淡水河北流	北流シテ基隆ニ至リ。	臺灣新地誌
二十六年	基隆溪	淡水河……臺北附近に於て新店溪及び基隆溪を合せる。	帝國大地誌臺灣地誌
二十七年	基隆川		臺灣名勝地誌
三十年	基隆溪	基隆、臺北間	臺嶼踏查記
民國十五年	基隆河		臺北地形五萬分之一圖

附基隆河河系支流概略

河段區域		支流溪名	河源流路或滙流概略
臺北縣境平溪段	平溪鄉	薯榔寮溪	水出薯榔寮山南麓，滙集附近山水南游，於白石村西方，滙入主流。
		菁桐溪	水出菁桐村東方，菁桐坑山區，集小溪水南行，滙入主流。

		坪溪	又名坪溪仔，源出平溪村西北山間。
		東勢格溪	源出三支，西支水出東勢格山與芊蓁坑。中支水出番子坑。東支水出紫來村火燒寮上游。於紫來村北方，會合西、中二流，流至嶺腳村南方匯入主流。
		嶺腳寮溪	源出嶺腳寮北方；石硿仔嶺附近灘水南流，滙入主流。
		望古坑溪	水出望古村附近，餘待考。
		石灼坑溪	水出望古村東方，南行滙入主流。
		番子坑溪	水源待考。
		石硿子溪	源出平湖村附近山區，北行至十分村西南對岸，滙入主流。
		十分寮溪	源出十分寮山區，會月桃寮、頂寮仔二水，南行經眼鏡瀑布、十分瀑布，至大華西方進入主流。
三貂峽谷段龍潭堵段	瑞芳鎮	五分溪	源出平溪鄉境內，流出五分寮後為五分溪，中途匯集三貂瀑布區：合谷、摩天、泯崖、三貂等瀑布山水，以及無名小溪多支，於三貂嶺站西方滙入主流。
		三貂嶺山溪	源出三貂嶺溪谷間，西行於碩仁里東方瀉入主流。
		大粗坑溪	源出九分山小金瓜附近，於大粗坑會集山水成流，於九芎橋附近注入主流。又，小粗坑亦源出九分山菜刀崙，唯平時未有水流。
		三爪子溪	水出三爪子尖附近，會集烏塗窟等地山水，北行至員山子附近，滙入主流。
		深澳坑溪	源出基隆市境楮子寮，東南流經圓窗嶺、深澳坑、五坑、六坑入瑞芳鎮界，會東面小溪南行，於相思嶺附近，滙入主流。
		八分寮溪	源出八分寮頂，北游經八分寮、坑子內，至鰱魚坑東方注入主流
		大寮溪	源出舊石硿堡厝上天之滴水子庄山區，北行合流厝子上天小溪，經坑子內，至大寮口，滙入主流。
		粗坑溪	源出粗坑頭分水嶺，北流經粗坑口，於四腳亭南方楓仔瀨下游，滙入主流。
		大水窟溪	水出基隆市境月眉山大水窟山間，滙集中途數處沼澤之水，南流入瑞芳鎮四腳亭之大坑內，復於南方基隆市界，注入主流。

基隆市境 八堵段	暖暖區	碇內小溪	源出暖暖碇內山區，為一小支流。
		東勢坑溪 附西勢坑溪	源分二支，東支出東勢坑山區，界於平溪之分水嶺，滙集多支山水後，北流經乾溪子，至外西勢。西支源出姜子寮山分水嶺之東西，會流經西勢坑，注入暖暖水庫，並滙入西方另一小流，出水庫，於外西勢會合東支名東勢坑溪，至暖暖街左方匯入主流。
	七堵區	大武崙溪 附內寮溪與 外寮溪、鶯 歌石溪	源出基隆市安樂區內寮山區，名內寮溪，流至外寮滙入西面之外寮溪，東南流經大武崙地區，始名大武崙溪。又拾新山水庫餘水，進入七堵境之鶯歌石溪，經田仔內今安樂社區，南至八堵北，於港口附近滙入主流。
		石厝坑溪	源出堵北石厝坑上游一小湖，南游至七堵街對岸，滙入主流。
		拔西猴溪	原名跌死猴溪。源出姜子寮山北面，集其山水，北流後，會後旦旦小溪至下游復滙入東支拔西猴之水，於七堵街西南，注入主流
		馬陵坑溪 附瑪東溪	源分二支，東支源出瑪東中股山之北：東勢上股，東南流路，滙入附近山水，流經上股、東勢中股。又次中股諸聚落，折西流至大埔。西支源出瑪西之北，開眼尖山之南，滙面桶寮諸山水，南行至西勢內寮瑪陵坑附近，始名瑪陵坑溪。復循溪谷南游，過長潭、興寮，至大埔與東支滙流。復向西南流經石炭山西南麓，過瑪南之中埔、東勢下股、下股圍，於六堵對岸，注入主流，為本河系最長之支流。
		友蚋溪	上游，支流多支，東支出瑪西之南，赤皮湖左右二山水，西支出七分寮山區多支小溪，合流南行，於樟空湖西北，赤皮湖之南，於峽谷中合流。至內十四分坑，復會合西面十四坑之水，流經鹿寮，名友蚋溪。並集西勢仙洞、外十四坑、興化二坑之水，過鴛鴦潭、過褒忠社區，於土巷仔注入主流。流路僅次瑪陵坑溪。
臺北縣境 水返腳段	汐止鎮	鄉長厝溪	水出舊蕃社庄等地山區，為一小溪流。
		保長坑溪	源出通平溪孔道：石碇仔嶺附近，北流經石壁子，匯合姜子寮山西面之水，西北流路復合鵠鵠崙西面山水，於小坑附近，始名保長坑溪。過石門坑、保長坑，於五堵之北，滙入主流。

		猛狎坑溪或名茄苳坑溪	源出汐止大尖山東面，源集多支山水，於茄苳腳附近會流，西北流路，至今汐止街東方滙入主流。
		康誥坑溪	源出汐止大尖西面隩區，與石碇鄉之分水嶺，石門附近，北流至昊天嶺東方，滙入主流。
		北港溪又名叭嗹港溪	源出水返腳北方：柯子林內山，南流滙入東支新山溪山水，經烘內，名北港溪。次經叭嗹坑、叭嗹港於北港口，滙入主流。
		外北港溪	源出北港山西方，滙上游小溪與北港山水，經三秀山，東南流路過內叭嗹、鶯歌石埔、至外叭嗹，彎曲西行，復折東，南行滙入主流。
		金龍湖小溪	源出臺北市界大尖坪山，南流注入金龍湖，餘水復東行注入主流。
		社後溪	源出舊社後莊，為一小溪。
臺北市境河口段	南港區	大坑溪又名東勢坑溪、舊莊溪	源分二支，南支水出南港大坑地區，流路向北。西支水出木柵交界，頭坑、頭崙、後山附近，東北流過旗仔崙，至舊莊附近與南支會合，為名大坑溪，或作舊莊溪、東勢坑溪等，至南港、汐止交界，紆廻滙入主流。又，此溪因地處舊南港仔莊，當為清代石碇堡交界，南港溪〔註271〕。
		後山坡小溪	源出南港後山坡，係收集後山坡一帶田畝餘水，滙成之小溪，由今成美橋附近注入主流。
	松山區	錫口街	源流猶留痕跡於松山長春里附近，因流路多已改變，詳情待考。下游於今松山、南港交界，滙入主流。
	內湖區	大陂溪	源出番子寮與內湖大陂，為一灌溉水路，流經港垱，於上塔悠對岸，注入主流。又內湖地區，又有十四份、大湖等溪流，以及山腳、西湖諸小溪紛岐，內容從略。
	中山區	上塔悠廢溪	源出松山舊里族附近，流經上塔悠境內後，於北面中山區交界，注入主流。
		下埤頭廢道	原為清代「下陂頭陂」灌溉水道。源出松山區朱厝崙、中崙、東勢等地，滙集大小圳路成流，西北流向，可通舟輯，於下埤頭附近，注入主流〔註272〕。

〔註271〕 參閱前揭《舊地名之沿革》第一冊南港鎮條，頁 236。並〈地輿全圖〉余寵〈淡水縣圖〉，淡水縣輿圖說略云：「淡水縣……北至基隆交界之南港口二十里」，見頁 12、14。

〔註272〕 前揭《淡水廳志》卷三建置志水條云：「下陂頭陂，在大加蠟堡。……周圍約

	瑠公圳廢道	源出新店大坪林，流經公館街後，分為三支，其中一支，流經大加蠟，至劍潭附近，入北港大溪，今廢[註273]。
士林區	外雙溪 內雙溪	源分二支，北支出陽明山東坡，經竹篙寮、番子坑、水尾、大平尾下方會流處，謂之內雙溪。東支源出臺北縣萬里鄉交界，五指山附近，西南行，於礁溪附近（今溪山國小），會合另一小流，循西南行與內雙溪會流，始名外雙溪，復南游，迄今中央製片廠附近西北流路，滙入來自北投區之磺溪，再折向西北，至中八仙，滙注入源於泉源里之北投溪，會流進入主流。
北投區	磺溪	
	北投溪	

九、結　語

　　基隆河為臺灣之一大河流，亦為淡水河之主要支流。若以早期則見於中國正史：《明史》〈外國傳〉雞籠條之紀述論之，其說之依據，當為來自早期曾出入其境之漢人。並且，持此依據鈎沈，亦可將漳、泉人之渡臺移墾，開闢平原，往上推至更早之年代[註274]。毋奈，此一地理性之發現，由於缺乏文人之遠見眼光，將其目睹或身歷事實，留下有意記錄。至於時之無意史料，如《東西洋考》、《東番記》等，提及早期平原之事，究竟其相關於河流者，又祇以「深山大澤」、「小溪水、雙溪口」等而過於簡略，且未突破《明史》範圍。亦此間文字之不足為徵處，成史料遺憾。

　　唯若以國人前述之缺失，至藉外人若愛斯基委（Jaciuo Esguivel）之〈備忘錄〉所述，「以不可思議之啟示」，「發見基馬遜河」云，歸功於西班牙人，事經數百年更被日人作說法之認同，認為西班牙人為首云。其實，西班牙人之據臺，係始於天啟六年（1626）。崇禎五年（1632）之溯河，在西班牙而言固為首次。唯陳第之書，已提早於二十四年前成書，更勿論同期之《東西洋

　　　　　　五、六里，形灣而狹，灌溉田四十餘甲」，頁77。又參閱臺灣文獻直字八十一期林萬傳中山區地名沿革，拾貳，下埤頭條，頁60。
〔註273〕按瑠公圳廢道，今新生北路所經，即其流路。
〔註274〕按漢人之渡臺，若據族譜資料：（一）《南靖雙峰丘氏族譜》載：第八世丘國旺、國時、國平兄弟，已於明成化二年（1466），移居淡水定居。（二）《南靖和溪徐氏元惠派家譜》載：八世徐宗魯、宗顯兄弟，於隆慶六年（1572），遷居臺灣。以上並見林嘉書南靖縣向臺灣移民的譜牒文獻調查。民國七十七年臺灣研究學術交流會論文：廈門。

考》。從而西班牙人為首之說，其為外人之首云，說法或可以行，唯對於吾人而言，實為不能苟同之事。且有待同好再作深入之研究。於此，毋寧開端而已。

其次，基隆河由其流路之長，支水之多論之，不失為臺灣少數大河之首要。但求其命名一項，而窮竭典籍，終亦澀然。原因之一，係清人雖自康熙二十二年（1683），據有臺灣，設官伊始，又不期年而有《府志》之修。毋奈，時之臺域精華，係集中於諸羅以南，昔明鄭之舊壤。諸羅以北迄於後山，棄為草萊，而乏深入之瞭解。如此，地理常識未及甌脫之區。二則清人對于臺灣之經營，又立場消極。但論及取締移墾，却又一反態度而轉變為嚴禁積極。志書之修，自亦配合時政方針，而不及未知之境。淡水河系尚乏正確命名，基隆河大亦不過支流之一支而已，主從定位，關係既立。前者紀述尚且簡略，復無附註於指述之下，河之未有正名，亦自茲相沿而為後之志書，一再抄襲。或云：大墺，或云：一流，至于二港、二流，二支、二溪，莫衷一是。相沿百餘年，直至《臺灣府輿圖纂要》之修，始云：「內分南、北、中三大溪」為正確之地理紀述，以及命名定位。時間，實已相距西人之溯河，將二百年矣。論其過失，彷彿在時之修志諸家，然若稽諸深遠原因，實與清廷治臺之政策、方針，密切相關，亦未能厚非前人之過，應較持平。

至於纂修《輿圖纂要》之出，時已在成立開山之議以後，與當時之政治環境，於最主要之地理已有不容再為草率者，從而《臺灣府輿圖纂要》一書，自為清人所修，始紀述淡水河系最正確之記錄。

復次，就基隆河流域之移墾，開發而言，基隆河即為一大水流，流路迂迴、環曲迢遠，所經大小支流紛歧。清代漳、泉移民渡臺墾荒，對於河之入口，名為「坑門」，循河流尋找可耕地，名為「尋坑門」〔註275〕。準此，以基隆河之流路而言，支流既多，坑門亦多，坑門中又有再分之坑門。其間，幽壤之區，不乏肥沃土地，宜於務本從農。從農之中，又因所在多山坡，或處陝境，最適宜擅於「做山」之安溪墾民，營生其間〔註276〕。

安溪籍墾民之渡臺，由所居交通條件之限制，於年代自較沿海縣分之墾民為後。但渡海最捷近之路線，仍為取道廈門而直航淡水，以及鷄籠二港口。

〔註275〕 唐羽〈吳沙入墾蛤仔難平原之路線與淡蘭古道之研究〉，六之（二）之，清代移墾漢人之尋找耕地與道路之關係，見臺灣文獻季刊四十卷四期。

〔註276〕 參閱白長川為臺茶尋根──〈談安溪與臺灣人和華僑的血緣關係〉貳，臺灣人與安溪的血緣關係，末段，見臺北文獻直字第六十五期，頁172。

基隆河下游在臺北盆地，而以滬尾為出海口，故最接近渡臺港口。次則，上游之隩區，又因河流流路之曲折繞過鷄籠一嶺之隔：八堵附近，以及其他未成港口之沿海沙岸，如後期列基隆保之煉子寮灣等。亦地近河之上游。因此，交通上之良好條件，使渡臺之安溪人，正面可由河口段溯河進入，背面又可從鷄籠越嶺入墾，或則由煉子寮等較遠之區，出入上游〔註277〕。

　　安溪人之入墾基隆河流域，錫口之開闢，為正面之進取，為時最早。但埠頭發展猶未完全成熟，稍後至者則越前循溪，過南港，入峰仔峙，建立中繼站，再進隩區與上游。另外，由地理上之常識，告知鷄籠亦可進入其境，因而部分墾民，在中、下游猶處開發中之際，早已採行包抄方式，由中游河段進入。從而，基隆河之移墾路線，至此亦增為二支，成其上、下游之開發，出現幾近同一時代之原因。但二者之間，並非毫無瓜葛關係，甚至關係更加密切云，即由沿河大小埠頭之大姓分布，以及祖籍認同，茶業發展，可以看出梗概。

　　另外，上游若龍潭堵段，就其十二大姓分配集中之不同於八堵的以下，以及平溪之上游段，即由於鑛業興起以後，別由漳人墾地之三貂，作二次移民而加入此間者，亦由吳、簡等漳籍姓氏，占有口數分配之前茅，可以看出。

　　最後，基隆河一詞，既成通用命名，固毋可更易，亦毋需更易。但其名初係來自同、光間之外人，因地指河，就河冠地，成其命名。次則日人入據以後，迭經更改使用，或河、或溪，定義不一。最後，復歸外人之命名，見於輿圖，名為「基隆河」云，亦為今名之始。但絕不能以今名而就古，逕用於著述日據以前，却亦由此可以論定。至於河源、流路水土之破壞，因問題牽涉尚多，而有待異日另文探討。所謂：「欲流之遠者，必浚其泉源」，「源不深而望流之遠」，「雖在下愚，知其不可」〔註278〕。若就河之支流、主流，乃至沿河段階，在個人為撰此文而涉歷之所目睹，亦證前言之不虛外，以河為中心，試行清代移墾問題之研究，或不失為一可行之方法。至於本文，遺漏者尚多，充其量，猶在起步而已。

二〇二三年部份修訂
唐羽

〔註277〕參閱附200，《義方李氏家乘》。
〔註278〕按語出魏徵諫太宗十思疏。

基隆河系流域墾地概圖

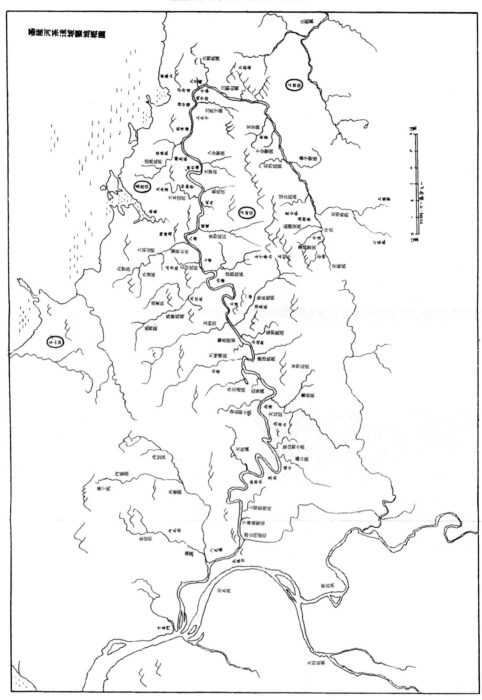

清光緒間基隆河砂金之
發見與金砂局始末

前　言

　　黃金之運用自人類建立古代文明，降及近世工業革命以來，間亙五千餘年〔註1〕，先是為人類之文化史留下璨爛不朽之藝術紀錄彫成器皿；次即為統治者象徵富有與永恒之寓意，位列財物；其三復以順人之意，雖屢改易之無傷，久薶不生衣之特性與外表〔註2〕，擠身通貨暢行於國際之間。甚至迨及近年，採用之為工業上精密材料，功用之優將無以取代云。更見黃金之擁有與生產，對於一國經濟之良窳，影響之輕重，已達唯金無貳之程度。

　　但黃金之存於地球上，雖亦為一種原素而已〔註3〕。其列金屬而論，匪惟位居貴金屬之王，且存量不多云，更見是項原素之稀少與貴重。

　　此種稀有之黃金，自有史以來，對於吾國而言，不獨竝列列代之重視，且為民間之珍藏，認為富有之象徵，是金之生產，在海島性之臺灣，亦曾創下輝煌之生產紀錄。紀錄之首聞，除古代操於少數土著先民，隱秘其地，行其原始之淘洗與開採不計，至今亦達九十餘年之久。惜惟此將屆一世紀之年代，黃金

〔註1〕威爾杜蘭（Willburat）《世界文明史》第二冊第二章埃及（二）工業七〇頁云：「古埃及之金，來自努比亞東海岸。」幼獅事業公司中譯本。
〔註2〕見段玉裁《說文解字》金字條：「金，久薶不生衣，百鍊不輕，從革不韋。」注。
〔註3〕參閱（一）林朝棨《臺灣之金鑛業》一，金及金鑛業，臺灣特產叢刊第六種「臺灣之金」，頁16。（二）糸川英夫監修《金の知識》七，同位體のない金。三省堂發行。

產地之屬於吾人版圖治下，非但未及半數，金山設採之豐產期，直達五十年之歲月，却落入日人之統治，稀有之金，幾盡被採擷而去。

抑有甚者，臺灣之有金，固以基隆金山〔註4〕所隸瑞芳、金瓜石、牡丹坑三鑛山，並分秋色。金瓜石之鑛，在日據之第四十年代，登產量之頂峰，至擁有亞洲金都之譽，以金而助長日軍閥侵略吾國之氣燄。

蓋基隆金山之發見，始由吾早年之路工，設採，則由當年之臺灣巡撫。奈以時際新舊思想交接時代，次值臺灣初建省分伊始，早期所定諸項建設耗去大量經費，規劃性之開鑛，又鑑於基隆煤礦之雖置新式設備，却未能如預期之發揮效果，至被譏為「臺灣通商以後之大漏卮〔註5〕」云。金鑛之事欲正式開採！則人才缺乏，加上經費無出；嚴令禁採！又利之所趨，官禁而民難禁。以致審時度勢，採行苟且之法。自光緒十六年夏，發見砂金鑛苗於基隆河中游，迄二十一年初夏，臺灣割讓於東洋，金之開採，措施屢更，主持之金砂局，凡三易經營，悉處於風風雨雨；輿論交相指摘之下。

其次，主持金砂局採金時代之臺灣巡撫為邵友濂，邵友濂之肇建金砂局，原亦期為時之臺政與經濟，試行振作。唯來自各方之反對言論，至于引以為忌。預金砂局事務者，起草章程，創法抽釐，又格於臺灣開發史上，移民抱持來處畛域之分，使立法與事實之需求，自相矛盾。

之后，金之開採由於歷經民間之包贌，官府目睹贌者以善經營而獲巨利，又感於設局之益，官局復開。然未及匝歲，却因一紙「馬關條約」，臺灣成為求和之獻禮，黃金鑛藏，列為細目之一，歸于東洋。

至今，史家之治臺灣鑛業史，採金乙篇，匪獨偏重日人治績，於清人之經營金鑛，亦過於簡略〔註6〕。復次，論光緒一代臺灣之新建設，又以劉銘

〔註4〕日明治二十九年，將九份、金瓜石地區之金鑛劃分為二，設定鑛權，前者稱為「瑞芳金山」，後者為「金瓜石金山」，後於三十四年發見「牡丹坑金山」。至此三金山產量鼎盛，遂有「三金山」之名。次以三金山悉隸基隆郡下之頂雙溪、瑞芳二庄。由此，又通稱為「基隆金山」。參閱《臺灣鑛業會報》一七四號高橋春吉《臺灣の金鑛業に就て》，頁26，「金鑛」條。及唐羽《臺灣採金七百年》日據篇第一章日人據臺初期產金區之抗日，採金與鑛權之設定。錦綿獎學基金會發行民國七十四年。

〔註5〕請參閱本文三之（四）金砂局機器開採之與議經營之消長引蔣師轍之論採煤。

〔註6〕參閱曾迺碩「臺灣史事偶錄」十一〈臺灣之金〉之資料。臺灣文獻八卷一期，頁27。

傳之治績與成就，舉短邵友濂，貶之惟恐不夠澈底，其于前者，則譽之惟恐詞藻之不美〔註7〕。誠有失史家筆削公正之立場。其實，有關金砂局之始末，以及採金業之推移消長，損益于地方，尚有歷來之治鑛業史者，未及探討之資料存在。但金砂局之經營，祇閱五年，則隨領土之交割，歸諸異族。因此，史料之散失，論者之數少，文獻漸尠，至于無徵云，亦為持論有失偏差之原因，誠為遺憾者。

由此，筆者乃就歷年蒐集所得中外紀述，諸家剳記、私家日記、書信、遊記等，加入歷來之奏章、硃枇、札示，以及日人之報告，再作鄉野調查，數尋古人採金舊址，溯流圖源，就事論事綜理成篇。冀求方家之鞭撻，糾謬臻善。況乎！斯文之研究，時際臺灣重光四十周年之今日，回顧往事，堪資借鏡。金之富藏，在寶島之臺灣，猶秘邃於大自然，潛翳於嶮巇之境者，信其匪尠。斯文之成，實亦有關研究之發端而已，舊事之重提，應亦有此必要。

一、古代臺灣產金傳說與文獻之記述

（一）清代以前臺灣之產金傳說與探金

臺灣在西泛太平洋之一系列花綵型列島上，雖為孤懸于中國大陸東南位置之一島嶼而已，但由於海島上面，存在數處火山群之活動，在火山體噴出第三紀安山岩之運動作用後，常挾雜多量之含金鑛液，填充於前述安山岩之裂罅中，冷卻而後留下金苗於鑛脈中，形成金鑛區。其後，復經長久歲月之風吹雨打，以及山水之浸蝕作用或地震造成山嶽之崩坍，水之潛力常將其礦脈之露出地表，名為「露頭」部分之含金鑛砂，冲散運流瀉入溪谷，再經溪谷匯入河流。由此，始生之為鑛金者歷經此類大自然之不斷運動，隨波逐流，比重沉澱，漸次留存於現河床、河岸、冲積層之中，成為「砂金」，砂金之存在乃成人類循流而找出金源探出金鑛云。久之，遂為先住之土著發見、淘洗、溶成金條、鍛成首飾，甚至成為貿易之貨，流出島外。因此，自傳說中之古代臺灣，以其不同時代之各種異名見於中國之典籍以來，「臺灣」之有金，亦自筆記之出現，漸見於古代文人之著述，以宋趙汝适之《諸蕃志》肇其濫觴，再躔其詳於元汪大淵《島夷誌略》琉球條而有：「地勢環穹，林木合抱……地產沙金……貿易

〔註 7〕張世賢《晚清治臺政策》第五章第一節第七目邵友濂，引山崎繁樹、野上矯介合著《臺灣島史》。及參閱連雅堂《臺灣通史》卷六職官志，頁 166。卷三十三〈劉銘傳列傳〉，頁 1024。古亭書屋景印本

之貨，用土珠、瑪瑙、金〔註8〕。」之記述。

　　次及新航路發見以後，由於泰西殖民主義之東漸，金、銀、絲、香料諸財貨，成其逐利之對象，「臺灣」之有金，更招徠西人之注意，初由萬曆十年（1582）七月間，西班牙艦長 Francisco Gualle 經過臺灣海峽之航海日記，紀述漳州人三德之說云：

　　　　我船以東南之方向航行一五〇海浬，航經砂地 Os Baixos dos Pescadores
　　　　及琉球群島之入口，亦即 As Ilhas Fermosas 諸島之東岸。As Ilhas
　　　　Fermoses 意即美麗之島，此為一來自漳州（Chinchon）名叫三德
　　　　（Sauty）之中國人所告余者。位在 21 3/4 度之處，水深三〇尋，我人
　　　　雖未見島影，但從緯度並探測水深，而已知經駛過該島。行經此一美
　　　　麗之島以後，指南針指向東及東徵北，又航行二六〇海哩。〔質言之，
　　　　我人曾經航行過琉球群島（Islands Legue）所跨之全緯度，亦即從頭
　　　　至尾之琉球群島。於是我船不得不與島相距五十海哩之譜而繼續航
　　　　行。〕上述中國人曾對余說：此等琉球諸島，有許多良好之港灣，居
　　　　民之面部與身上皆與呂宋即菲律賓群島之 Bisaya 人同樣塗有彩色，
　　　　並且服裝也相同。其人又告余云：那裏有金鑛，島民常駕一葉之扁舟，
　　　　載運野鹿 Venesoenen 之皮革、細粒之黃金與零零碎碎之物品，到中
　　　　國海岸來交易。該中國人向余斷言，此為確實之事。因其自己曾九次
　　　　去過該島上，從島上販運地之商品至中國沿海上岸。後來經余到媽港
　　　　（澳門）與中國沿岸調查，發覺此位中國人所說是實話，而余亦相信，
　　　　一切正如其人所云。此島嶼之東北端：位置在二十九度。

　　上述記載係由北緯 21 3/4 至二九度之航海記。地點包括今之臺灣及琉球列島。亦即葡萄牙人所說之包括小琉球與大琉球之琉球群島。但漳州人三德所說，乃是經過 Formosa（臺灣）之後隨即說出之有關列島之知識情報，但由其物產之推論所指顯然為臺灣。因為今之琉球，並無鹿之生產可與中國人貿易。由此可斷言 Gualle 之「島有金鑛」係指臺灣之產金云，日人中村孝志已有研究之論定。此一航海日記嗣經十三年後之一五九五年即被譯成荷文介紹於阿姆斯特丹〔註9〕。是「島上有金」，在十六世紀後半葉，非但已與島外

〔註8〕元汪大淵《島夷誌略》琉球條。《諸蕃志》附摘錄。臺銀文獻叢刊一一九種（以
　　　　下簡稱文叢）。
〔註9〕中村孝志〈十七世紀荷蘭人在臺灣的探金事業〉（二）歐洲人所知的臺灣之產
　　　　金，引 Reys-gheschrift van de navigatien der Portug-aloysers Itinerario Voyage ofte

從事交易，且為泰西航海家所確認〔註10〕。之後，荷蘭人在入據臺江之北線尾設立商舘與殖民基地，至崇禎九年（1636），臺窩灣之殖民統治稍趨穩定，則從事東臺灣之探金，但乏成績可言〔註11〕。至六年後之陽曆七月，出兵攻打雞籠之西班牙城等，目的無非在於找尋傳聞中之金鑛〔註12〕。

　　由此，距離後來之「基隆金山」直線不及八公里或半日路程之雞籠城〔註13〕。既落入荷人之勢力範圍，則「金山」有金之傳聞，亦迅速傳入荷人耳中云：「距淡水一日半路名高籠（cauwlangh）地方，有多人日日在河岸搜出相當數量之露出金（airgoudt）及砂金〔註14〕。」此一「高籠」云，地距淡水一日半路程，疑即為古代基隆河流域之某地〔註15〕。但荷人除懷疑其真實性以外因未獲當時土著之支持，故在其後之統治期間，始終未能獲知該產金地之確實地點。例如驅出西班牙人之一六四二年九月，荷人之探金隊雖得兩名金包里土著輔助同行〔註16〕卻捨近求遠沿岸越過鼻頭角以南，遠去產金區

Schigvaert van Jan Huygen van Linschoten 1579——1592 5de deel Linschoten Vereeniging XLIII, s-Gravenhage 1939 blz 289——290，當時以優良領港人及製圖家而著名之伽雷（Gualle 亦作 Guelle 更正確之譯音可作 Gali）所寫之航海日記，早在一五九五年已由荷蘭人 Linschoten，譯成荷文收集在其「葡萄牙人航海記集（Reysgeschrift vande Navigatien der Portugaloysers in Orienten）」之中，出版於阿姆斯特丹云，見臺灣研究叢刊第四四種，《臺灣經濟史》五集。

〔註10〕參閱同前註中村孝志原文，頁103，第十一行。

〔註11〕據《バタヴィア日誌》第一冊一六三七年四月，頁324，「中尉ユリヤンセン金鑛を探檢す」條。村上直次郎譯註中村孝志校注東洋文庫一七〇號日五三年版。

〔註12〕同上《日誌》第二冊一六四二年七月二十六日，頁326，「基隆征討軍司令官臺灣に向かう」條。

〔註13〕唐贊袞《臺陽見聞錄》山水，雞籠山條：「雞籠山在基隆廳治，……茲山為北境盡處，山大而高，下逼巨海，名為大雞籠。……又有小雞籠嶼，突浮海中，上有礮城，荷蘭時築。」見文叢三〇種。又林謙光〈臺灣紀略〉山川云：「而金山則在雞籠山山朝溪後。」見文叢一〇四種。按：小雞籠嶼為今基隆市之和平島，由島上東北二面望之，即與雞籠山遙對。直線約十公里，九份地區之房屋可數。

〔註14〕前揭《日誌》二冊一六四二年，頁201，「カウランの金」條。

〔註15〕《十七世紀臺灣英國貿易史料》——中國史料補遺：克拉斯勃（Ellis Crisp）一六七〇年十月二十二日寄品 Bautam 報告，頁26云：「雞籠附近之 Cabaran（噶瑪蘭）地方，臺灣之土人在採金子，漢人不能向被問明在何處採之。……土人攜金下山。……如漢人加以強迫，則又逃入山中。」依此紀述而論，所謂 Cabaran 之土人云，由金之產量，地理論之，毋寧指其地在雞籠附近之山中或古代基隆河之上中游某地較為可能。而克拉斯勃所謂 Cabaran 如非地理上傳聞之訛，即為土人故詒漢人之守密方法云，容待後日考證。原文見臺灣研究叢刊五十七種。

〔註16〕前揭〈十七世紀荷蘭人在臺灣的探金事業〉（三）荷蘭人的黃金探測第三節，頁112，十三行「驅逐西班牙人後之探金」。

之範圍，卻無功而返〔註17〕。其次，又認為金鑛之所在應位處東海岸之「哆囉滿」云，自此致力於東臺灣方面之探金〔註18〕。致咫尺之「金山」所在，終未為荷人所獲。

　　永曆十六年（1662），由於鄭成功之復臺，荷人退出臺灣。但二年後之十八年八月，荷人乘鄭氏勢力尚未普及臺灣北部，再次竊據雞籠，至二十二年（1668）冬，二次退出雞籠。其間，荷人之與土著交易中，雖曾獲得若干之砂金，仍無法獲知產金之源。產金之地，雖云在「雞籠附近」，却操在土著之掌握。甚至，漢人亦無法問明在何處探之。有之，則祇云：「在雞籠附近之Cabaran（蛤仔蘭）地方」〔註19〕。

　　雞籠在明鄭時代，屬於淡水。基隆金山之金，歷經西、荷二國之探勘，未為外人獲得，但對於部分漢人而言似為例外。因此，在永曆三十六年（1682）間，有淡水通事李滄，表示願以取金自効於鄭氏。鄭氏在雞籠之安撫司林雲上其事。二月間，乃遣監紀陳福，宣毅前鎮葉明，往採金於淡水。行未至，會遇土番伏莽反抗，遂無功而返〔註20〕。鄭氏此次採金所在，或云「哆囉滿」之地，或云「今臺北縣之瑞芳鎮沙金產地也〔註21〕。

（二）清初三朝溪後山之產金與土著採金

　　基隆金山之金在臺灣轉入清版圖之後，於康熙中葉已被確切介紹于世。此一重大之突破初見於康熙二十三年（1684）首任諸羅知縣季麒光之〈臺灣雜記〉。其文云：

> 金山，在雞籠山三朝溪後山，土產金，有大如拳者、有長如尺者、有圓扁如石子者，番人拾金在手，則雷鳴於上，棄之即止。小者亦間有取出。山下水中沙金碎如屑。其水甚冷，番人從高望之，見有金，捧沙溪行，稍遲，寒凍欲死矣〔註22〕。

〔註17〕幣原坦〈臺灣に於ける金、硫黃及び石炭の探檢〉二、蘭人の產金地探檢，頁399云：該次之探金行動，疑至蘇澳附近。「市川博士古稀記念東洋史論叢」抽印本。

〔註18〕據前揭〈十七世紀荷蘭人在臺灣的探金事業〉，頁114。

〔註19〕參閱前揭註十五。

〔註20〕夏琳《海紀輯要》壬戌，明永曆三十六年條。《閩海紀要》壬戌二十一年條同。文叢一一種與二二種。

〔註21〕張菼《鄭經、鄭克塽紀事》壬戌，永曆皇帝三十六年條。臺灣研究叢刊八六種。

〔註22〕季麒光〈臺灣雜記〉，見文叢二一六種《臺灣輿地彙鈔》本。

季麒光來臺，較之親履淡水境內之郁永河，尤早十三年〔註23〕。季之在臺任期祇一年有餘，但對於臺灣輿地、物產、風土之瞭解甚詳。稽其原因，似得自荷據時代已流寓臺灣之沈光文〔註24〕。故至有《府志》之修，即其後高拱乾《臺灣府志》之稿本〔註25〕。其次，降及二十六年（1687），長樂林謙光任府學教授，於所著〈臺灣紀略〉山川條，更加上地理記述說明「金山」之金云！

> 北路之山，曰木岡、曰……雞籠。而金山則在雞籠山山朝溪後，中產精金，番人拾金在手，霹靂隨起……〔註26〕。

〈紀略〉之「山朝溪」，應係前述「三朝溪」之音訛。至於此二文之可信度除「三朝溪」之位置，究竟為指三貂嶺之東流或西面之北流者〔註27〕，須待考證之外，「金山」是在「雞籠山、山朝溪」之後面云〔註28〕。其所說地理位置，非獨精確，所指亦信而可徵〔註29〕。

但清人對於採金之事，則初鑒於明代統言礦利，中官四出，暴斂病民，於是初期採用開放政策聽民開採〔註30〕。唯及康熙二十二年，則認為開礦無

〔註23〕 季麒光，江南無錫人。康熙十五年進士。二十三年，知諸羅縣事，見《臺灣省通志》卷七人物志宦績篇。

〔註24〕 參閱連雅堂《臺灣通史》卷二十九諸老列傳：沈光文傳與盛成〈沈光文研究〉見臺灣文獻十二卷二期。

〔註25〕 前揭註二三季麒光傳云：「麒光……在任踰年，以文獻未修，久而荒落，乃撰府志……未及終篇，以憂去。既而巡道高拱乾因其稿而成之。」

〔註26〕 林謙光〈臺灣紀略〉山川條，見文叢一〇四種澎湖臺灣紀略。

〔註27〕 《臺灣府輿圖纂要噶瑪蘭廳輿圖冊》——疆界云：「北界，至大三貂溪遠望坑九十五里與淡水為界。」又《淡水廳志》卷二山川——頂雙溪條：「在三貂嶺東南……自嶺腳起，……其源出於三貂，東匯四近諸山，由東北入海。」又：夏獻綸「臺灣輿圖」宜蘭縣輿圖說略：「海口之著者，曰三貂溪，又名下雙溪，為淡、蘭交界之所。」依此，可見上列三書之「三貂溪」為「三貂嶺」之東面南流者，源出今之牡丹坑。唯據〈臺灣紀略〉云：「金山則在雞籠山，山朝溪後」，即疑清初之云「三貂溪」應為後代《淡水廳志》之「內港北溪」。或今水湳洞為出口之「內九份、金瓜石、外九份」三溪合流之總稱。蓋其流雖短，卻由雞籠山下北流出口也；《諸羅縣志》卷一山川云：「雞籠港，西北為大海。港以東為八尺門港（隔港為山朝、黑沙晃諸山）。八尺門之南為山朝溪」。並參閱註28。

〔註28〕 參閱齋藤讓〈瑞芳及金瓜石礦山視察報文〉第二章產金地域，地形。日明治三二年八月原報文。

〔註29〕 參閱石井八萬次郎〈臺灣瑞芳金山〉地形篇及附圖，見日明治二十九年調查報文，原載「督府殖產局報文」一卷一期。

〔註30〕 據清史編纂委員會《清史》卷一二五〈食貨志〉五——礦政，清初條，見國防研究院五十年刊本。

益地方而全面禁行〔註31〕。其後之諸帝，對於群臣之多言鑛利，或疏請開鑛，非但不准行，且嚴旨切責〔註32〕；或下部議〔註33〕。直至道光間，始稍改變〔註34〕。如此，內地既行鑛禁，臺灣地下資源之金，自亦未聞有公開探勘或開採之事。況且，臺灣在清康、雍、乾三代，由於土地初闢，居民均以三籍之農業移民居住為主，故金之開採亦未普遍引起民間之注意。

唯金之淘洗，固未引來漢人之注意，其在土著之間，卻世仍相承，守秘產地。然後持其採出之貨在雞籠、淡北一帶，進行某種方式之交易，則由郁永河之見聞而可探出云：

> 哆囉滿產金，淘沙出之，與雲南瓜子金相似，番人鎔成條，藏巨甓中，客至，每開甓自炫，然不知所用。近歲始有攜至雞籠、淡水易布者〔註35〕。

為郁永河在康熙三十六年（1697）採硫臺北盆地時之記述。此種來自「哆囉滿」之產金。據自地質學家林朝棨之說云：早期之淡北土著凱達格蘭族人，為達到守秘之目的常將「基隆金山」出產之金，持與漢人交易時詒稱其來自東海岸之哆囉滿（Turuboan）。意在混淆視聽以杜防漢人之侵入。至於金之交易方式，郁永河之記述雖未提及，但其交易之方式名為「沉默貿易（Silent trabe）」，早在荷據時代已盛行於雞籠。永曆十四年（1660），以東印度公司一士兵身分，在臺窩灣服役之瑞士人亞爾巴郝柏（Albrecht Herport）之記述云：

> 臺灣北部山中，有一種未知名之土人，但與異族作如次之交易；彼等每年到某一地方去兩次帶來金沙及未精鍊之金子，放在同一地點而離開，與彼等交易之其他人種，尤其 Faberlang 地方之人，也帶來那種蠻人所喜愛之物品，例如衣服及其他之貨。以後彼等蠻人再往看，彼等如認為貨品與自己之金子價值相當，就將易貨取走；否則，

〔註31〕前揭《清史》鑛政：康熙二十二年條。
〔註32〕前揭《清史》鑛政：世宗即位條。
〔註33〕前揭《清史》鑛政：嘉慶四年條云：「給事中明繩奏言，民人潘世恩、蘇廷祿請開直隸銀鑛。上謂：國家經費自有正供，潘世恩、蘇廷祿覬覦鑛利，敢藉納課為詞，實屬不安本分，命押遞回籍，明繩下部議。」六年，保寧以請開塔爾巴哈金鑛。明安以請開平泉州銅鑛，均奉旨申飭。」
〔註34〕前揭《清史》鑛政：道光初年條：「初年，封禁甘肅金廠。直隸銀廠。蓋其時歲入有常，不輕言利。惟雲南之南安、石羊、臨安、箇舊銀廠，歲課銀五萬八千餘兩。其餘金鑛歲至數十兩，銀鑛歲至數千兩而止，又旋開旋停，興廢無常。」
〔註35〕郁永河〈番境補遺〉，頁33，見臺灣叢書第一種。

即取金子回去。以後又來其他之人，同樣拿走彼認為適當之貨或金
沙、貨物。荷蘭人亦與彼等交易〔註36〕。

由上列文字之推敲，非但足資窺見此種「交易」之情形，並見金之產地，應在
雞籠附近某一地方之山中。

然則土著之對於「金山」，所持之慎重態度，毋非原始的傳統之視「金山」
為不可侵犯之神秘色彩以外，具體之意義應為杜絕外人奪走鑛利之戒心。蓋
部分野心之漢人或官吏，乘土著之憨直可欺，運用手段進行探測，謀奪金利
之事，亦曾發生使然。並見於法人馮秉正（Mailla）在康熙五十三年（1714）
來臺測繪地圖後，著「臺灣訪問記」一文〔註37〕，指出土著之「殺北界漢人」
原因。

據馮秉正上述之經過，可見土著對於產金地之世守其秘，亦出於無奈〔註38〕。

復次，對於此次「奪金事件」之記述，原文係由法文寫成，至近年始有中
譯本問世〔註39〕。但事件之經過，似在早期之臺灣社會被以口碑方式，秘密流
傳至光緒之初葉。並且，直至法人攻臺之後，被寧波人龔柴，據所得之口碑，
收錄於「臺灣小志」之中〔註40〕，更足互為印證事件之真實性〔註41〕。

〔註36〕亞爾巴郝柏〈臺灣旅行記〉臺灣島的土人（Formosanen），頁 115，見臺灣研
　　　　究叢刊三四種《臺灣經濟史三集》按：作者為瑞士人，係於一六五九年春季發
　　　　自荷蘭。後因奉命參加 Johon van der Laan 之遠征軍，援助受國姓爺威脅之臺
　　　　灣，而到臺灣服役。及後，並參加熱蘭遮城之保衛戰。至一六六二年二月一
　　　　日，撥一投降於明軍，始隨殘餘荷軍撤回巴達維亞。著有瓜哇、臺灣、前印度
　　　　及錫蘭之旅行記。其所述臺灣部分，因係目睹之熱蘭遮被圍之實際情形者，至
　　　　受重視。且極可能被用於證明撥一無罪之證據。
〔註37〕馮秉正〈臺灣訪問記〉一七一五年，頁 124，見臺灣研究叢刊四四種《臺灣經
　　　　濟史五集》。按：作者為法人 Mailla，《臺灣通史》卷三經營紀云：「康熙五十
　　　　三年……命天主教神甫買剌來臺，測量經度」；買剌即指 Mailla（一作馬俠），
　　　　而中文名字作馮秉正，一六六九年生於法國，一七〇三年到澳門：後自一七一
　　　　〇年起從事繪圖工作兼負傳教。一七四八年（乾隆十三年）死於中國。年七十
　　　　九。〈臺灣訪問記〉係於一七一五年（康熙五四年）八月，由江西九江寄與 P.
　　　　de Colonia 者，主要在報告上年於臺灣測量經度時之見聞。
〔註38〕同上註。
〔註39〕按前揭〈臺灣訪問記〉原文係由法文寫成。平山勳《臺灣社會經濟史全集》昭
　　　　和十一年，登有日譯本。近年臺銀經濟研究室在迻譯中文時，因發見日譯本不
　　　　少誤譯之處，乃改據法本校正。由胡明遠譯成中文。民國四六年六月發行。
〔註40〕龔柴〈臺灣小志〉文叢二一六種錄自王錫祺輯「小方壺輿地叢鈔」第九帙。按
　　　　吳幅員弁言：龔柴為寧波人。〈小志〉所述臺灣史事，係至法兵退出臺、澎之
　　　　光緒十一年。由此，窺見〈小志〉當成文於中、法戰爭後之年代。
〔註41〕同上註。

　　上述，土著之「殺北界漢人」，於《諸羅縣志》有此一條云：「麻少翁、內北投，隔干豆門巨港，依山阻海，划蟒甲以入，地險固，數以睚眥殺漢人，因而蠢動：官軍至則竄。淡水以北諸蕃，此最難治〔註42〕。」馮秉正之紀述與龔柴〈小志〉，如與麻少翁土著之數殺漢人，具有關係，則季麒光與林謙光之志「金山」，漸被淡忘，亦應與「奪金事件」不無關連。

　　康熙末年以後，金山之有金既漸失其傳說，復述及該地區之事者，則為《諸羅縣志》及尹士俍《臺灣志略》之引用自〈陳小厓外紀〉；「鄭氏採金之說〔註43〕」以外，較新之記述，祇見六十七《番社采風圖考》淘金條云：「雞籠毛少翁等社，深澗沙中產金，其色高下不一。社番健壯者，沒水淘取，止一掬便起。不能瞬留；蓋其水極寒也。或云：久停則雷迅起，出水即向火始無恙〔註44〕。」以及道光《福建通志》臺灣府——物產；金條：「金：出上淡水等處溪中。前時土人撈之，如光沙粒，一日之工，止供半日之費〔註45〕。」云，除產金所在已由山地轉向平原之溪澗外，「毛少翁等社，深澗沙中……」云，已指出其「深澗」之為基隆河莫屬。

二、金山與基隆河之地理位置、金之關係

（一）基隆河砂金與基隆金山之關係

　　周鍾瑄《諸羅縣志》云：「內山深處有金山，人莫知所在。」或云：「番世相囑，不令外人知；雖脅之，寧死不以告也。」〔註46〕

　　臺灣北部山中，有豐富之金鑛，自荷、西時代而下，相傳二百餘年，時代降及劉銘傳來臺積極從事近代化建設以後，所獲意外之成果，則為光緒十六年（1891）夏，基隆河砂金之發見而啟開傳說「金山所在」之鑰。由此，且就基隆河之流路與砂金之源，溯流稍作淺介。「基隆河」一詞為日人侵臺以後之名稱，荷、西時代，名之為基馬遜河（Kimazon）。關於此一河流之可直通雞籠，

〔註42〕周鍾瑄《諸羅縣志》卷八番俗、雜俗文叢一四一種，頁173。

〔註43〕周鍾瑄《諸羅縣志》卷十二外紀云：「陳小厓『外紀』：壬戌（康熙二十一年）間，鄭氏偽官陳廷輝，往淡水雞籠采金。老番云：『唐人必有大故』。詰之，曰：『初，日本居臺來取金，紅毛奪之。紅毛來取，鄭氏奪之。今又來取，恐有改姓易王之事』。明年癸亥，我師果入臺灣。」尹士俍《臺灣志略》同上。

〔註44〕六十七《采風圖考》淘金條，見文叢九〇種。

〔註45〕陳壽祺《福建通志臺灣府》物產：金條，見文叢八四種。

〔註46〕周鍾瑄《諸羅縣志》：蛤仔難內山溪港產金條。

係於崇禎五年（1632）三月間，由西班牙人溯河發見者〔註47〕。其出海口在淡
水，而淡水又名滬尾。則河在清代之名稱，〈淡水廳輿圖纂要〉水──滬尾港
海口條云：「滬尾港海口……港內分南、北、中三大溪，名曰內港。……北溪
之源出自三貂嶺，南至水返腳、錫口轉西南，過劍潭會磺溪至關渡，與南溪合
流而出滬尾……潮漲時……北溪至水返腳止〔註48〕。」由此，基隆河應屬於北
溪之部分。其中上游流域之較詳介者，見於《淡水廳志》內港二大溪條云：

> 北溪，其源出自三貂山苧仔潭，過鯽〔鰱〕魚坑、出石碇北，來會
> 獅毬嶺西流，西北至峯仔崎，又西北至南港仔，北會八連港，過錫
> 口至劍潭，北過芝蘭，會雙溪，又北至內北投，會磺溪。北西至關
> 渡，計百二十餘里〔註49〕。

由此二書之引證，可見基隆河即清代之為內港二大溪之北溪，應名「內港北
溪」。溪流之沿岸，悉為凱達格蘭族分布所在〔註50〕。其流域若由下游而上，
依次為今臺北市之士林區、內湖區、松山區、南港區，臺北縣之汐止鎮，基隆
市之七堵與暖暖二區，然後復進入臺北縣經瑞芳鎮，終於平溪鄉之發源。

　　復次，再據今人之誌基隆河，則《臺灣省通志》〈地理篇〉云：

> 基隆河為臺灣最北端之一河系，圍繞金瓜石至南港南方四分子附近
> 之一大長形穹窿（Elongated dome）北東半之大部分。其發源地為平
> 溪鄉石底之西端；上源約十三公里間，呈東北東向，至三貂嶺附近
> 忽然折向北與北北東；至五公里處瑞芳之東，又突然轉為西南西之
> 流路；於寬濶之河床中曲流約十三～十四公里，至八堵再轉向西南，

〔註47〕中村孝志〈十七世紀西班牙人在臺灣的佈教〉賴永祥譯本。四、西班牙人的開
　　　　始傳教──向東海岸進出條云：「（1632年）三月，有由八十餘人組織的一個隊
　　　　伍，在暗夜得不可思議的啟示，逆淡水河而上，順武勝灣發見現在的臺北平原，
　　　　再進而在另一水流發見基馬遜河（Kimazon 今基隆河），始知依航行，經里族
　　　　（Lichoco）可以到達雞籠之事，見賴永祥《臺灣史研究》初集，頁127。三民
　　　　書局經銷五十九年發行。按《諸羅縣志》卷十二外紀云：「淡水至雞籠有東西兩
　　　　路……東由干豆門坐蟒甲，乘潮循內北投，大浪泵至峰仔峙，港大水深（過峰
　　　　仔峙不復有湖），泝灘河可四十里，而登岸踰嶺十里許，即雞籠內海」。
〔註48〕《臺灣府輿圖纂要》淡水廳輿圖纂要──水，滬尾港海口條，見文叢一八一種
　　　　頁279。
〔註49〕陳培桂《淡水廳志》卷一山川──內港二大溪條，見文叢一七二種，頁35。
〔註50〕李添春〈臺北地區之開拓與寺廟〉四百年前的臺北地方條：沿基隆河流域，計
　　　　有峰仔峙、麻里即吼、里族、塔塔悠、大浪泵、奇武仔、麻少翁，內北投諸社，
　　　　均為平埔族所建族社，見「臺北文獻」第一期，頁67。

呈顯著之曲流；由汐止附近進入臺北盆地。……於關渡隘路與淡水

河匯合，朝西入海。本河中，源流至三貂嶺附近為上游、三貂嶺附

近為中游，南港附近以下為其下游〔註51〕。

是為有關「內港大溪」之現在地理位置。其次又云：

基隆河中游與下游河道，均呈十～十五公尺之掘鑿曲流，其河谷平

原面成為其低位段丘，曾為臺灣重要之砂金區〔註52〕。

《省通志》此一論說，雖然在「河段」之區分方面與日人初據臺灣時所作
「調查報文〔註53〕」，稍有異同，但其中游以上之富砂金，已為光緒間發見砂
金迄於臺灣光復後頭一個十年代砂金業沒落以前之普遍常識。

然則，砂金之形成，在砂金層之形成理論上除現地砂金以外，必有其提
供「金源」之礦藏所在云，則河之砂金亦必由上游之某一發源處，歷經千萬
年歲月間雨水與激流之冲刷，而後形成者。基隆河之砂金，其綜合《省通志》
礦業篇之說亦云：在光緒十六年，基隆河之淘洗區域，由七堵、八堵逐漸溯
溪而上，抵達到三貂山麓，終於小粗坑溪與大粗坑溪；發見該溪含金特豐，
追源求根，而發見九份山之金礦露頭，即小金瓜一帶。其位置適處於大粗坑、
小粗坑、大竿林坑、九份坑等放射狀河流之中心〔註54〕。其露頭之小金瓜，
距雞籠山南方偏西直線約二公里半之處，成一岩塊，其南復連接於三貂嶺。
質言之，亦即地處於基隆火山群當中，九份潛頭火山體之南伸部分〔註55〕。
金苗之形成，名之為「瑞芳型礦床」，分布於九份潛頭石英安山岩塊中或其周
圍〔註56〕。概見小金瓜之岩塊，露出於地表之外而處風化帶中，周圍之裂罅
中礦脈在侵受長年之風化及水浸作用，其金乃分別由不同之分水嶺冲運而
下，流向基隆河之部分占有其中之大粗坑與小粗坑二溪流，下瀉至地名九芎

〔註51〕臺灣省通志，土地志林朝棨原修〈地理篇〉第一章第二節第二項基隆河河系
　　　　條，頁26。
〔註52〕臺灣省通志，土地志林朝棨原修〈地理篇〉第一章第二節第二項基隆河河系
　　　　條，頁26。
〔註53〕據石井八萬次郎〈基隆溪川砂金〉地形條：以三貂嶺瑞芳間為上游。瑞芳以下
　　　　七堵橋之間為中游，見明治二九年「督府殖產部報文」一卷一期。
〔註54〕參閱林朝棨《臺灣之金礦業》三日治以前之臺灣金礦業（四）九份及金瓜石礦
　　　　床之發見，頁29，見臺灣特產叢刊第六種〈臺灣之金〉。
〔註55〕參閱前揭註51，《省通志》第一章第四節火山地形，第二項基隆火山群。以及
　　　　齋藤讓〈瑞芳及金瓜石礦山視察報文〉第二章產金地域，地形。
〔註56〕林朝棨〈臺灣之金礦床〉二瑞芳金瓜石礦山礦床，瑞芳型礦床條，見前揭
　　　　〈臺灣之金〉，頁3。

橋附近滙入主流，亦為基隆河富有砂金之主因。

（二）發現砂金之年代與地點之訂正、金之淘洗

　　光緒間基隆河砂金之發見年代，至今亦有多種說法。蓋引用自公私史料之說法，最早者有：「光緒丁亥（十三年，1887）〔註57〕」。有：「十四年（1888）〔註58〕」。有：「光緒十五年（1889）〔註59〕」。有：「十六年（日明治二十三年）〔註60〕」以及「十七年〔註61〕」諸說。此中，「十五年」之說係見於連雅堂之《臺灣通史》。在以往曾占有主流而為近歲纂修《臺灣省通志》所採信〔註62〕。但此一年代若據日人於光緒二十一年夏間所作之〈調查報告〉，以及邵友濂之奏議論之，仍以光緒十六年之說始為正確〔註63〕。唯河中之砂金，則十足為乾隆初葉，六十七《番社采風圖考》所云之「毛少翁社深潤中產金」。

　　基隆河砂金之發見經過，《臺灣通史》云：「光緒十一年，法事已平，巡撫劉銘傳築鐵路。十五年，架八堵車站之橋，工人入水造礎，偶見沙中有金，取出淘之，其時造橋監督為都司李家德，廣東順德人，曾游美國，而路工亦多閩、粵人，有至新舊金山者，聞之爭取，居民亦從之〔註64〕。」但「通史」之說，除年份之誤如前所述以外，所謂「八堵車站之橋」云，後據日人之調查，應為

〔註57〕林舜如外七十四名明治三十年（光緒二三年）連署「申議書」，見《臺灣鑛業會報》一五〇號，頁43。

〔註58〕《臺灣省通志》卷首下大事記——光緒十四年戊子條云：「四月，架設八堵基隆河鐵橋，發見沙金，人民爭採若鶩。」

〔註59〕連雅堂《臺灣通史》卷十八権賣志沙金條，頁579，見古亭書屋景印本。

〔註60〕據《清季臺灣洋務史料》光緒十八年二月初四日「邵友濂奏報基隆廳轄龍潭堵一帶溪河顯露金砂……抽釐片」云：「上年秋、冬間忽有金砂顯露」句。依此：若以十七年為去年，十六年應為「上年」，見文叢二七八種，頁93。又，達維得遜（James W. Davidson）《臺灣之過去與現在》二十六章臺灣之金——擁入金產地條：並作一八九〇年，清人偶然發見金砂。一八九〇年為光緒十六年，見臺灣研究叢刊一〇七種，頁322。蔡啟桓譯本。

〔註61〕據前揭註60引用「釐片」若以「上年」為十七年云，即發見於光緒十七年。

〔註62〕《臺灣省通志》卷四經濟志礦業篇第一章第二節第三項基隆河之金鑛業條。十一行云：「光緒十五年夏……發見挖掘之砂礫中混有沙金。」

〔註63〕橫山壯次郎《臺灣產業調查錄》明治二十九年三月「督府殖產部」刊本云：發見於明治二十三年（光緒十六年）夏，見《本島最初の鑛業調查報告》引用。《臺灣鑛業會報》一二一號，頁34。又，是說並為幣原坦所引用，見同註17。

〔註64〕連雅堂《臺灣通史》卷十八権賣志沙金條，頁579。

八堵橋稍下游之「七堵橋」〔註65〕，亦即位處今七堵變電所前橫跨基隆河之「昭和橋」下，是為當年之築橋所在〔註66〕。

其次，若據日人之報告，基隆河由瑞芳以下，七堵鐵橋之間，地居中游云〔註67〕。亦則「內港二大溪」之北溪上游一帶。由七堵溯河而上依次有八堵、煖煖、碇內、四腳亭楓仔瀨、鯽魚坑、龍潭堵、伽石、三爪仔、瑞芳店、苧仔潭、平林、九芎橋，計為三十一里〔註68〕；若再上溯十里即三貂嶺〔註69〕云。地在兩山之中，俯臨深溪〔註70〕。河源即發自三貂嶺之內山，三貂大山之下。今平溪鄉石底之西端，上源約十三公里間。凡臺灣加里山山脈三貂山分水嶺北面，及今菁桐坑與十分寮瀑布區之水，均滙入其流而列為基隆河水系。由此，河流在向北流過猴硐進入九芎橋時，即滙入東岸之小支流大粗坑與小粗坑之山水，西北穿過瑞芳苧仔潭，轉向西流蜿蜒指向八堵以下。

其次，發見橋下金砂之當時，所謂「路工」之「有至新舊金山者」，係在一八五〇年代左右，因美洲舊金山金鑛與澳洲新金山金鑛之相繼發見，擁向該二地加入淘金之列，其後至八十年代，一由於二金山鑛藏之漸趨枯竭，次則因受美政府所制定「排華法案」之施行，以及澳洲金鑛地亦因英人之效法實行排除華工〔註71〕。由此，有部分轉來臺灣改從事築路之工人，彼等因在加州等地學會採金技術與探金之方法〔註72〕。至認為河中之有黑砂，必有鑛金〔註73〕云。迅速改行從事河中之淘金工作，而附近之士民亦獲悉淘金工

〔註65〕據（一）〈臺灣之鑛產〉總論：砂金條；頁32-3。（二）高橋春吉〈臺灣の金屬鑛業〉砂金鑛業，頁182。（三）〈本島金屬鑛業の既往と現狀〉既往に於ける金屬鑛開發の沿革，頁3。以上（一）見臺灣鑛業會報一三四號，（二）（三）並見一八二號。

〔註66〕按昭和橋，位處基隆市七堵區，今臺灣電力公司七堵變電所前，光復後更名「大華橋」。

〔註67〕據石井八萬次郎〈基隆溪川砂金〉地形條：以三貂嶺瑞芳間為上游。瑞芳以下七堵橋之間為中游，見明治二九年「督府殖產部報文」一卷一期報文。

〔註68〕姚瑩〈臺北道里記〉見《淡水廳志》卷十五附錄一文徵上，頁398。文叢一七二種。

〔註69〕胡傳《臺灣日記與稟啟》卷一：三月十八日條，頁9，見文叢七一種。

〔註70〕前揭註68，「道里記」。

〔註71〕參閱前揭註54：（三）〈基隆河之砂金鑛業〉，頁23。

〔註72〕《本島最初の鑛業調查報告》砂金及金鑛，沿革條，頁34，見臺灣鑛業會報一二一號。

〔註73〕前揭註57，「申議書」云：「黑砂現，廣東匠工前曾米國游鑛業為，今者唱言黑砂發現，必有鑛金，此試驗之緣起也。」

作工少而利厚，各抱一攫千金之夢，從四方麕集於八堵溪口之近傍，競相翻開河床，採掘砂礫淘洗，亦即近世以來轟動一時之基隆地方砂金採取業之濫觴〔註74〕。

至於初期之採金方式，則由於前述之路工，曾遊加州等地，在彼地之鑛山學得採金技術以及工具之運用，故與歐洲所用之淘洗器同一名稱；外型大同小異之木製採金槽，亦被模仿而使用，為新式採金技術與工具傳入之始〔註75〕。此種技術與工具，其後並傳為基隆金山民間採金業使用之主流

當年之基隆地區雖是多雨地帶，但每年中除十月起至次年三月止為雨季外，基隆河之水流深度不大，在其中游幾乎到處可築造小堤，採掘河床之碎石。地場亦頗與山溪之淺瀨相同，溪水固易泛濫，但河床寬廣，夏季期間大部分屬於乾枯地帶，於溪岸兩側構成寬度不等之巨大狹長地面，因之年約七個月之久，可從事此項採金工作〔註76〕。由此，從事採金之人，至一年後之十七年九月間，已達三千餘人之多，採金之地亦日益廣大〔註77〕。其間，有一廣東潮州籍之許文治者，號振泰商號而加入採金之列，循溪溯流到瑞芳溪岸〔註78〕。可見探金者之認為河中之有金，必有其供金之源云，雖未必適用於所有之砂金鑛區，卻仍為找出鑛脈或供金源流之普遍常識。亦被部分基隆河之淘金者所確認。其餘之採金者，亦漸向上游推進，遂到達三貂嶺山麓，坪（平）林庄附近之流域，並引起官府之干涉〔註79〕。

（三）光緒十六、七年代之砂金業與禁採令

基隆舊稱為「雞籠」，地名改稱於光緒元年（1875）並析自淡水廳，置廳治。惟管轄區域未定〔註80〕。後至十三年（1887），臺灣建省，始定區域，管轄基隆（今基隆市以及瑞芳鎮之一部分）、石碇（今七堵、暖暖二區、瑞芳鎮之一部分及平溪鄉、汐止鎮等地）、金包里（今金山、萬里二鄉）、三貂

〔註74〕據前揭註72，〈鑛業調查報告〉。
〔註75〕據達維得遜《臺灣之過去與現在》二十六章臺灣之金，頁324，見臺灣研究叢刊一〇七種。
〔註76〕據前揭註75書。
〔註77〕據前揭註59，沙金條云：「十六年九月採者三千餘人，地亦日廣。」日督府殖產局鑛務課長福留喜之助認為：「十六年應為十七年之誤」。
〔註78〕一：前揭註57，「申議書」云：「越年，廣東潮州人許文治稱振泰商號，於是循溪溯流到瑞芳溪岸洗金，民人相率採掘。」
〔註79〕前揭註72，〈鑛業調查報告〉。
〔註80〕《臺灣省通志》卷一〈土地志疆域篇〉，頁38，基隆條。

（今雙溪、貢寮二鄉）等四堡〔註81〕。簡稱為「金、雞、貂、石」，其地除廳治之基隆為雛型之商埠以外，自道、咸以來，遍布漳、泉二府之漳浦、平和、南靖、長泰、安溪等山地縣份之墾民而以農耕為主，生活樸實。基隆河之兩岸山丘，如三爪仔、鱨魚坑、楓子瀨等地，皆始闢自乾隆年間，並以種茶而著名〔註82〕。含有砂金之河流兩岸，大致仍沿淡水廳時代之舊，以現河流中上游河道為界，北邊劃分於基隆堡，河南之山地部分劃歸石碇堡。但在砂金區流域之兩岸附近，則又以安溪人之墾民居其主流，為人較尚進取。自從河中之砂金被發見之後，因此物為人見人愛者，況在工商業未發達時代，農家之剩餘勞力，亦迅速從粵籍路工學習採金之法，競為相傚，赴水淘金。由此，採者既多而採地既廣，歹徒亦乘機混入，昏夜偷取，良莠不齊〔註83〕。產金地之秩序混亂；河道及兩岸田園亦受嚴重損毀〔註84〕。

光緒十七年（1891）九月間，基隆廳同知黎景嵩，為杜絕前述採金風潮引起之混亂，奉護任臺灣巡撫沈應奎之命，發出諭示，禁止採金〔註85〕。但利之所在，究非一紙命令所能制止，此項試行之禁令，終無法奏效〔註86〕。然其禁令發出以前，河中採出之金究有多少，雖無詳細之數字可查。至若由禁令發出之後，舉此一時期之產量為探討之。則由「淡水海關」報運出口之金；自同年十月十五日迄於十二月三十一日之間，僅八十天之中，由淡水輸向香港之砂金數量為四千五百十九兩；折價為六萬五千一百八十九關銀云。至其餘未經稅關而直接由旅客或中國商船攜帶出口，數量之大，以及被本地之砂金收買商或投機商等，收購而操於手中之金亦為數匪尟云〔註87〕。上述之全部數量，且為該十七年之間，實際產出量之一部分而已。河中砂金蘊藏之豐富與否，概可看出。

其次，在發見砂金以迄於發出禁令之前，清臺灣地方當局，應無設置任何機構干涉採金之事。但若據日人據臺以後，於同年所作存於督府殖產局之「蔡達卿の調查報告」，所附「調查錄」云：

〔註81〕同上註，〈疆域篇〉，頁44，基隆條。
〔註82〕前揭註58，《通史》卷二十七〈農業志〉，頁735，並《臺北縣志》卷五開闢志第十四章，頁21，鱨魚坑條。
〔註83〕前揭註59，《通史》沙金條。
〔註84〕前揭註54，《臺灣之金鑛業》（三）〈基隆河之砂金鑛業〉百二十八。
〔註85〕前揭註54。
〔註86〕前揭註73，〈鑛業調查報告〉
〔註87〕前揭註〈鑛業調查報告〉，頁35。

> 辦理官署及職務並委員數：總委員一名、文案一名、巡丁二百名、
> 小委員三名、巡查八名、賑房一名、司事九名、發審委員一名、帖
> 寫一名〔註88〕。

後之初代督府鑛務局長福留喜之助，認為此係光緒十八年瑞芳金砂局創立以前之「金砂局」關係人名錄云〔註89〕。由此，別引唐贊袞《臺陽見聞錄》〈金鑛條〉云：

> 基隆開地二百餘年，從未有滿地生金之說。忽於光緒十六年，三貂堡
> （疑為三爪莊之誤）、龍潭堵一帶顯露金沙，即有土人私淘金砂。利
> 聲四達，遠近踵至，幾至盈千、累百。續（嗣）經職員許棟材等稟請：
> 就近加廣礦地，於八堵隔岸暖暖庄至三貂庄一帶試辦。已蒙沈護帥批
> 准行司，飭基隆廳勘驗。嗣據該廳詳復，仍請一律查禁〔註90〕。

此文之著者字韠之，湖南善化人。於光緒十七年調署臺澎道兼按察司篆，於七月履任後旋補臺南府，在臺將四載，並北遊數次至基隆一帶〔註91〕，所述應自有據或親見聞。故「金砂局」之設立，固云在次年之二月。但在十七年九月，官府發出禁採之令以後，疑地方之採金業者或紳董，早已經由基隆廳申請，設立一非正式官方之管理機構專司治安與節制採金之事，而前引〈調查錄〉之「辦理官署及職務並委員數」云。應為此一籌備或醞釀設局期間之草創「金砂局」，是其下並有巡丁二百名之設。但十七年四月初二日以後之臺灣巡撫，在名義上雖已任命邵友濂補授，唯前任之劉銘傳自十六年十月，以病奏請辭職以後，即命布政使沈應奎署理巡撫職務。十七年四月二十八日，復因劉銘傳之卸任，同日命沈應奎護任臺灣巡撫，至邵友濂來臺上任為止〔註92〕。

可見，前述草創之「金砂局」，係在邵友濂來臺以前「蒙沈護帥批准行司，飭基隆廳勘驗」，然後將正式確行核准者。但嗣據基隆廳詳復，認為時機尚未適當或其他原因，而仍請一律查禁。

〔註88〕日臺灣督府鑛務係保管〈蔡達卿の查報〉引用頁 36，見臺灣鑛業會報一五〇號福留喜之助〈臺灣產鑛物に關する舊記の抄錄〉（五）引用。
〔註89〕前揭註88，〈舊記の抄錄〉（四），頁 26，「金沙局職員俸給表」光緒十七年。
〔註90〕唐贊袞《臺陽見聞錄》卷上通商——金鑛條。文叢三〇種。
〔註91〕參閱《臺灣關係文獻集零》弁言十六簡介與正文唐贊袞《臺陽集》等，見文叢三〇九種。
〔註92〕參閱《臺灣省通志》卷首下大事記：光緒十六年、十七年條。

三、臺灣新洋務基隆金砂總局之開設

（一）邵友濂之巡撫臺灣與開源採金之議

　　光緒十七年冬，基隆河砂金之淘洗區域，因上溯至三貂嶺山麓之坪林附近，是採金之地亦遍及該河流含金河段之中、上游大半村莊，而有瑞芳、員山仔、龍潭堵、三爪仔、豎石、鰈魚坑、五社、小馬坪、金亞、大蓁社、四腳亭、粗坑口、暖暖、八堵、七堵、六堵、五堵、水返腳〔註93〕及坪林附近之苧仔潭諸地區，可云礦區遼廣。由此，九月間發出之禁令，徒具一紙公文。逐利之徒，仍乘昏夜盜洗砂金，犯者既多，地方之官吏亦就窮於應付之法；「禁採」，既難於澈底執行，「開放」，又恐招來更多逐利之徒，致併發其他流弊。

　　例如前述沈應奎在代理臺灣巡撫時，曾批准許棟材等之稟請，就近加廣礦地，於八堵隔岸暖暖庄至三貂庄一帶試辦設局之法，並令基隆廳勘驗後再行決定，嗣又以基隆廳之詳復而仍請一律查禁云。蓋採金之事，亦屬於「洋務」之一，「洋務」對於清吏而言，屬於陌生項目，其如同屬基隆廳轄下之煤礦問題，自光緒五年設局以來，始終未得順利運營，至被指為「臺灣漏卮，中外疑議」〔註94〕。地方官吏之畏忌礦務，亦就可見。

　　但沈應奎之護理巡撫職務，至十月間，由於邵友濂之到任而回原職。邵友濂為浙江餘姚人，在九年中法之役後，被認為「洋務」之上選人才，經兩江總督曾國荃以「體用兼資，堪膺重寄」奏保，會辦援臺事宜。十三年二月，臺灣新置布政司，則以邵友濂調為首任，於九月間來臺履任。十四年，以舉辦清丈地畝出力，加頭品頂戴，十五年因病請假內渡就醫，旋補授湖南巡撫〔註95〕。由此，邵友濂對於時之臺政來說：為劉銘傳從事臺灣新政建設時代之藩臺，臺灣為其舊遊之地，瞭解應詳。唯此次邵友濂重回臺灣之後，卻以節省經費與民休息為由，將劉銘傳時代留下之新建設，殆全部停止。並撤去西學堂以及裁撤或兼併若干洋務之設施〔註96〕。向被史家認為「保守」、「退縮」、「萎靡」之封疆大吏〔註97〕。至如連雅堂亦指其為「文吏也」，評其「新

〔註93〕前揭註88，〈蔡達卿の查報〉與「調書」一、產金地條。

〔註94〕前揭註59，《通史》榷賣志，頁572，〈臺灣道劉璈稟請督撫〉語。

〔註95〕清史列傳選引用自〈已纂未進大臣傳〉二邵友濂傳，見文叢二七四種，並參閱朱壽朋《光緒朝東華續錄選輯》光緒十四年七月、十七年四月各條，見文叢二七七種。

〔註96〕參閱前揭註92，〈大事記〉光緒十七年十月二十四日條與十二月條。

〔註97〕張世賢《晚清治臺政策》第五章第一節第五目邵友濂，頁237，引山崎繁樹、

政盡廢」〔註98〕之非是。其實當邵友濂在十月二十四日到臺履任後，已發見臺省經費支絀，騰挪無門〔註99〕。若非開源節流，實無從紓解經費之困境，始為原因所在。

　　由於上述財政之困境，基隆河砂金之發見以至於生產之旺盛，自亦為邵友濂開源之一途，金砂局設立之議，再次被提起。其次，基隆廳之地方官吏，原先對於採金一事，極持反對者，目觀「二次」施禁後，非但仍未絲毫奏效，採金者之多，將至于不可收拾趨勢。適巡撫衙門之施政方針，亦已顯現改變之徵兆。因之，此次，卻由地方官吏提出設局之議，即為「基隆廳同知黎景嵩之所請〔註100〕」，遂獲邵友濂之允許。

　　但此一「新政盡廢」之後，邵友濂准設「金砂局」之開明過程，除前述「開源」與「黎請」以外，據今人黃嘉謨之研究，尚有一外來「諮詢者」之存在〔註101〕。此「諮詢者」亦即光緒十八年（1892）春，繼任淡水海關稅務司之美人馬士（Hosea B. Morse）。蓋自從十三年臺灣建省以後，所有滬尾、打狗二口之海關，原由福州將軍監督者亦改歸臺灣巡撫就近監督，實心經理〔註102〕。巡撫衙門與海關之間，從亦發生隸屬之關係。時之巡撫衙門亦權設於臺北〔註103〕。滬尾海關即淡水關，在地緣上與撫臺關係尤為密切以外，邵友濂前在兼任江南海關道時，馬士亦曾於江南海關任職〔註104〕。此次邵友濂與馬士先後至臺灣任職，追敘舊誼，彼此亦就更易接近，邵友濂對於臺灣省政之有

野上矯介《臺灣島史》，頁100。私立東吳大學出版。

〔註98〕　前揭註五九《通史》職官志。

〔註99〕　參閱《清德宗景皇帝實錄》卷三〇八，頁6。

〔註100〕　關於「基隆同知黎景嵩之所請」設立金砂局，福留喜之助，作「請於代理巡撫沈應奎」（見鑛業會報一四九號，頁24），而林朝棨作「十八年二月，代理巡撫沈應奎准基隆同知黎景嵩所請，設金砂局於基隆」（見〈臺灣之金鑛業〉）。但按之《臺陽見聞錄》即云：前次（十七年秋）應為許棟材等稟請於沈應奎，沈批准行司，飭基隆廳勘驗後，該廳反請查禁。至邵友濂履任後，另由黎景嵩提出開放之請，邵乃許之。並見同書又金鑛條以及《臺灣通史》沙金條，頁580，〈蔡達卿の查報〉附二。

〔註101〕　黃嘉謨《美國與臺灣》，頁396，〈馬士與臺灣礦務〉，見中央研究院近代史研究所專刊（14）。

〔註102〕　《劉壯肅公奏議》卷八理財略：「接收臺地兩海關片」十三年十月，見文叢二十七種。

〔註103〕　張世賢《晚清治臺政策》第四章第三節第三目增設郡縣，頁207。

〔註104〕　前揭註101《美國與臺灣》並註云：「江南海關通稱上海關；光緒十一年至十二年間，馬士在該關任二等幫辦。」

關「洋務」者，持向馬士諮詢亦為自然之趨勢云〔註105〕。是為前述黃氏之研究。其次，由「清季淡水、打狗海關報告人一覽表」研探之，馬士自十八年迄二十一年之間，四年連任淡水關之報告人〔註106〕云，其身分與巡撫衙門之關係特殊，諮詢之論亦應毋庸置疑。

　　光緒十七年冬，自十月十五日迄十二月三十日之八十天中間，經由淡水關運出之金砂即達四千五百十九兩，值六萬五千一百八十九關銀，由時間上推之，當由十八年春履任之馬士提出。邵友濂在獲悉此種金砂生產之豐富，認為地利既已顯露，對於拮据之臺省財政而言，如設局由官開採，於財政方面不無小補，自無棄而不取之理。但產金之河流，地段遼曲，山徑處處可通，非獨難於查禁，而土淺沙浮，歷加考求，至今亦未獲得供金之脈，若遽由官採取，一時殊無把握〔註107〕云。解決之法，若採用沈應奎代理時期，許棟材所提「於八堵隔岸暖暖庄至三貂庄一帶試辦」之案，亦不失為可行之道。遂「由撫臺派員經理，只准本地民人淘挖售賣，不准外來游民溷跡其中。由官稽查、彈壓、抽收釐金〔註108〕。」云，基隆河之設立「金砂局」事，乃告定議。

　　金砂局初擬設立之日期，據唐贊袞之說，為十八年正月初十日，設立總分局開辦〔註109〕。但實際之開局日卻延至二月初一日，其原因似為在臺之高級官吏，仍有持反對之意見。其次即金砂局之開設，尚有章程以及人事方面之安排，致來不及依期設局，遂將日期稍為延後至二月初，緩和反對者之情緒。唯由其後主持金砂局之張經甫，原係為設置金砂局而由邵友濂親由上海招來者。張經甫最遲在十七年十二月下旬已在臺灣一事，因其於十二月二十五日去信上海之友人胡傳，所署日期而可看出〔註110〕。並見邵友濂設局之決心。

〔註105〕　前揭註101《美國與臺灣》。

〔註106〕　《臺灣省通志》卷三政事志外事篇，頁51，「清季淡水打狗海關報告人一覽表」光緒十八、十九、二〇、二十一年條。

〔註107〕　《清季臺灣洋務史料》光緒十八年二月初四日「邵友濂奏報基隆廳轄龍潭堵一帶溪河顯露金砂……抽釐片」見文叢二七八種，頁93。

〔註108〕　前揭註107，「抽釐片」。

〔註109〕　前揭註90，《見聞錄》，頁27，又金砂條。

〔註110〕　胡傳《臺灣日記與稟啟》卷一光緒十八年元月十二日條云：「辰刻抵滬……得張經甫去臘二十五日書」，見文叢七一種。

（二）基隆金砂局之設與抽釐採金

基隆金砂局之開設日期是在光緒十八年二月初一日，其名稱之見于文獻者，有
「基隆總局」〔註111〕、「瑞芳金砂總局」〔註112〕、「龍潭堵金沙局」〔註113〕
諸不同之記載。但正式之名稱，應沿其他洋務之例，名為「金沙總局」為正
式，另通稱為「基隆金砂（沙）局」。至於「瑞芳金砂總局」與「龍潭堵金砂
局」為同一分局之異名。分局雖設於龍潭堵一帶，卻借用「瑞芳」之新興地
名，而取名為「瑞芳分局」〔註114〕，意在求取吉祥。至於「總局」云，應為
一種習慣上之訛傳。因金砂局之設是在廳治之基隆。但總局祇為「虛設」，總
局之事務為執行之方便，而附於「瑞芳分局」之內，由巡撫任命之金鑛委員
（提調）常駐局內，統籌一切重要局務〔註115〕。因此，在習慣上被稱為「瑞
芳金砂總局」，訛傳而為「龍潭堵金砂局」，以至於「龍潭堵金砂總局」云，習
用始於日督府之調查報文〔註116〕。

　　龍潭堵之作為總局所在，其地係在距基隆廳治之東三日里基隆河之北岸，
行政區屬於基隆堡，名龍潭堵莊〔註117〕。其地理位置適處河流中游之上段，
管理上應屬十分適當。

　　其次，設局抽釐之事在光緒一代，自初年開直隸窯溝銀鑛，甘肅西寧、甘
涼，黑龍江漠河、觀音山、奇乾河各金鑛以來，至二十二年（1896），清廷頒
行「開辦各省金銀鑛廠」之詔〔註118〕以前，內地亦未聞有金銀礦場之由官方
開設。何況，自海防議起始受注重之臺灣，金鑛方面人才之儲備與經驗二項，

〔註111〕《臺灣通志》餉稅，頁26，金沙條，作「基隆總局」。文叢一三〇種。又前揭
　　　　註五九《通史》作「金砂總局於基隆」。
〔註112〕前揭註72，〈鑛業調查報告〉作「瑞芳金砂總局」。
〔註113〕前揭《臺灣日記》十八年三月初六日條作「龍潭堵金砂局」，頁7。
〔註114〕按「瑞芳」一詞，原為柑仔瀨附近一雜貨店之名，在基隆河砂金興盛時代，
　　　　以出售淘夫所需之各種日用品而著，又名「瑞芳店」，其後，乃逐用於地名。
　　　　前揭《臺灣日記》八月七日條：「由基隆廳……赴宜蘭……是夜宿瑞芳店金
　　　　沙釐局」云，為胡傳所記。但此一名字，迨至日據後，卻正式被逐用於地
　　　　名。
〔註115〕前揭註57，「申議書」云：「壬辰年，清政府金鑛委員、出張瑞芳（張經甫）、
　　　　金砂規則初布（會報作布初）。」
〔註116〕前揭72，二，〈鑛業調查報告——沿革〉，頁36。
〔註117〕《臺灣省通志》卷一〈土地志疆域篇〉，頁182，「瑞芳與沿革表」。《臺北縣
　　　　志》卷五〈開闢志〉，頁22，龍潭等五里條：「龍潭堵莊……。乾隆間，閩人
　　　　梁姓開闢，以河水清深，故名。日據時期，設瑞芳火車站於此。」
〔註118〕前揭註30，《清史》鑛政：光緒初年與二十二年條。

一無具備。由此，邵友濂在原則上固主金砂局之開設，仍持慎重之態度，除先由上海招來通「洋務」之諸生張經甫，付其經理局務起草章程〔註119〕以外；並由稅務司馬士方面，諮詢若干有關金鑛方面之運營人才等〔註120〕。最重要之一項，亦即獲得朝廷之確認，以減少來自反對者之口實。仍於二月初一日金砂局已告開辦之後三日，將設局之議入奏清廷，以獲得支持之憑藉。其奏云：

> 基隆廳轄龍潭堵一帶溪河，上年秋、冬間忽有金砂顯露，節經禁止私採；顧利之所在，窮民不免爭趨。該處地段邊曲，山徑處處可通，漸有難於查禁之勢。疊據地方紳民稟請開採，當查產金各處土淺沙浮，歷加考求，迄未得其根脈；若遽由官採取，一時殊無把握。比當經費支絀，成本亦未易籌。惟地利既已顯呈，自無棄而不取之理。現准本地股實業戶僱工淘洗，由臣友濂派員會同地方官設局試辦抽釐，並撥募營勇逐段稽查彈壓，以裨國計而裕民生〔註121〕。

奏入，旋則奉硃批，准戶部咨查云：

> 此項金砂抽釐，究於何年開辦？並如何設局？薪水、局用如何開支？暨仿照何項章程抽釐？每月每日可抽釐若干？併由何營撥勇若干？糧餉是否仍由原營支給〔註122〕？

以上奏議是二月初四以「夾單」方式隨奏章為附張呈上者，但金砂局時已正式開辦。故「奏文」中云：「現准本地股實業戶僱工淘洗」，而未詳細說明「批准」之日期，致硃批之後，反由戶部在追問「此項金砂抽釐，究於何年開辦？並如何設局？薪水、局用如何開支？」云，窺見「奏文」之避重就輕，用詞曖昧，意在提防萬一受朝廷「批駁」時，餘留退步免予反對者攻擊之藉口，邵友濂之處事，可云十分審慎。由此下面且就現存之史料將金砂局之內容稍作探討。

1. 金砂局之分布與編制

前述金砂局設置所在是在基隆廳，但龍潭堵之分局，因駐有「金鑛委員」而具總局之功能。次由採金地區之遼廣，於「總局」之下游約二里河流右岸設四腳亭分局，四腳亭下游一里有餘之左岸，設暖暖分局；又次在水返腳之

〔註119〕 前揭註 110，《臺灣日記》卷二「復袁行南」書云：「……金沙出現。邵大中丞招敝友上海張經甫茂才經理其事；創立章程……。」
〔註120〕 前揭註 101，《美國與臺灣》，頁 401。
〔註121〕 前揭註 107，「邵友濂奏報……抽釐片。」
〔註122〕 前揭註 111，《通志》，引硃批。

上游約二里，設七堵分局，水返腳附近設水返腳分局，以及其後為管理三貂溪方面之產金而虛設一分局，名三貂分局〔註123〕。地點或云頂雙溪，或云三貂澳〔註124〕。

復次關於各分局之人事內容，當年設置時代之資料至今未曾出現，但若據日人於侵臺之下半年所作調查整理之，仍可窺見當時之規模與費用情形。

基隆金砂局人事薪俸表　　　　　　　光緒十八年二月至十二月臺灣巡撫官設時代

人事配置	員　額	每月薪俸	備　註
瑞芳分局（總局）又名龍潭堵分局			
總辦	一名	五〇圓	
副總辦	一名	三〇圓	
發票員	一名	一〇圓	
收費員	一名	一〇圓	
查帳員	一名	六圓	報文作「數調掛」。
總巡	一名	八圓	
瞭役	五名	各六圓	報文作「看守」
巡勇	八〇名	各六圓	報文作「巡丁」。
四腳亭分局			
發票兼收費員	一名	一〇圓	
瞭役	四名	各六圓	
巡勇	一〇名	各六圓	
煖煖分局			
發票兼收費員	一名	一〇圓	

〔註123〕前揭註116，〈鑛業調查報告〉，列四腳亭、暖暖、五堵、九份山、小粗坑五處分局。唯註111，《臺灣通志》列瑞芳、頂雙溪、四腳亭、六堵、七堵等處。此中，九份山、小粗坑二處，應設於十九年以後。頂雙溪應為三貂分局，為虛設。〈調查報告〉漏列七堵分局、六堵應為水返腳分局，即〈調查報告〉之五堵分局。註八八福留喜之助〈舊記の抄錄〉，將七堵訛作五堵，別置水返腳分局。五堵在水返腳上游二里，是五堵分局應為水返腳分局之別稱，則《通志》之六堵分局。另外，傳訛之原因，疑金砂局初由官設，次移民辦，最後復歸官設。由此，設置之地點亦有遷移。但內容待考。

〔註124〕參閱前揭註111與88，〈蔡達卿の查報〉云：「三貂澳一帶，金之出沒無常，時特虛設一分局。」

瞭役	四名	各六圓	
巡勇	一〇名	各六圓	
七堵分局（一作六堵分局）			
發票兼收費員	一名	一〇圓	
瞭役	三名	各六圓	
巡勇	一〇名	各六圓	
水返腳分局（又作五堵分局）			
發票兼收費員	一名	一〇圓	
瞭役	四名	各六圓	
巡勇	一〇名	各六圓	
三貂溪分局（又作頂雙溪分局）			
不詳			

　　然而除上述人事之配置以外，復據《臺陽見聞錄》之說，十八年決定設立金砂局時，曾由邵友濂下令「由署理基隆廳黎丞，會同總辦委員徐守」；勘明「所有產金山溪、田埔，何處官地、何處民業」之界址，分別辦理〔註125〕云。此「徐守」疑則為上述龍潭堵分局裏之「總辦」，而總辦之上；未見於「人事配置」者，應為「清政府金鑛委員張經甫其人。張雖祗以諸生出辦金砂局之設立，但創法抽釐，制定章程，以經理金砂局〔註126〕。其身分是屬於「總局長」性質，應為未見於分局人事表之原因。

　　以上為金砂局正式人員之編制，係由金砂局支薪者，另外，又有酌撥自銘字左營之勇丁一哨，口糧由原營支給〔註127〕，未列在內。

　　2. 金砂局之章程與開採

　　金砂局在創立時，原制定有完整之規章〔註128〕。以作為管理之依據，採者亦藉規章所定各條，納釐費淘洗金砂，犯此規章者，由地方官裁判，例如不領牌即視之為偷掘，可處以一至四圓之罰金。又在採金時，如發生搶奪、毆打、殺人傷害諸事，則依法論罪〔註129〕。但此項規章今亦未見留下，是本文僅就日人之報文所見，加以整理，條列如次：

〔註125〕前揭90，《見聞錄》又金沙條。
〔註126〕前揭註119。
〔註127〕前揭註111，《通志》邵友濂復奏末段。
〔註128〕前揭註119，「復袁行南」書又云：「（金砂局）經始之艱，立法之善。」
〔註129〕前揭註57，「申議書」。

有關開採之規定：

一、金砂自十七年起，民人洗金得自賣，官下每人一天抽稅銀一角五點。得金多少，官下不問〔註130〕。

二、開採者如未領牌，繳納釐費者，則視為偷採論〔註131〕。

三、開採者毋論年紀多少，不拘里籍（應為本省籍之里籍為限），一旦來局報名，領牌繳稅之後；即准予領牌開採〔註132〕。

四、採金者若開坑採掘時，以地面之八尺四方為準，深度似未限制〔註133〕。

五、開採人得金多少，局方不問。唯據發牌抽稅而已，得金之多少，毋需上報〔註134〕。但開採者損益如何，金砂局不負損益之責任〔註135〕。

六、遇有請愿採金（亦即包贌）為業者，須先指定鑛地，或二十人或三十人為夥，就中選定鑛主一名為認保，工人方可向局方領牌。單獨呈稟者，除自備有土地者以外，一概不准〔註136〕。

七、釐金及牌費，分為大小二種：

大牌一面：釐金一角，牌費五點，共銀一角五點。

小牌一面：限婦女及童子領用。釐費、牌費減半，亦即每日每牌共銀七點五尖〔註137〕。

釐金及牌費，以累積五日繳納一次，遇雨天在上午八點鐘回牌者是日免計〔註138〕。

八、採金者由自己淘洗者，可自行領牌納稅。但若由財東雇用淘洗者，由財東領牌領稅。淘工之工資，由資方給與，所得之金，歸資方所有，其經費亦悉由資方支撥〔註139〕。

九、產金之區域，如屬於有主之業，即視為民有之地，除地主自行淘金以外，如係贌地採金，則每方一丈，租金或一、二十元，或七、八元，

〔註130〕前揭註88，〈蔡達卿の查報〉——調書附四第一條。

〔註131〕前揭註88，〈蔡達卿の查報〉——調書附四第一條。

〔註132〕同上「調書」附四第五條。

〔註133〕同上「調書」附四第八條。

〔註134〕同上「調書」附四第十一條。

〔註135〕同上「調書」附四第十、十二、十四等條參閱。

〔註136〕同上「調書」附二請官領牌之情形。

〔註137〕前揭註130，〈蔡達卿の查報〉。

〔註138〕前揭註136，「調查」附三釐金及牌費。

〔註139〕同上「調書」附三淘金者條。

或四、五元，以視該地出金之多少為率，局方無權過問。但工人淘金須先取得業主出具之同意書，然後執以領牌〔註140〕。但採金地如在大溪中間（例如現河床）一帶，原屬於官有之地，則每一大牌須加收五點之地租銀；亦即共銀二角，小牌減半〔註141〕。

此外，以金既為地方之產，則為地方之專利。由此，並由臺灣巡撫發札云：

照得基隆出產金沙，屬地方自有之利，應歸地方自受其益。現經派員會同地方官督令本地股實紳民，妥議章程，鳩集業戶、工人等，分界辦理，不准外來客戶遊民混雜淘挖，以杜爭端，而裕民生。深恐漳、泉、潮、嘉各路商人，聞有金沙，集資鳩工，遠圖謀利，本地概行禁止，豈不往返徒勞；除示禁在臺客戶人等，毋得招集游手，貿然前來，致干禁令；如有本地莠民私自串結，致肇爭端，定行從嚴究辦不貸外，合行札飭，札到該府，即便轉行各屬，一體示禁，併報明藩司臺灣道善後局查照，毋違此札〔註142〕。

除立札嚴示本地以外，且行文及於漳、泉、潮、嘉等來臺移民之原籍地，揭櫫設立金砂局是在為臺灣開闢財源，並預防再次造成「墾民」之風潮。

四、清吏對於官設抽釐之爭議與洋務之態度

（一）官設金砂局之不同爭議

基隆金砂局在開設以後，一切採金之進行似納入完整之管理，有意投身於該行列者，在官府，營兵保護之下，均得公開領牌，加入金之開採。是邵友濂之設立金砂局，可云「地盡其利」，公私皆蒙受此項地下資源帶來之利益。故此一「洋務」之受注目與寄予之希望，甚至如十八年（壬辰）春三、四月，臺南、臺北二府之歲試，係由邵友濂親臨主持者〔註143〕。其中，臺北府諸生之試題，竟為「披沙揀金」〔註144〕云。採金非但已為社會之焦點，出題者亦頗欲假諸生對於此一「洋務」之看法與申論，藉以探討輿論反應之概。

〔註140〕前揭137，〈蔡達卿の查報〉。

〔註141〕同上之第五行。

〔註142〕前揭註54，《臺灣之金鑛業》，頁28，引用巡撫發札。

〔註143〕蔣師轍《臺游日記》卷一——十八年三月二十二日條：「中丞試士臺南，以翌晨發，意甚惶迫。」見文叢六種。

〔註144〕同上《日記》四月二十七日條：「晚閱生童經古卷（按臺北府），生題為『披沙揀金』。」

　　然則，金砂局之開辦後，其得失之情形與部分官吏對此洋務之態度如何？
官方留下之紀錄，雖未有十分具體之資料指出，但主持金砂局之張經甫，字煥
綸，其人為績溪胡傳（字鐵花）之友輩，以諸生為金砂局提調而頗獲邵友濂之
倚重。張經甫與上元蔣師轍（字紹由），為曾共遊龍門講舍者〔註145〕。胡傳在
十七年九月，以江蘇侯補直隸州知州身分，受邵友濂之「奏調」，旨發臺灣差
委〔註146〕。於十八年二月抵臺灣〔註147〕；時適金砂局開辦之後。同期，蔣師
轍亦因邵友濂之聘，於三月間抵臺，襄校臺南、臺北試務。四月，並受通志局
總纂約〔註148〕。由此，三人在臺期間，交往亦甚密切。胡傳且於三月間，親
訪龍潭堵分局，偕張經甫溯河苧子潭、九芎橋上游之砂金產地。其後，雖以充
全臺營務處總巡，臺南鹽務局提調、臺東直隸州知州等職而任地屢遷。但宦遊
中與張經甫之間，仍保持頻繁之書信來往〔註149〕。由此，當年在臺文武官員
對於金砂局抽釐之事，似分成兩派而看法異同以外，對於此項「洋務」施行以
後得失如何？遂於胡、蔣二人遊臺所著《臺灣日記與稟啟》〔註150〕、《臺游日
記》二書，留下甚多紀錄，足資裨補史料之不足，以窺清吏對於金砂局態度。
下文且就二家之《日記》分別探討：

1. 胡鐵花之差委臺灣對採金之主張

　　胡傳之抵臺為十八年二月二十四日。《日記》云：

> 辰刻抵小基隆，停船小舟上岸，訪金砂局提調張經甫兄，適值往龍
> 潭堵分局。不晤，乃以信物託沈戴之代收，……仍還駕時輪船。戌
> 刻，奉撫署電報，上岸即往撫署卸裝〔註151〕。

胡傳之抵臺，《日記》雖云：二十四日。是日卻復遄返船上，於二十五日轉淡
水。二十六日，始由淡水下駕時海輪轉小輪溯淡水河至臺北撫署卸裝〔註152〕。
由此，二十四日金砂局之行，並非正式之上陸而為專程過境往訪張經甫者。

〔註145〕前揭註143，《臺游日記》卷三——六月二十六日條。
〔註146〕前揭註95，《光緒東華錄》十七年秋九月丁丑條。
〔註147〕前揭註110，《臺游日記》卷一，頁3。
〔註148〕參閱前揭註143，《臺游日記》與臺灣文獻叢刊提要，頁8，見臺灣研究叢刊
　　　　一一四種頁36說明。
〔註149〕參閱前揭註110，《臺灣日記》、143，《臺游日記》。
〔註150〕按「臺灣文獻叢刊提要」：胡鐵花在臺三年又五月，留有日記及臺灣稟啟存
　　　　稿。後經作者哲嗣適之，將《日記》與「稟啟」按其時日合編，始定此名。
〔註151〕前揭註110，《臺灣日記》卷一。
〔註152〕同上《日記》卷一——二月二十六日條。

此外，其在元月間，曾分別於十二日、二十七日，兩得張經甫書於滬，以及十三日作書致張經甫〔註153〕。胡、張二人交情之厚，可見一斑。

　　胡傳在二十六日午刻，由淡水抵臺北，入謁邵友濂。時由撫署中人獲知張經甫亦正在府中，而表露喜悅，但未及會面〔註154〕。乃即於三月初一日先致書張經甫，至初五日，張自龍潭堵至。六日，即稟明邵友濂云：「明日赴龍潭堵金砂局一游。」原蒙邵撫之允諾，嗣復改令暫緩往游云。是日，並薦一名「余君喻」者于龍潭分局〔註155〕云。由此，更見胡傳抵臺匆匆，而急欲一遊龍潭堵，證其人對此「洋務」之關心。

　　初七日，胡傳奉札往巡阿姆坪營務。至十三日，由阿姆坪回來，交卸報告。十四日，拜會各處衙門之後。十五日，即出城，趁火車欲赴龍潭堵，卻途逢張經甫亦乘車來省，遂復偕入城〔註156〕。十六日，未見紀事。但至十七日，即由張經甫陪同出城，坐車往游云：

> 十七日，偕張經甫坐火車赴八堵：挽轎至煖煖街，唔張劍臣、章錫卿、鄭伯珏、黃圃生、郭梅岑。飯畢復行，五里至碇內，又五里至四腳亭；即新擬造房設分局處，又八里，天已昏黑。（此處，疑脫一「宿」字）龍潭堵〔註157〕。

以上為胡傳遊金砂局之行程，路線約沿今瑞八公路與基隆河之間而行，計費時一日，至昏黑後始抵分局所在。並見沿途曾詳作瀏覽。其次為次日之行程：

> 十八日，偕經甫沿石碇溪而上，行四里至瑞芳店。過溪而南，四里至苧子潭，又五里至半（平）林莊。過溪而北，復東行二里至九芎橋；再十里即三貂嶺。後由溪北沿岸行而回龍潭堵〔註158〕。

上述《日記》中之「石碇溪」云：為「基隆河」中上游段之別稱，蓋該河南岸之地係屬石碇堡使然。由此，胡傳第二日之行程係由龍潭堵沿北岸而上，經過今宜蘭線鐵路與河流之間，至後名「內瑞芳」之柑仔瀨附近。然後渡河至南岸；隸石碇堡之三爪子，復沿溪溯流至苧仔潭對岸之蛇子形。觀覽今宜蘭線鐵橋下，員山子河灣上段之寬大河床〔註159〕。再次溯流至接近今侯硐境

〔註153〕同上《日記》卷一——十八年元月十二、十三、二十七日各條。
〔註154〕同上《日記》卷一——二月二十六日條。
〔註155〕同上《日記》卷一——三月一、五、六日各條。
〔註156〕同上《日記》卷一——三月初七、十三、十四、十五日各條。
〔註157〕同上《日記》卷一——三月十七日條。
〔註158〕同上《日記》卷一——三月十八日條。
〔註159〕按：基隆河在苧仔潭附近，今宜蘭線鐵橋所在成一巨大之灣曲，環繞圓山子

內之坪林，二次涉渡回至北岸，迄於大粗坑溪口之九芎橋；亦即基隆河砂金段之盡頭，而後沿雞籠堡部分返回龍潭堵。又次為第三日。《日記》云：

> 十九日，借經甫乘船，下石碇溪至煖煖街；飯畢，復至八堵，乘火
> 車返臺北〔註160〕。

基隆河在光緒年間，非但自煖煖迄滬尾之間，有小駁船往來〔註161〕，煖煖以上，亦有山人小舟來往〔註162〕。因此，回程乃改水路順流至煖煖，為全部之行程。

由上述三日之全部行程加以探討，胡傳金砂局之遊，已經歷遍全部採金區域，並親自目睹採金情形與多少得自張經甫之導遊、說明，而獲知產金之狀況。

胡傳返北後數日，因邵友濂將親臨主持臺南、臺北二府歲試，而胡亦奉委巡閱全臺各處營務，遂於二十三日隨邵友濂乘飛捷輪船離臺北南下；始其輾轉於鳳山，臺東、花蓮、璞石閣、嘉義、埔里〔註163〕等地。至八月間，為巡閱宜蘭方面之營務，過龍潭堵復宿於金砂局〔註164〕。時，張經甫固已去職他遷，但仍與胡傳保持書信來往，是金砂局開設半年後之狀況，應亦知之一二。唯胡傳對於採金之態度，以及「洋務」之觀點如何？則容於下文蔣師轍之遺著，併行敘述。

2. 蔣師轍之受聘來臺與採金之批評

蔣師轍之來臺，稍遲于胡傳，於三月二十日抵淡水。旋即於二十三日，隨邵友濂之南行與胡傳同舟，往臺南襄校試務。至四月十七日，因臺北府之試務，北返抵基隆。五月十一日，接通志局聘書〔註165〕。準備開局。迄八月二十一日，因與通志局提調陳文騄（臺北知府兼任）有所齟齬，遲遲未能

　　　而繞行，附近成一巨大之河床，筆者於七十年間，曾兩履其地。

〔註160〕同上《日記》卷一──三月十九日條。

〔註161〕前揭註48，《輿圖纂要》云：「（內港）北溪自暖暖、八堵起至關渡、滬尾亦有小駁船往來。」

〔註162〕池志澂〈全臺遊記〉云：「暖暖、瑞芳，……溪中時有山人小舟、代木作薪，載往艋舺者。按「遊記」為光緒壬辰、癸巳間遊幕臺灣所作也，見文叢八九種〈全臺遊記〉。

〔註163〕前揭註160，《日記》卷一──四月初二、十六、二十五日，五月十四、二十一日各條。

〔註164〕同上《日記》卷一──八月初七日條。

〔註165〕前揭註143，《臺游日記》卷一──三月二十日、二十三日、四月十七日，五月十一日各條。

開局以外，其與邵友濂之間，亦未能盡如人意〔註166〕；遂於八月二十一日離臺。計留臺六閱月，為時雖短，但臺灣通志局在籌設之初，經費之支出由於各省本無閒款分給，故費用一項，經上年評定，專歸司庫以濟。其津貼項下如仍不足，則疑以臺灣之磺腦、金砂二局，釐金尚旺，而將之作為善後局額外之入款者，請移僦於善後局，每月撥洋銀一千兩，作為修志之經費。亦並奉邵友濂之贊同而批示〔註167〕。採金之事，固與蔣師轍無直接關係，但亦間接而相關者。唯觀其著，仍處處表露強烈反對意見。

是年六月十二日，胡傳巡視埔里之防番營務歸抵臺北，其時距金砂局之開設已閱四個月。《臺游日記》六月條云：

> 十二日，……胡鐵花直刺巡閱營伍歸，詢其所歷，皆蠻煙瘴雨之鄉。
> 僦從三人，死者二、病者一，而身泰然：了無疾苦，真鐵漢也。語余
> 後山境俗，與志載略同。獨謂精華已竭，無復膏腴可闢……〔註168〕。

又，同月二十日條：

> 二十日，黔，閱府志物產，金之屬六。……附考引臺灣志略謂：「哆
> 囉（滿）社產金。而臺灣外紀云：『康熙壬戌間，鄭氏遣偽官陳廷輝
> 往其地采金。老番云：采金必有大故。詰之，曰：初，日本居臺來
> 采金，紅毛奪之；紅毛來采金，鄭氏奪之；今又來取，豈遂晏然？』
> 明年癸亥，我師果克臺灣。」語似荒怪，而實得之身歷。今以利媚
> 上者方力持淘金之議，招集徒手，重其征歛，豈真未睹此說邪？抑
> 既言利，則害不暇計耶〔註169〕？

《府志》所云：「哆囉滿社之金」，係尹士俍引自〈陳小厓外紀〉〔註170〕之說。關於此一「采金招奪」之事，自康熙以來，諸志傳抄不斷。此事雖屬荒怪之論，但亦頗符事實；日人亦曾承認其在臺灣採金〔註171〕。之後，荷人、鄭氏

〔註166〕同上《臺游日記》書末蔣國榜跋。又據《鳳山縣采訪冊》采訪案由：署臺北
　　　　陳守文騄，堪以派充該「通志」局提調。按文騄，字仲英，時任臺北府。《省
　　　　通志》蔣師轍傳云：「（師轍）與太守議不合；上治臺八要，友濂亦不答，遂
　　　　拂衣歸。師轍以名節自勵，不為利回威疚。」
〔註167〕參閱盧德嘉《鳳山縣采訪冊》采訪案由，頁9，籌款，頁10，撫部院邵批，
　　　　見文叢七十三種。
〔註168〕前揭註143，《臺游日記》卷二──六月十二日條。
〔註169〕同上《日記》卷二──六月二十日條。
〔註170〕參閱前揭註四十四。
〔註171〕前揭註88，〈舊記の抄錄〉（三）哆囉滿の砂金。著者福留喜之助，為初代日

繼有臺灣而入清之版圖。是降及後代，如王凱泰、邱逢甲、林景仁等皆曾持詠為紀事詩〔註172〕者。蔣師轍閱志至此，乃借之以力評「採金之非」，認為「力持淘金之議」之人，為「以利媚上者」。

　　唯蔣師轍之論評，亦非全屬無稽之談。蓋其二十一日與胡傳會面時，復論及採金云：

> 晚過鐵花齋，論及淘金得失。鐵花曰：「不費公家一錢，而歲入十餘萬金，此天下第一美礦也。」余曰：「以愚度之，害百於利。」曰：「何也？」曰：「淘沙得金，其細已甚，貧民業此。或博果腹。今主於官，日需牌費錢百（禁私淘，以牌為識，出錢購牌，謂之牌費），地租錢五十（沿溪田畝窰廢，出錢酬之，謂之地租，有籍者歸業戶，無則歸官。）；臺地食貨靡不昂直，人日費復需百錢，一日所得，必可易錢三百，乃稍稍有贏。然地多雨，趁工不能無閒，月或罷淘十日，束手坐食，則所贏竄矣。土著之民，猶可無患。今則聞風麕至者，皆粤中亡賴之徒，一旦利竭，飢寒無歸，不亂何待？至於爭壤角力，釀為釁端，猶害之細焉者也。蒙以謂寧使國家少十萬金之利，必不可使臺灣有三數千貧窶獷悍之民！」鐵花終不謂然，而以禍亂歸之於天〔註173〕。

蔣師轍在此認為不應與民爭利而主於官，以免招來異日之弊云，蓋砂金一旦公開開採，惟恐粤中之客家將聞風而大量擁至。而有清三百年間之臺灣，以粤中沿海一帶，自始則被施琅認為海盜之淵藪；其人積習未脫；「禁渡」之令尤嚴〔註174〕。來臺者向被呼為「客子」，自康熙，雍正間，即被藍鼎元所垢病，而目為禍亂之源〔註175〕云。其後，雖時代屢易，觀念卻根深蒂固。何況，初基隆河砂金之發見，亦始因於粤籍之路工云，蔣師轍之論點，應亦基之于此。

　　由上述二人《日記》之紀述辯論，可知胡傳所代表者，為贊同邵友濂一派，以設局抽釐，淘採金砂，實欲為建省以來之新建設，造成經費支絀，騰

　　　　督府鑛務課長，著有《臺灣最古の產金地——哆囉滿社の地理的考證》。

〔註172〕王凱泰詩云：「門臨煙水室依林，歷日何煩紀古今，……父老能知興廢事，長官莫更採黃金。」又林景仁詩云：「哆囉滿社產金區，想殺殉財賤丈夫；解識千秋不祥物，可憐惟有紫髯胡。」又，邱逢甲詩見本文六之（二）末段。

〔註173〕前揭註143，《臺游日記》卷三——六月二十一日條。

〔註174〕參閱莊金德〈清初嚴禁沿海人民偷渡來臺始末〉見臺灣文獻十五卷三期。

〔註175〕參閱藍鼎元《平臺紀略》，頁67，〈經理臺灣疏〉，見文叢一四種。

挪無門之臺灣，闢一財源。唯蔣師轍之見解，則悉持相反之意見，認為「一旦利竭」，將招來無窮之禍云。並且，在此持相反意見之背面，亦有其同一看法之論者。此中，最具權力者應為先任臺灣兵備道，次於十七年升任布政使之唐景崧為主流。

（二）官設金砂局之挫折與提調張經甫之斥罷

前述胡、蔣二人之不同見解與辯論，原屬友好間摒卻成見，各就論據之口頭爭論。但金砂局在開局半年之後，果招來反對者攻訐之藉口，以致發生重大之改變。

初，基隆河之砂金，因屬於地方之利，在設局抽釐時，則曾由邵友濂發札，明示「不准外來客戶遊民，混雜淘洗。」但利之所趨，並未能徹底發生作用，以致「外來客戶」亦滲雜領牌，加入採金行列，是為原因之一。次為設局之初，對於抽釐預估過高之錯誤；例如邵派之估計，認為不費公家一文錢，而設局之後，將可由釐金而歲入十萬金〔註176〕。且可「寓禁於徵」，而利財源。甚至，其貴列邵友濂諮詢者之馬士，所作最保守之估計，淘金戶日常所得既屬平穩，其全年之獲利總額，應不下於銀洋五十萬元；而官局之收入，除正規釐金外，於額外徵收部分（應為河床官有地之租金），全年至少亦可達洋銀二十萬元〔註177〕云。事實卻出預估之外遠甚。

邵友濂在六月間，因病而深居簡出。病中，蔣師轍曾欲求見而竟月不得〔註178〕。可見其病似甚嚴重。因此，部分地方之事，改由布政使唐景崧代之，金砂局營運之不盡理想，遂以「招引物議」云，於七月間，遭遇人事上之改組。《臺游日記》七月條云：

> 十四日，黔。聞金砂提調諧職皆斥罷，唐薇卿（景崧）方伯意也。
> 是役招集流亡，怨讟蠭起，或謂利國，歲可得銀二十萬，今覈半歲
> 之入，才番餅四萬枚耳，諸費已耗三萬有奇，防卒饟需尚不列此數。
> 人言可盡信哉〔註179〕！

〔註176〕 參閱前揭註173，胡傳語。
〔註177〕 前揭註101，《美國與臺灣》引 H. B. Morse to Robert Hart S/O No.5, Tamsui 26, 1892.
〔註178〕 前揭註143，《臺游日記》卷二──六月十二條：「中丞養疾簡出，竟月不面，在事諸君；營營逐逐，每聞余言，輒漫應之，意且憎其多事，以故官牘私載，索閱片紙，如借荊州。」
〔註179〕 同上《日記》卷四──七月十四日條。

由上述《日記》，可知金砂局此一「諸職皆斥罷」，是發生於邵友濂抱病之間，遂由反對派之唐景崧提出此「斥罷議」。然後由邵友濂名義下令執行。斥罷之具體理由，是「招集流亡」與「入不敷出」。當此一斥罷之令發出時，胡傳正忙於臺南與三角湧等地之巡閱；而不知斥罷之真相。《臺灣日記與稟啟》載十八年七月，（胡傳）上臺灣兵備道顧緝庭〔註180〕之書云：

> 竊卑職自七月初五日稟辭後，於初七日回抵臺北，中丞病雖已愈，
> 去志已決：金砂局遂因人言，遽致紛更。我公想早聞之矣。

書中之所謂「人言」云，應係來自唐景崧之意見。

然而「人言」之造成，似亦尚有其他「職位」之被目為「肥缺」之理由存在。金砂局斥罷諸職前之六月二十六、七日，張經甫在臺北，曾兩會蔣師轍。《臺游日記》六月條云：

> 二十日晨，遣奴子投刺藩署，答方伯之盼（按：通施）也。過范禮泉
> 齋，晤張敬甫茂才（煥綸），亦曾共學龍門講舍者，見職金砂局提調，
> 中丞頗倚任之。聞眾口多微詞，未悉其隱，豈利權之重，固非寒畯
> 所宜專歟〔註181〕？

「寒畯」：意謂「農夫」。以及低級官吏之意。是蔣師轍認為「眾口多微詞」之因，係張以一諸生之身分而遽主持此一「利權」見重之黃金機構，致來自各方面之壓力，使其有難言之「隱」。

又次為第二次之會面。

> 二十七日，晨，張經甫來，余詢以淘金用客民故。曰：「土人惰甚，
> 且多不貧，故罕事此。」曰：「眾至數萬指，能相安乎？」曰：「不
> 能畫地而施畚鍤，闢出則爭，爭不已則鬥，挺刃相向，事亦時有。」
> 曰：「脫亡所得，此曹能即解散乎？」曰：「地產金甚多，此不須計
> 也。」曰：「以愚所聞，似不如君言。」經甫默然。余知失言，自
> 悔者久之〔註182〕。

蔣師轍在上述會面，詢問採金事之招「客民」原因。張經甫答以該地之住戶，因生活無虞缺乏，為增加釐金收入，不得已而開放于客戶。但又不能將土地畫出明顯之界限，以致「採地」一旦被外來者誤闖。由口爭而刃鬥，亦在所

〔註180〕顧緝庭，《臺游日記》作緝亭。
〔註181〕同上《日記》卷二——六月二十六日條。
〔註182〕同上《日記》卷二——六月二十七日條。

不免云。此種由「爭」而「鬥」，由「鬥」而至于「亂」，蔣師轍認係必然之過程。在前與胡傳會面時，已曾論及，卻不幸為其所言中。

準此，反對派之反對理由，似歸於「人謀不臧」。其實，失敗之原因，除「人手」之不足以外，胡傳所謂「天意」云，更為招來攻訐之因素。

蓋引諸胡傳之遺著，與甲午戰爭末年來臺之美人達維德森（J. W. Davidson）《臺灣之過去與現在》之說，綜合探討之。金砂局自成立以後，擬淘金者，執行官吏皆強令其繳捐取得照會。其釐捐依工人之體力而分級，成年人每日釐捐為一角半，婦孺為一角（按：應為七點半）；探礦者亦繳一角。取得此項照會後由局方發給蓋有官印之木籤，每五日收釐一次。統計在該區域內之淘金人數（按：以十八年度為準），約有三千人之多，所繳之釐金，每月平均約一萬二千元。但因須付官員之人事開支（按：據前面之俸給表，每月人事費為一千零十四元。），及乘機舞弊者亦不在少數，實際解繳於官府之收入，所剩無多。並且又有秘密偷偷淘金之事實〔註183〕。張經甫以諸生出辦斯事，創法抽收牌費，不徇情面，功效已著。眾雖嫉之，無如之何，但不幸在夏秋之間，陰雨兼旬（按：《臺灣之過去與現在》作一八九二年間之颱風），山水陡發〔註184〕。當時之淘金客，大半來自異鄉之冒險家，因而其人皆就所擇於採金之河岸附近，搭蓋簡陋之茅屋，以為起居作息之所，甚至亦有作息於河上之小艇者，河水高漲，遂將岸上之茅屋及河上之採金艇悉數沖走（胡傳《日記》作沖去大半），造成浩劫，損失人命〔註185〕。其後，瘴癘復發，領牌採金之人頓滅，誹謗之言，遂乘間沸騰〔註186〕。誹謗之言，毋非「貪賄、勒索」等。張經甫憤極而引疾以退〔註187〕。而邵友濂亦因疾在告，有去志，且不能復為主持，隨聽從張經甫以疾離去〔註188〕云。實為遽遭罷斥之原因。

金砂局諸職罷斥以後，繼任者與改組之情形如何，尚未發見有關之史料。但張經甫卻轉調臺北機器局，九月初一日，胡傳亦奉調臺南鹽務局兼辦安嘉總館，入謁唐景崧。次日，乃訪張經甫於機器局。初十日，邵友濂傳見，即稟辭

〔註183〕前揭註75，《臺灣之過去與現在》，頁322。
〔註184〕前揭註110，《臺灣日記》復童米孫書。
〔註185〕同前揭註183。
〔註186〕同前揭註183，復童米孫書。
〔註187〕同上《日記》復袁行南書。註57，「申請書」云：癸巳。因委員貪賄，勒索改易。
〔註188〕同上《日記》復童米孫書。

起程，轉赴臺南任所〔註189〕。其間，傳入耳中者，卻為一連對於金砂局設置
之美譽謂：「經始之艱，立法之善，操守之廉」云，非但對張經甫之極加讚揚。
並將之轉調為臺北商務局總理〔註190〕。由此，胡傳於十月初四日，自臺南覆
漠河金礦局袁行南（大化）之書，除在後半段吐露對「臺事」之失望與表明去
意外，前段即力評金砂局之事云：

> 九月二十三日由顧緝庭方伯交到四月十八日惠書，藉悉遇困而亨，
> 履貞乃吉，欽佩之餘，復為歎息。金礦之衰旺不足慮，人心之貪險
> 大可畏。當今之世，吾輩苟有所藉乎，何能學鄉愿作濫好人。稍改
> 節廉，動致誹謗；顛倒是非，變亂黑白。雖如浮雲隨起隨滅，究不
> 足以渣滓太清，然而世道人心如此不靖，能無憂耶！臺北石碇溪龍
> 潭堵一帶，去年冬間，金砂出現，邵大中丞招敝友上海張經甫茂才
> 經理其事；創立章程，抽收地租、牌費，不費公家分毫資本。今年
> 仲春以後，即能每月得洋銀一萬餘圓，亦可謂天下第一礦務矣。六、
> 七月間；淫雨兼旬累月，山水漲發，溪邊岸側大半不能挖沙；兼被
> 疫癘水冲，洗丁病斃淹斃不少，收數漸減：而謗訕遂因而沸騰。張
> 君憤極，引疾以退。而代者轉譽其經始之艱，立法之善，操守之廉。
> 譽之者，即謗之者也，既謗前人而去之，既代前人而譽之，非真惡
> 之而又愛之，乃自私自利之心之術，譸張變幻之工而且妙也。黃金
> 堆裏，若何發財？由羨而忌，而謗而訐；來書云云，乃勢所必至。
> 老弟所居之地極寒極遠，而職任極重極難。李傅相信老弟之為人，
> 雖非忌者謗者所能搖動，而金光爍爍，眩耀人目，招讒速謗莫此為
> 甚。哲人知幾，惟望老弟時時留意也。

漠河為該一時代之著名金礦〔註191〕。袁行南與胡傳之書，所論內容無從獲
悉，但由後者之回書所提，應亦與採金之事有關。至對於基隆金砂局之事，
即明白指出，此係因職位之羨，由忌而謗，由謗而訐。而攻訐之人，既代有
其位之後，復稱譽前人，亦非本於「真惡」而轉蛻於「愛」，其實乃基於「自
私自利之心術」，更見其欺誑「變幻之工、之巧」云，力評反對者之造謠與使

〔註189〕同上《日記》卷二——十八年九月初二、初十各條。
〔註190〕前揭註162，〈全臺遊記〉云：「（十九年）有在滬友人張君經甫為臺北商務局
　　　　總理。邀余辦鐵路票房事」。
〔註191〕前揭註30，《清史》漠河觀音山金鑛，初為外人所侵佔。至光緒元年，置金
　　　　鑛局開觀音山、奇乾河、漠河各鑛。

用之手段，猶如「浮雲」變幻，「隨起隨滅」。窺見不費公家分毫資本之採金，推行之難，尚且如此。其餘如劉銘傳時代遺下之各項「洋務」，欲為賡續發展，更屬艱阻。

蔣師轍與胡傳，前者為應邵友濂之召，流寓於臺，後者則受奏調，遊宦於臺，時間上屬同一時期。前者為人，素以名節自勵，不為利回威疚〔註192〕。其性保守。後者即於屢歷臺灣各地之營務以後，極論臺灣國防建設之重要，乃地勢使然〔註193〕。主張開放。但二人亦有其共同之觀點。

蔣師轍曾評臺灣之大患有四云：「煎腦之弊弗懲，則外寇之假途也；淘金之役弗罷，則內亂之萌孽也；撫墾之實弗究，則番禍之揚沸也；釐捐之虐弗戢，則民釁之直究也。一弛一張，廑此土疆，罪我者或病其狂言，知我者黨以為漆室倚楹之嘯乎〔註194〕。」至於胡傳，對於臺事之弊，亦有嚴厲之評論云：「臺灣全境，南北延袤不過千里，東西寬處約二百里，窄處五·六十里（此皆游歷所至，……雖不諳測量，所差亦必不遠。）自設行省以來，增田賦、榷百貨、採礦、蒸腦、淘金、開煤，歲入近二百萬；而民力已竭，元氣已傷，欲如北洋之大籌海軍，誠有萬萬不能之勢。然地懸海外，在水中央而竟無一兵船以戰，以守、以備轉運而策應；于地勢則不便，于兵機則不靈。譬之作文，枝枝節節而為之，氣機不實，精神不能團結，終無當也〔註195〕」。但時之臺事，仍偏重於內部之「撫墾」一項，「勦則無功；撫則罔效；墾則並無尺寸土地報清升科；防則徒為富紳土豪保護茶寮、田寮、腦寮，而不能禁兇番出草。每年虛糜防餉，……覆轍相蹈，至再、至三、至四、不悟、不悔！豈非咄咄怪事哉〔註196〕？」云，指出部分「洋務」之錯誤。」

唯對於採金一項，則極力主張進行。胡傳於次年出任臺東知州時，亦主張開採東海岸之金，並稟明總督；在任一年餘，因遇日人之侵臺，未及開辦而歸〔註197〕。但所謂：謀事在人，成事在天。時值新舊思想抗衡之際，實現固非易事、實現之後，能否順利達成預期之成果，仍為未知之數，如基隆河之金，即為一例。

〔註192〕參閱前揭註166。
〔註193〕參閱前揭註189，《日記》十八年六月上撫軍稿。
〔註194〕前揭註143，《臺游日記》卷四——閏六月二十日條。
〔註195〕前揭註110，《臺灣日記》卷二復邵班卿十九年元旦。
〔註196〕同上《日記》卷一稟臺灣泉道憲顧十八年八月。
〔註197〕陳英「臺東志」，見文叢八一種附。

（三）金砂局機器開探之議與經營之消長

　　光緒十八年七月，斥罷金砂局諸職後迄於年終之下半年經營情形，至今仍未見有關改善方面之史料出現，說明內部之組織或章程曾作修改，以袪缺失。因若就胡傳之說：反對派在罷斥張經甫後，卻「轉譽其經始之艱，立法之善」云。則局務方面，應無可道之改變，而任由前例運營而已。至於邵友濂方面而論，卻由於六月間天然災害之刺激，考慮到利用新式機器開採金礦之問題〔註198〕。此種問題之考慮，若干與稅務司馬士有關，蓋金砂局將設以前，馬士因看出邵友濂之不敢輕率由官直接開採金礦，係顧慮人才之缺乏為其關鍵，之後，獲知上海曾有一位金礦工程師之消息，即先函致上海友人查詢詳情，然後告知邵友濂，邵請其於獲得回信後，隨時通知再作計較。馬士對於官方是否進行開採金礦，卻頗表懷疑〔註199〕。半年後，再次予以考慮，自不免又諮詢及馬士。但此一考慮，仍祇歸於考慮而止。因為基隆之煤礦；僱用洋人採用機器之開採，已有前車可鑑，對於洋人與機器之態度，若以蔣師轍之論為客觀之評，則其評價如次：

> 八月八日，黔。閱何詩，注有云，煤礦在八斗山，鑿山銅鑽等器，購自外洋，計值二萬餘金。延洋人翟薩為煤師，鑿井深二十餘丈。嗚呼！此亦通商後大漏巵之一也。狡夷以利羑我，幸墮其術，於是購一夷器，故高其價，自數萬金至十數萬金不等。夷工雇直，人又歲寮番餅數千。我地未穿，彼橐已盈。卒焉不效，則又咎中國之惜鉅費，不能殫其掘地百仞之能，而工之坐獵厚貲，侈然自若。徐州之采鐵，平度之采金，皆事之最可太息者。雞籠煤礦，雖未中輟，然得失之數雖未中輟，然得失之數，固亦不相讎矣〔註200〕。

邵友濂是一慎重之大吏，自不能不洊為考慮。

　　其次，在同一時期，產金區亦出現河道受損之一嚴重問題。蓋基隆河之金自從光緒十六年發見以來，經淘工之大量擁至，未經專家作詳細之勘察調查，則進行挖沙淘洗，於沿岸之碎石與天然之防洪堤部分深掘。由此，若干

〔註198〕前揭註101，《美國與臺灣》引用 China Maritime Customs Tamsui Trade Report for the Year 1892, pp. 339-342.

〔註199〕同上《美國與臺灣》，頁402。

〔註200〕前揭註143，《臺游日記》卷四—八月八日條。又，何澂詩：「為探煤穴入林深，買到鋼鑽已萬金，鑿井真教施鬼斧，醫貧爭幸得神鍼；經營欲啟千年利，窺伺能防萬里心，更有礦油堪採取；山中生計待搜尋。」見文叢二八種《臺灣雜詠合刻》。

區段之含金碎石層在沃土底下，向河之兩岸伸展者亦未作過調查，故所採者其實祗為礦區之表面而已，是屬於濫採性質。唯據某政府礦業技師之估計，目睹所及之含金碎石超出一、二七五、〇〇〇立方坪，以平均每立方坪（六英尺立方）計，所得之金將超過二十分之四盎斯〔註201〕。但事實金之產量在十八年下半年，已呈顯著之減少，淘洗之人收入受影響，致領牌者亦日漸散去，使有關之官吏不得不另擬辦法。

然則，金砂局之開設，在十八年所獲成果如何？據十九年（1893）六月，邵友濂之奏云：「自十八年二月初一日起，至十二月底止；官辦期內計共收釐金番銀三萬七千六百五十六元八角。按七二折合庫平銀二萬七千七百十二兩八錢九分六釐。內除開支局用一半銀二千七百十一兩二錢八分九釐六毫，又支給新募勇一哨，勇丁薪糧銀五千九百五十六兩九錢；又支給勇丁領用帳房、衣器等項折價銀七百八十二兩五錢九釐外；實剩銀一萬七千六百六十二兩一錢九分七釐四毫〔註202〕。但未計銘字營勇丁口糧在內〔註203〕」

五、五商金寶泉之包贌釐金與產金中心之推移

（一）金寶泉之包辦抽釐與民營金砂局

光緒十八年之下半年，清臺灣當局正在躊躇於金砂局經營之方式時，有由當時淡北地方之大戶五家所組成之民間公司，向有關之方面提出申請，表示願以包贌釐金之方式承辦採金。此一商號名為「金寶泉」，其股東之成員為瑞記洋行代表蔣樹柏、紳士蘇秀冬、玉廷理、潘成清、林英芳等五商。其中，王廷理為同治十二年之武舉，居暖暖之東勢坑：潘成清為光緒元年舉人，為芝蘭堡之豪族。後以功加四品銜內閣中書；候補即用知州〔註204〕。可見其成員在臺灣北部一帶，均為舉足輕重之人選。

五商所提出包贌之條件為每年認捐釐金二萬兩，餘一切局用及新募勇丁口糧，均由包贌商人給發；但聲明如將來金苗枯竭，淘洗無人時，亦准其退回包贌等條件，承辦金砂局主持採金〔註205〕。此五商之中，潘成清前因辦理清

〔註201〕前揭註75，《臺灣之過去與現在》，頁324。
〔註202〕前揭註111，《臺灣通志》，頁261，金沙——十九年六月復奏。
〔註203〕同上《通志》條。
〔註204〕參閱《臺灣省通志》卷七人物志：潘成清傳。又：前揭註九四《光緒東華錄》光緒十一年六月辛未條。
〔註205〕同前揭註202，《通志》十九年六月復奏。

賦時，曾與邵友濂、沈應奎、唐景崧均有過特殊之交情存在；由此，迅速獲得批准，改以由十九年元月初一日起，一年半為期，租金為七萬五千圓，包辦其間之牌費名義，予金寶泉承瞨金砂局事務〔註206〕。

於是由十九年元月初一日起，採金悉歸五商包辦，將原設各釐金局一律裁撤，另由五商派員經營。亦為臺灣民營金鑛業之初創。其次，五商又鑑於官辦時期，抽釐採金造成盜採與治安方面之問題，另再稟請云：「查洗金處所，淘工雲集，間有無賴遊民，不遵領牌，恃強淘洗及攜帶利器，誠虞生出事端，應請示禁，嗣後，洗金工民，遵章領牌，不准攜刀槍，免致滋事。再，基隆逼近海口，且為淡、蘭往來大路，遊勇強盜，西皮福祿之黨羽，誠恐溷迹，藉端滋擾，懇請一併出示嚴禁〔註207〕。」云。因之，基隆同知亦遵臺灣巡撫傳諭，出示公告云：「嗣後淘金，先向包商金寶泉領牌，方准淘洗，亦不准攜帶武器致滋生事端。若敢違抗者，立嚴行拘究懲辦，決不姑寬〔註208〕。」特賦予金寶泉，將隨時稽查、彈壓之保障。

金寶泉之承瞨探金，因係民營性質，其組織與經營內容，清官方之資料，鮮少記載。但據稍後二年之日人調查，領牌採金之章程，應沿用「官局」之舊，牌費仍為成人二角。其中五點為地租，婦孺減半。官方派出之巡勇助防者，仍領官俸，五商自行招雇之巡勇，則由雇主支薪及負擔口糧〔註209〕。編制方面，仍置原設龍潭堵分局改為總局，其下保留四腳亭、煖煖、水返腳三分局、廢去七堵分局，並於九份山金鑛興起以後，奉准增置九份分局一所。次為方便三貂堡方面之淘工，仍虛設三貂溪分局。其各局之規模如次：

金寶泉承包期金砂局人事薪俸表 光緒十九年元月初一日迄二十年六月底止

人事配置	員　額	雜薪／支俸	備　註
瑞芳總局			
當事	二名	各五○名	
賬房	二名	各十二兩乃至二十兩	
掌銀	一名		

〔註206〕同前揭註二○二《通志》十九年六月復奏。
〔註207〕前揭註五四《臺灣之金鑛業》，頁28，引〈金寶泉稟請〉。
〔註208〕同上註引「臺灣巡撫傳諭」。
〔註209〕前揭註五九「申議書」云：「政府派巡勇助防支領官俸，紳士顧巡勇一百人，巡勇俸金包紳支領，包紳自食。」

書記	二名		
總分巡查	四名	各三兩至四兩伙食提供	
廚子	二名		
跟丁	八名		
巡勇	六〇名	各五兩	
轎夫	六名	各五兩	
伙食雜費		銀百餘兩	
四腳亭分局			
賬房	一名	各十二兩乃至二〇兩	
掌銀	一名		
書記	一名		
巡查	二名		
巡勇	二〇名	各五兩	
廚子	一名	各三兩乃至四兩	
跟丁	二名		
伙食雜費		三〇兩	
煖煖分局	同四腳亭分局編制		
水返腳分局	同四腳亭分局編制		
九份山分局	同四腳亭分局編制		
三貂溪分局			
司事	一名	不詳	
巡勇	六名	不詳	

　　以上人事編制，在規模上似較官設時期，大為增加。在人事開支方面，亦改圓為「兩」，而與官設時間之每月全部薪俸一千零十四圓增加甚多，每月約需一千六百餘兩之支出。但其他應無額外支出之出現，為官辦時期所不及。

　　其次，金寶泉在營運上亦較為順利，每月領牌採金之人數，據云：多則常在四千人以上，少時亦三千人，是即使按此發牌數之最小數字計算，承包商之贏利仍大有可觀〔註210〕。另外，五商之中，在基隆河砂金區是否曾以雇主身分，各自主持採金，史料未見。但在十九年間，由於九份山金鑛之發現，五商

〔註210〕前揭註101，《美國與臺灣》，頁403，引 Same to same S/O No. 36 Tamsui Auguts 24 1893.

之中親自參與山區之鑛全開採者，所獲黃金之多，更出包贌時預期之外。

（二）九份・金瓜石礦山之發見與採金地之推移

金寶泉之承包，依約至二十年（1894）六月底屆滿。但在此一年又六個月之包贌期間，由於淘金人李家者，前曾去美國加州從事金鑛開採，嗣於十九年間發見含金之石英脈於九份山〔註211〕。其突出於山峰上之小金瓜石巖即為金鑛之露頭處，而以露頭為中心，形成前於第二章所述多條河流之放射性地形。大粗坑溪與小粗坑溪，由小金瓜之西面發源，將山水滙流進入基隆河，成為供金之源。時之採金者，由此進行試掘，後之鑛業者乃據此而為瑞芳金鑛發見之年代〔註212〕。

然若據其餘資料之說，九份山所在在淡水廳時代，地處東芝蘭堡三十二莊之燦光寮莊與深澳莊之間，俯臨焿仔寮灣〔註213〕。由此，基隆廳時代，劃隸雞籠堡之焿仔蓁莊〔註214〕。山區之開發始於道光之初〔註215〕。九份山沿大竿林溪附近之山坡，亦被移民闢為茶園與部分水田〔註216〕。燦光寮自嘉慶十年（1798），即置有汛兵十名在守戍，名「燦光寮塘」，以及舖遞，名「燦光寮舖」，〔註217〕。據云：清兵之出入均由燦光寮經樹梅坪（金瓜石山南方），九份土地公坪（今小金瓜北方約一公里），通往龍潭堵之捷徑〔註218〕。其次

〔註211〕前揭註75，《臺灣之過去與現在》，頁322。但此位「李家」與十六年發見砂金之造橋監督，都司「李家德」是否為同一人待考。
〔註212〕陳新枝、郭文慶、陳多福共撰《臺陽鑛業公司瑞芳鑛山概況》大事年譜，見前揭註54，〈臺灣之金鑛業〉。
〔註213〕前揭註49，《淡水廳志》卷三志二街里：城外兼東芝蘭堡三十二莊條。
〔註214〕前揭註80，《省通志》疆域篇，頁183，「瑞芳鎮疆域沿革表」基隆堡焿仔蓁莊。
〔註215〕姚德昌撰、曾火旺立，九份〈福山宮神苑重修紀念碑〉云：「本宮建自前清道光戊申年，其時……始建小型之宮。」按：碑建於民國六十一年，立於九份土地公坪該宮神苑。又，盛清沂《臺北縣志》卷五開闢志十四章瑞芳鎮，基山九里條：基山九里：皆緣吉祥語立名，均為昔日九份莊地區。道光初年開闢。……何人開闢不詳。」但「莊」字應為傳訛。蓋清代之「九份莊」應指今金瓜石新山、銅山、金山、瓜山、石山、三安等六里地區。
〔註216〕據前揭註27，「視察報文」，頁4云「在大竿林溪之沿岸，亦有頗多狹長之水田」。又：據前揭「福山宮」主持曾火旺民國六十九年報導。時自云年七十五歲。於十六歲時，隨父來山。
〔註217〕前揭註49，《淡水廳志》卷六志六兵制艋舺營：燦光寮塘，兵一十名，嘉慶十年添設。又卷三志二舖遞：燦光寮舖，北距三貂嶺十五里。舖司一名，舖兵四名。
〔註218〕前揭註216，曾火旺報導：渠云，前數年，該福山宮附近在拓寬道路時，曾掘出二件玉器，一為射箭用之「盤指」，一為玉製烟嘴，疑為清兵之遺物。

《臺北縣志》對於燦光寮地名之由來亦云：「以山峰景色燦爛，相傳蘊藏黃金，故名」〔註219〕。言其與金之關係〔註220〕。祇是早期之移民，民風樸實，雖知金之為貴，卻乏具淘洗或開採之常識。彼等曾出入於小金瓜附近。目睹石罅中之有自然金，却不知將金成為有用之物〔註221〕。復據建於土地公坪之福山宮小廟，係建於道光戊申年云〔註222〕，則九份山開發之早，應屬可信。唯始有金之採掘，或云：始於光緒乙酉（十一年）年〔註223〕；或云道光戊申（二十八年）年〔註224〕；或云始於更早之凱達格蘭族時代〔註225〕，尚難作一定論。

　　唯九份山金鑛之發見年代，欲將之推至基隆河砂金之發見以前，猶待學者之努力。但次據林朝棨於《臺灣省通志》鑛業志云：據傳光緒十六年，九份農民偶然於溪澗中拾得一鑛石，攜往暖暖示人，始悉為金鑛石，消息傳出，有人民由三貂方面結群前來淘金：為首者林姓兄弟林英與林黨，乘民眾愚昧無知，布謠言阻止民眾採金。於是九份住民不敢挖掘金沙。彼兄弟則乘機開採，於小金瓜露頭附近連挖直井十三處，得金二千餘兩而去〔註226〕。後二年，李家始

〔註219〕前揭註215，《臺北縣志》十七雙溪鄉燦光村條。

〔註220〕參閱前揭註88，〈舊記の抄錄〉產金地と其地名。又，日人坂田勇於其著「失名」，頁102，「金銀鑛の發見法」亦強調文字上之與金鑛之關係。

〔註221〕前揭註217，曾火旺又報導：渠在初到九份時，得自父兄之說：當三貂人林黨、林英（參閱下面註二二六）兄弟未到九份山時，當地之農戶，雖曾在小金瓜十三層附近之石罅中，見過含自然金之鑛石。但既不知其採法，亦缺乏工具。明知其為金，亦無可奈何？惟林黨兄弟來到該地，卻似「有備而來」，前述鑛石儘為所採而去。人言：「是林氏兄弟有福氣」云。

〔註222〕前揭註215，「福山宮……碑」。

〔註223〕李石鯨撰、顏國年、翁山英同建九份「招魂碑」，立於日昭和九年，碑文有云：「本山自前清乙酉開掘以來，迄今恰滿五十週年」。按：該碑立於今九份舊道口前方百餘公尺公路右上方。碑為蔣文峰所鑴。

〔註224〕按前揭註222，「福山宮……碑」又云：「本宮建自道光戊申年，其時為發見鑛藏之初，來山淘採黃金者，始建小型之宮。」筆者認為此或撰者姚德昌，以九份山之開闢為「金鑛」之開闢年代也。

〔註225〕據筆者得自金瓜石老鑛夫之說，小金瓜附近有一名「潑死人坑」地方，金特別豐富，且露出地表，在九份山開鑛以後，鑛夫曾在古代厚積之崩山下，掘出一具人體之骷骨。疑為古代採金人死於山崩者。六十九年間，鑛界前輩林朝棨，亦於電話中為筆者提及此事。並云：該人骨疑為古代採金之凱達格蘭族土著。按：林著有〈凱達格蘭（Ketaglan）族之鑛業〉，對早期土著之採冶，作科學方式之考證，富系統之研究，見鑛業季刊。

〔註226〕前揭註56，《臺灣之金鑛業》云，九份溪澗中金鑛石消息傳出，三貂之林英、林黨兄弟，利用民眾愚昧，散布謠言謂：「臺灣山脈為福州鼓山之龍脈渡海而

溯流小粗坑溪與大粗坑溪：發見該溪含金特豐，追源求根，終而發見九份山之金鑛露頭小金瓜云。則九份山金鑛之發見，應列為十六年之農夫。之後，林姓兄弟始行開採。次及十八年，李家始以近代採金之常識，找出金脈之露頭，較為合理。

九份山產金之消息，再次傳出之後，採掘者由四方麕集於山上，各擇於山腹，或開豎坑，或掘平巷，進行試掘，利盛一時。淘金者一日之所得；自一、二兩乃至四、五兩。其中，如五商之一林英芳者，一日曾獲金二百四、五十兩〔註227〕云。五商為防止爭執，奉官准增設九份山金砂分局〔註228〕似應始於此一時期，以為抽釐發牌之便。

二十年，陸續發見大粗坑、小粗坑等亦有含金岩層。由此，採金之事，再呈佳境，五商所獲利益，從而大幅增加〔註229〕。採金之中心，亦漸由基隆河轉移向上。然則，當年臺人對於山上之採金方法，據外人之紀述云：

> 石英坑由漢人以極原始之方式開採。……彼等於採者之間，分割土地，每單位開一狹隘之豎坑深約一三〇英尺。然後循鑛脈開傍支隧道至鄰接地區之境界處。據有經驗之日本專家稱：「漢人極巧於掘小隧道」。作者於旅行產金地區時，參觀一舊漢人鑛。目睹豎坑及隧道之大小為之一驚？疑其非人類所能工作之所。豎坑有竹竿從坑

來者。九份雞籠山係臺灣之龍頭，海中之基隆嶼即龍珠，倘有切斷龍脊者，天譴必至。」於是，九份住民不敢挖掘金沙。彼兄弟乘機開採，在小金瓜露頭附近，連挖井一三處，得黃金二千餘兩之巨。更將所採得之鑛石一塊，彫成土地神，祀於雞籠山腹土地公坪（按即福山宮小廟），酬答神恩。林姓兄弟，一時衣錦還鄉，但後因行為不檢，揮金如土，不久盡傾所有。林姓兄弟以為土地神無靈，憤怒之餘，重來九份，將該神像擊毀，搗碎淘洗，得到九兩多黃金。嗣後家道益形衰落，貧病交迫，不久身亡，當地人傳為神罰。以上經過，福山宮曾火旺亦曾報導，足證傳說之可靠性。並導筆者參觀以原有「型式」，原地保存於較後修建之大廟中內殿深處之小祠。且謂：「林氏兄弟之初置金鑛石於小祠，並不知何時？亦無人知：但及二次來山取去鑛石淘洗，始為人得知。」云。又：福山宮曾三次重修或擴建，為：光緒二十三年重修，民國二年再擴建，昭和十年（乙亥）重修。但今小廟書云：「廟建於民前一百十四年」。即疑為後人所加。

〔註227〕前揭註72，〈鑛業調查報告〉，頁36。
〔註228〕前揭註88，〈蔡達卿の查報〉云：迨至甲午年正二月，九份工人爭執挖採多事，官始添設委員一局。唯前揭註〈鑛業調查報告〉即云增設於六月，疑係併於小粗坑之設立分局，二事一提。
〔註229〕同註226，〈調查報告〉五商所得：或曰五商所得為純益二十萬圓。

之上面連接直到底部，以代梯子之用，竹竿每隔十至十二英寸刻有缺四處，可以勉強供漢人鑛工踏腳之用。鑛脈之趨勢甚小，工人用匍匐而入，相依靠而開鑛。採掘之鑛砂以袋或藍送至豎坑，用粗製之揚錨機拉出坑口。採鑛之人，並未由自己將金由鑛石中抽出。彼等在坑口交易，將鑛石轉賣。含金鑛石每三十斤起值，視其鑛石之含金率而價不同。購買者將鑛砂搬走處理。若該鑛砂質較軟、黏土質或容易分解時，則以手碎之，然後送淘金具淘洗，次轉入淘金盤，將金取出。若為堅硬之石英，則以鐵鎚或石敲碎，以土製之石磨研碎，然後洗之。黃鐵鑛亦以石磨研成粉，洗後取金。此兩種過程，固甚不經濟，却以鑛砂藏量豐富，漢人尚覺其有利可圖〔註230〕。

復次，在金寶泉承包期之另一意外成就，即為金瓜石金鑛之發見。金瓜石地距九份山之東約一公里之處，為基隆火山體之中心，高度六百六十公尺〔註231〕，山峰形成一兀立之危峰〔註232〕。此山區之開發，亦始於道光初年，由客家人開闢者，因地有大山，山峰若金瓜然〔註233〕。是為其後命名之由。清代之關於此地之紀述，十分稀少。在行政區域上，隸於基隆堡，名九份莊，歷日人侵占之後，直沿用至民國九年。始改「大字名」為「金瓜石」〔註234〕。九份一詞即漸迻用至前述面臨煤仔寮莊之九份山地區。金瓜石山峰之南經一小丘，即為樹梅坪，燦光寮等山村。山峰之左邊有內九份溪，右下有金瓜石溪：沿溪谷流出，而後匯右邊發源於小金瓜東側之外九份溪，沿雞籠山（基隆山）流出水湳洞，溪流之中間，成為丘陵地，闢有極少數之水田而已〔註235〕。是

〔註230〕前揭註75，《臺灣之過去與現在》，頁232-3。
〔註231〕前揭註51，《省通志》地理篇，頁207。
〔註232〕前揭註72，〈鑛業調查報告〉，頁38，產金地之地勢與地質……條云：金瓜石在九份山東半里餘之處，海拔一千尺有餘，危峰突兀，露出岩骨。按《臺灣之過去與現在》云：此巖石看起來，很危險，一八九八年間有一群漢人挖掘其附近，巖之一部分崩，鑛夫約三十人死之。
〔註233〕前揭註215，《臺北縣志》瑞芳鎮銅山，瓜山六里條。
〔註234〕《臺灣鑛業會報》一七五號，頁83，金瓜石地名公認：金瓜石鑛山原來之街庄名，為字「九份」之一部分，而無金瓜石之地名。由此，此次經府令改正新地名為金瓜石，並受確認。亦即往日之所謂「金瓜石」，為單指金瓜山頂之岩嶂而已。蓋隨同鑛山之開發，既由人煙稀少之山區漸成聚落與文化之小都會，乃有選定地名之必要云。昭和八年十二月十六日府令四十三號據大正九年府令第四十八如上改正。又，前揭註二二〇《省通志》疆域篇同條基隆堡九份莊。
〔註235〕前揭註28，〈視察報文〉，頁4云：外九份溪與金瓜石溪會合點中間丘陵地，

為日人初期之調查報告。可見，此地區在基隆河淘金時代，因地區較為偏遠，山區之住民稀少，亦未聞地有產金之事。金瓜石岩嶂，即為此間鑛脈之露頭部分，發見之年代，據云；在光緒二十年間〔註236〕。唯經過未見紀錄。推之，當係繼大粗坑與小粗坑二處鑛脈發見之後，由其岩嶂之特出群山之上，而招來淘金者探勘者。並因其岩嶂之與小金瓜對稱，又名「大金瓜」。至於金瓜石之發見，因時值金寶泉承包之末期，當時之產金資料，亦未見紀錄。

準此，金寶泉在上述包贌之間，所獲利益多少，則據日人之說，其純益二十萬元〔註237〕。至其承包期內全部淘出之金沙，平均每月約二千兩，以就地之售價每兩銀洋二十五元計，統計每月之產金值應在洋銀五萬元以上〔註238〕。

六、光緒二十年代金砂總局之恢復與採金業之末期

（一）邵友濂、馬士之再議採金與金砂局之恢復——馬關條約

光緒二十年，由於前年九份山金鑛與大粗坑、小粗坑一帶含金岩層之陸續發見與開採，承包抽釐之五商創下輝煌之採金成績後，清臺灣當局對於金鑛之事，再次成為熱烈討論之問題。但其時因格於許與金寶泉之承包期間未滿，無法毀約或收回官營。因此，對於採金者之轉移向山區，卻嚴令禁止，申明淘金業者淘掘之範圍，仍限於沿溪一帶不得擅入山區開採〔註239〕。

然則，其間之邵友濂對於採金之事，態度如何，下面且引用黃嘉謨之研究，作一窺探。蓋邵友濂在新鑛區發見之後，似曾召來稅務司馬士，研議、諮詢以決定今後之採金問題。

邵友濂舊事重提，表示擬由官方開採新鑛，不再交商承辦。馬士隨提獻議：說明含金鑛石雖可用人工採出，淘洗即必須用機器擣碎，以至於混汞之程序，纔可回收黃金〔註240〕。然對於由官開採金鑛之原則，並不十分贊同〔註241〕。

散布少許之水田。

〔註236〕 前揭註72，〈鑛業調查報告〉，頁36。

〔註237〕 同上註。又，前揭註八十八〈蔡達卿の查報〉調書附一。

〔註238〕 前揭註101，《美國與臺灣》，頁403，引 Same to same S/O No. 52 Tamsui Apirl 25, 1894.

〔註239〕 同上《美國與臺灣》，頁403。

〔註240〕 同上引 H. B. Morse to Robert Hart S/O No. 44 Tamsui December 21 1893. China Imperial Maritime Customs: Tamsui Trade Repoat for the year 1893 pp. 351-354.

〔註241〕 同上引 H. B. Morse to Ropert Hart. S/O No. 46 Tamsui January 23 1894.

　　次在光緒二十年元月間，中國紳商曾陪同一美國留學生至產金地區考察，研討該地區金鑛究應由官方設委員主持開採，或仍交由商人承包之問題，又議論紛紜〔註242〕。邵友濂表示歸由商人組織，實有其困難。但馬士復說明開辦金鑛之條件，其與淘採金砂不同，應由一設備完善之機器公司辦理〔註243〕。馬士之論，固不無道理。時因新發見之含金岩層豐厚，採出之樣品雖未經正式分析，一般之估計含金成分當為百分之一（按即十萬分之千克拉母），比率既高，自更為官方重視〔註244〕。

　　之後，在二十年三、四月間，邵友濂又與馬士反覆商榷，意似欲找出一可行之步驟。此次，馬士首先指出淘採金砂之事項，承認官方在前此所採行發牌抽釐之措施，確屬妥善之辦法。其次即說明金鑛石之擣碎工作，既需鑛廠與龐大之機器設備，事實亦祇有官府或資金雄厚之公司組織始能辦到，並舉山東平度金鑛為例，該鑛當局在光緒十三年費五萬美金購置之各種機器，正為臺灣所需用之類型。復次，若果要設廠開採金鑛，須有技術總管人員（按：應為總工程師），前傳旅居上海之金鑛師，曾在美國大學取得畢業文憑，唯其能力如何，即尚未查明。除此以外在當時之中國境內，尚無法找出其他之金鑛師。但若求之外國，當非問題。臺灣當局如議定進行開鑛，則以先行覓妥鑛師為上策。至於鑛師之薪俸，每月非有銀洋五百圓以上恐難聘到合適之人選。以上，馬士在此次之商榷中，已一改過去之主張由純民間開採之立場，建議由官商合作經營。邵友濂卻別有顧慮，乃以「旅居於上海之金鑛師未必肯來」為遁詞，結束此次之商談。此後亦擱置未予重提〔註245〕。其實在邵友濂主撫臺灣時代，內地之新式鑛務如何？以馬士在此次商榷中所舉之「平度金鑛」為例，由十八年間，蔣師轍於八月八日之《日記》中對該金鑛之評論，已不難找出國人對洋人「機器採鑛」之懷疑。餘如雞籠地區之開採煤礦，亦屬邵友濂參與主持之「洋務」，更被議者目為「狡夷以利羌我」者（參閱第四章第三節）。邵友濂一貫之立場是欲為臺省經費開闢財源，由此臨事而多方顧慮，實亦有其前因存在。

　　光緒二十年六月底，金寶泉一年又半之包贌既滿，邵友濂即迅速將採鑛權

〔註242〕同上引 Same to same S/O No. 48 Tamsui February 24, 1894.

〔註243〕同上引 Same to same S/O No. 50 Tamsui March 22 1894.

〔註244〕同上面 404～405 引 Same to same S/O No.52, Tamsui April 25 1894.

〔註245〕同上面 405 引 Same to same S/O No. 53, Tamsui May 7, 1894. China Imperitime Customs: Tamsui Trade Report for the year 1894 pp.357-360.

收回，重設金砂局，恢復官辦抽釐。但在恢復之首一、二日，採金者尚存觀望，以致赴局領牌人數，不如預期之理想以及部分未向官府領牌，即進行採金，成為盜採，遂於七月初三日出示公告云：

> ……照得基隆等處金砂抽釐，奉大憲飭改官辦，已於七月初一日一律開局，業將詳定章程抄黏遍貼通衢。凡爾商民，諒早曉諭，所有金硐工首人等，宜如何激發天良，踴躍輸將。茲查逐日赴局報繳花名，為數甚屬寥寥，豈爾等尚未周知。正在飭差傳聞，據報查獲乘夜偷挖奸民，到局提訊，各供不諱。殊不知金沙抽釐，由來已久，日間人票相離，尚屬有違禁令，何況乘夜偷挖，更當封硐入官。輕亦應予究罰，始足以昭炯戒。其刁民巧思百出，希圖逃牌洗挖，實屬膽大妄為。若不嚴行禁止，誠恐率相效尤，於釐項大有關係。除飭分頭明查暗訪，晝夜梭巡，並派差查傳外，合行出示嚴禁。為此示仰各硐工首人等一體知悉，爾等須知；夜間洗挖，大犯禁令，一經拏獲，斷難輕恕。且黃夜入硐，易惹匪徒竊刼，其咎亦在自取。自示之後，務各遵照定章，赴局報明。繳費飯票，但在白晝工作，晚間即原應停手，不得藉詞取巧，黑夜挖洗。倘敢故違，定予嚴拏重懲充罰，決不姑寬，其各懍遵，勿謂言之不預，切切特示：〔註246〕。

除在公告上，嚴切表達官府取締之決心以外，其次在各金砂局之編制上，亦略作調整，除五商增設之九份山分局以外，另開設小粗坑分局〔註247〕。廢除原官設之七堵與水返腳二分局以及虛設之三貂溪分局。於人事上亦參酌金寶泉之優點，總局除原設之總辦下面，幫辦由基隆廳兼任，各局設派遣委員等，餘分局之人事亦加以簡化。

重設基隆金砂局人事薪俸表　　　　　　　光緒二十年七月初一日起

人事配置	員　額	每月／開支／薪俸	備　註
瑞芳分局（總局）			
總辦	一名	八〇兩／外特支費三〇兩	公員：日人原文作公費
幫辦	一名	基隆廳兼任	
派遣委員	一名	十六兩	

〔註246〕前揭註54，《臺灣之金鑛業》，頁29，引用諭示嚴禁。
〔註247〕前揭註72，〈鑛業調查報告〉，頁26。

文案	一名	二四兩	
賬房司事	一名	十六兩	
發票司事	一名	十二兩	
收銀司事	一名	十二兩	
書記	二名	各十二兩	
總巡司事	一名	十二兩	
號房	一名	十二兩	
巡勇	一〇名	各六圓	
四腳亭分局			
委員	一名	二四兩	
司事	一名	十二兩	
巡勇	二名	各六圓	
煖煖分局	同四腳亭分局編制		
九份山分局			
發票兼收銀員	一名	一〇圓	圓疑為兩之誤
總巡	一名	八圓	
守衛	四名	各六圓	
巡勇	二〇名	各六圓	
小粗坑分局			
發票兼收銀員	一名	一〇圓	圓疑為兩之誤
總巡	一名	八圓	
守衛	四名	各六圓	
巡勇	一〇名	各六圓	

又次因採金性質已由砂金區而進入山金礦區，採金者須作長期之投資，官府亦徇此方面之需要，改善若干之章程。

一、土地產金以養民為大旨，與民同利，不專民之利。

一、產金之山地聽從民人尋覓報明局員，定界採掘。

一、採掘區域地位以每人以二丈上下為準。

一、每一區位聽從民人組合，或已位組合以廣利源。

一、每一人入工場採掘者，繳納政府牌費，初見金一角、既見金二角，炊事人不領牌不納費。

一、民人採掘洞位，永遠掌業，父子繼續。

一、民人股分聽從賣讓，但賣讓人要（稟）明地方官立案〔註248〕。

基隆金砂局經此部分改善以後，運營至是年九月邵友濂調署湖南巡撫，遺缺由布政使唐景崧繼之〔註249〕。唯對於採金之事，反對之議亦未見因而再熾，是金之產量，據云；至是年年底，仍有六千零八十兩之多〔註250〕。

豈知是年由於中日之間，以朝鮮問題發生交戰，清北洋艦隊頻遭敗仗。十二月間岫巖、旅順、海城相繼淪陷，遼、潘震動、清廷遂決計派大臣東渡議和〔註251〕。由此，甫就任湖南巡撫之邵友濂，被目為理想之人選，於十一月間與戶部左侍郎張蔭桓，同被任命為全權代表，另請美卸任國務卿科士達（J. W. Foster）助訂和約前往日本〔註252〕。詎日人為達成乘機脅迫割地之目的〔註253〕。一再藉故延宕，令人挾送張、邵二人至長崎〔註254〕。清廷洞穿日人之居心，不得已召二人回國，改由李鴻章親自出面。於二十一年（1895）三月間，與日人訂下一紙「馬關條約」。其第二款之讓與日本領土部分，有「臺灣全島及所有附屬各島嶼」〔註255〕云。數百年來被目為「寶藏所在之基隆，在十八年（1892），日本之《礦業會誌》，已有該礦區之介紹〔註256〕。日本為舉世之採金先進國，日人對金之注重，更屬著名，至此金山亦成日人所有。

然當三月二十六日，割臺噩耗傳來時，臺北紳民曾環請英國駐臺領事設法保護，表示願以臺灣所產之金，煤兩礦，並茶、樟腦、硫磺之稅酬之，懇其轉達公使，唯英外交部早在二月間，已藉辭婉拒兩江總督張之洞「將臺押英，借款千萬，許英開礦〔註257〕」之事，因告無成。

〔註248〕 前揭註57，「申議書」。

〔註249〕 前揭註95，《光緒東華錄》二〇年九月戊子。

〔註250〕 前揭註72，〈礦業調查報告〉，頁40，產額及輸出高。

〔註251〕 參閱李守孔《中國近代史》，頁457，清廷議和代表之派遣與日本之對策，見學生書局五十七年五版。

〔註252〕 姚錫光〈東方兵事紀略〉議款篇第八皇帝特命，見文叢四三種馬關議和中之伊李問答，頁67。

〔註253〕 姚錫光〈東方兵事紀略〉議款篇第八皇帝特命，見文叢四三種馬關議和中之伊李問答，頁69，倭之絕張蔭桓合議。

〔註254〕 前揭註94，《光緒東華錄》二十一年元月辛卯。

〔註255〕 前揭註252，〈東方兵事紀略〉約文全稿第二款。

〔註256〕 臺灣基隆之金鑛，見〈日本礦業會誌〉八十三號一八九二年。

〔註257〕 前揭註58，〈大事記〉二十一年三月二十六日。又，清光緒朝中日交涉史料選輯，頁232，「唐景崧來臺」四月初四。又，註九十五《光緒東華錄》二十一年二月乙卯。又，註106，《省通志》外事篇，頁132，英國之態度。

（二）金山之產金量、金買賣、金對地方之影響——乙未割臺

基隆金山在光緒二十一年五月六日（陽曆五月二十九日），隨同清廷代表李經方與日海軍提督樺山資紀於海上舉行之臺灣移交儀式〔註258〕，成為日本南伸領土之一鑛區。至於基隆金砂局，由於四月十四日，中日兩國在烟臺換約後，清廷旋於二十六日將唐景崧開缺，並召在臺文武官吏內渡〔註259〕。因此，金砂局之業務，依情勢度之應自該日起宣告結束。

準此，二度重開之金砂局實際維持一年又四個月而已。其次，若自十六年夏間，發見砂金開始，先後亦祗五年。其間，任自淘夫自由開採以至於禁令下盜採，約為一年六個月（自十六年夏迄十八年元月）、官設金砂局為十一個月（十八年二月一日起至十二月底止）、五商包瞨鑿金為一年六個月（十九年元月一日起二十年六月底止）、官府重設金砂局約為十個月。

在此五年之歲月中，採金之事可分為四期，以四期中之產金量而論，首期之開放與禁採時期，雖無數字可稽，但若依日人所作之調查研究云：依據日人初據臺時（二十一年十一月以前）之採金狀況，如以淘金者一日所得之金為二分至一錢重計算。次即假定有淘金者一千名來說，則一日之所得為二、〇〇〇分至一貫（日制千錢為一貫）；亦即二〇臺兩至一百臺兩之譜。然而採掘者與淘洗者，通常為分工合作，故其所得應為半額計算：一日之得金為十兩至五〇兩。年產量即為三、六〇〇兩乃至一八、〇〇〇兩之數。再以金砂一錢價格若在三元一角而計：一日之生產金額折算為三一〇元乃至一、五五〇元，折平均以九三〇元論，則月之生產額可得三十三萬四千八百元之數。採金者若為二千人次計，則產額可達六十六萬九千六百元。據此推算，基隆河之砂金在初期最盛時，採金者達四千人云；則一年之產額凡達百萬元上下。又次以光緒十八年經稅關輸出之金；有數字可計者為十五萬七千二百五十關銀（折算日銀為二十四萬二千一百六十五元），其餘由旅客攜帶運出者，尤占多數而未計在內。再如以日人據臺後十一月以前之金收購額，亦已達三〇萬元以上而觀，上面之計算亦絕非悉數虛構云〔註260〕。初期之實際產量，自可略為計出。

〔註258〕註九十五《光緒東華錄》五月甲申「李經方……交接臺灣節略」。
〔註259〕前揭註二五二〈東方兵事紀略〉約文全稿十一款。又，註二五七〈中日交涉史料選輯〉，頁401，軍機處電寄唐景崧諭旨（四月二十六日）。
〔註260〕前揭註七十二〈鑛業調查報告〉，頁40，產額及輸出高。

復次三期中之產金額，以年度分，自十八年迄二十年間，逐年之輸出量可得如次：

年　度	數　量	價　額
十八年度	八、八九四兩	一五七、二五〇關銀
十九年度	八二七兩	一七、一六六銀圓
二〇年度	一〇九、九八四銀圓	

上列數字，係就經由淡水海關由西式海船輸出之金塊與砂金，作統計者〔註261〕。但在此不予重列十七年末八十天輸出之金。

至於二十一年度之最後四個月，雖無法獲知詳細之生產額，但若由砂金輸出商凌雨亭在是年七月以降迄十一月上旬之四個月間，收購之金塊為三千六百兩，折價約十四萬四千元並向香港輸出者。另寶源與寶珍二商號，亦在同期輸出四萬元云〔註262〕。此最後之四個月產量，亦應與此相差無幾。

其次，基隆金山之產金，在此五年期間之出路，係悉由淡北各地之黃金收購商收買，然後運售上海，或輸往香港等處。本地人因未諳冶煉之技術，故間或有自行提煉者亦祇為試煉之性質而已〔註263〕。至於金砂之出口，依規定每人每次可自攜帶二〇兩至三〇兩之譜，毋需向海關納稅。但金塊因體積既小，漏稅亦自容易〔註264〕。

至於金砂之收買商，在艋舺街方面，有同泰號、寶源號、萬順號、寶珍號、坤山號等五家；在大稻埕方面有凌雨亭、永通、金源記、順昌等商號。其中，同泰號原為收買商之巨擘，但至二十年廢業後，順昌亦繼於二十一年三、四月間停業。餘永通為進出口商、金源記為雜貨進口商兼金砂買賣者。至凌雨亭原為德商公泰洋行負責人奧利（R. H. Ohly）之買辦，兼司金砂商者，後遂躍升而操斯業之牛耳，其與艋舺之寶源，於二十一年度之年收購額達二〇萬元以上，凌占其中之十四萬四千圓，寶源祇占六萬。日人據臺以後，數字更增至三〇萬元云〔註265〕。

〔註261〕前揭註72，〈鑛業調查報告〉，頁40，產額及輸出高。
〔註262〕前揭註72，〈鑛業調查報告〉，頁40，產額及輸出高。
〔註263〕同上註，金砂出口條。
〔註264〕前揭註88，〈蔡達卿の查報〉附五：金砂皆係各商收買條。註264：同上註，金砂出口條。
〔註265〕同前揭註264，頁41，金砂收買商。

　　次在基隆方面：則有新德盛、日發、金德發、周遠、金建順等五收買商，原為臺北金商之居間收買人，後亦擴大而直接與客戶進行買賣〔註266〕。

　　最後為生產者與收買商之關係，收買商收金之數量並無一定之限制〔註267〕。但在收買商與生產者之間，有一「仲買人」存在，故通常之情形均經由仲買人在產金地，直接向採金人收買金粉。而時亦有收買商親自遣人至產地，向工頭或採金者直接洽購之事發生，唯產地與基隆之間，金價一兩之間，往往有二角至一元之差距，列如九份土地公坪庄總理蘇漳者，逐日向採金者收買十兩乃至十五兩之金粉後，持之加工鑄成粗金塊，轉賣與基隆之「仲買商」，從中可獲之純益為每兩一元乃至二元。基隆之商人復持之二次轉手與臺北府之金砂商，亦可獲得每兩一元之利〔註268〕。唯金之成色亦因產地而有不同，例如產於金瓜石者，金質較純。各產地之金在基隆之市價，以二十一年日人據臺時論之如次：

地　名	金砂（每兩）	金塊（每兩）
九份	二十八元	三十四元
金瓜石	四十一元	四十四元
小粗坑	二十八元	三十四元
大粗坑	三○元	三十四元
大竿林	三○元	三十四元
基隆河	三十四元	三十六元〔註269〕

　　然則上列黃金之發見、開採，以至引起狂熱之採金潮，所帶予地方之影響如何？下面且舉中西二家不同之作者所紀述，觀其由靜而動，由動而榮之發展過程。光緒十八、九年間，遊幕臺灣之浙江池志澂為親履其地者，其著《全臺遊記》十八年十二月某日條云：

　　　在新竹兩日……次日，復坐東路火車，訪友人於金砂局。局在雞籠
　　　內山。距雞籠北十里，曰七堵、八堵，凡十里至暖暖、瑞芳，二十
　　　里內皆金山。山氣磅礴蔥厚，左右巖溪，溪水映日，流沙閃耀。每
　　　日淘沙者約數千人。溪中時有山人小舟，伐木作薪，載往艋舺（按：

〔註266〕同前揭註265，頁41，金砂收買商。
〔註267〕前揭註88，〈蔡達卿の查報〉附五：金砂皆係各商收買條。
〔註268〕前揭註260條，頁42，買收の方法。
〔註269〕前揭註260條，頁42，價格。

疑為舢之誤）者。滿山奇花異草，綠陰繽紛，男女紅辮絲衫，歌唱

自樂，真仙境也〔註270〕。

池志澂之遊金砂局，係在首次官設之末期。時之該河流域，由文中所述，尚見
猶處幽靜而動之間。其次，且由外人之紀述，探討產金中心漸移九份山以後之
山村情形：

龍潭堵接近基隆河，隨左岸走道路平坦，達瑞芳村（按即今之內瑞
芳），乘三人抬之轎，由基隆約需二小時。瑞芳駐有地方小吏及警察
數人。該村居民，包括緊接地區之住民，皆從事於洗金或與此有關
之職業。其數將近四、〇〇〇人〔註271〕。

是為瑞芳一帶之狀況。其次又云：

要去石英鑛（九份），必須由瑞芳爬上九份山之險阻山徑，到距離二
英里半之九份村路之最後階段極險，轎夫輕易不肯前往，雖然距離較
短，亦需將近二小時才能抵達。九份為極奇怪形狀之山村。由村中之
房屋可以判斷此世俗之財寶；金，平均分配於住民之間，因為該處之
小茅屋皆極相似，著者從來未看過如此狹小之地方，而有此眾多之房
屋密集。甚至部分幾乎已過份之嵌入其鄰接房屋，或由地面上已無法
擠入，而改從上面蓋屋下來，每家房屋頗像無言中在表示其鄰居應該
撤走，讓其較為寬廣。……九份村落之情形如此，每家皆以淘洗器及
鍋而活潑進行洗金工作，故金之產量為數不少〔註272〕。

以上為美記者達維得遜於二十一年後，所目睹產金區住民工作之狀況，但由文
字間亦不難窺見當時生活之一斑，以及社會行業之轉趨由動而榮。

惜此一豐富之金鑛山，眼見其將開花結果，而清廷卻將之拱手送與日人。
由此，詩人邱逢甲於臺灣民主國失敗，浮海內渡後之憶臺雜咏云：「雞籠山畔
陳雲陰，辛苦披沙一水深；寶藏尚存三易主，人間真有不祥金〔註273〕」。托意
於詩，對於割臺之事，極表悲痛。

七、結　語

臺灣在古代即以富於黃金之產傳名于世。但所謂十六世後半葉，仍為一

〔註270〕前揭註162，〈全臺遊記〉。
〔註271〕前揭註75，《臺灣之過去與現在》，頁326。
〔註272〕前揭註75，《臺灣之過去與現在》，頁326。
〔註273〕邱逢甲《嶺雲海日樓詩鈔》選外集，見文叢七〇種。

被西洋航海家傳述之年代而已。蓋航海家之記述，係得自中國人之說，則中國人如三德所云「曾九次去過」臺灣，三德亦非去過之第一人，則應推之更早以前。次在島上而言，有金之說，亦自荷據、明鄭，迨及康熙一代，留傳於早期移民之間，留傳之源，始自土著，經漢人而採擷入文人之紀述。但真正之金源，即被土著以極嚴方式，世守其密，累世相傳。然，地在「三朝溪後山」之說，雖于所指之溪流尚乏定界，區域之在基隆金山，應可論定。

　　光緒十六年夏，固為基隆河砂金發見之年代，並於十八年以近世之探金理論，發見九份山之露頭，啟開基隆金山之鑰。但土著或漢人之採金，應推及更早以前。

　　基隆河之砂金與基隆金山之發見，對於正從事新建設，以致處於窮困之臺省財政而言，原毋異開闢財源之一大途徑。但由於前期其他礦務，洋務營運之失敗，人才缺乏，上下吏員，談「礦」色變，是金砂總局之設，自始即處於毫無信心之下，徒觀望其成敗心理，勉強成立。此應為中途挫敗之原因，甚至，營運祗稍挫折，精神則全部崩潰。

　　張經甫固一文人而已，對於礦務亦非專家。唯金砂局是消極執行礦業行政之初創機構，並非積極參預經營礦山，或開採砂金之礦廠，原祗需完善之章程或法令根據，則可推行業務。惜惟臺灣自清初以來，對於三籍移民，持不同見解，根深蒂固，規定不准外來客戶領牌淘金云。豈知，此中之粵籍人非獨富於進取，彼等且已初具新式採金之常識，如基隆河砂金、苧仔潭一帶之礦床、九份山金脈之發見等，莫不出於此批外來客戶。最後，發見本地人因有固定之農事，而罕事採金時，已補救不及，應為失敗之二；闕名之《臺遊筆記》曾云：「基隆產煤甚旺，所出金砂亦佳。現在設局抽釐，招人淘洗。應招者粵東人甚多。……據箇中人云，章程尚有未善，以致驟難奏效〔註274〕。」是當時現象之一。

　　復次為天氣，砂金之淘洗，天氣是決定成敗因素之一。溪水暴漲，無法挖砂，工具亦無法固定，甚至連人流失；前述《筆記》又云：「加以基隆天雨之日多，溪水沖刷，不易為力。……基隆連日大雨，臺北天晴如常者往往有之。……故臺人有基隆雨、滬尾風、臺北日……之諺〔註275〕。」臺北府之清吏，焉有不知之理。唯初未計天氣與金之關係如此重要，更為失敗之三。

〔註274〕 闕名〈臺遊筆記〉見文叢二一六臺灣輿地彙鈔錄自小方壺齋輿地叢鈔。
〔註275〕 闕名〈臺遊筆記〉見文叢二一六臺灣輿地彙鈔錄自小方壺齋輿地叢鈔。

　　至於，設局之後，「貪賄、勒索」固利之所在，在所難免，祇是用人之當與不當而已，並非致命之原因。

　　金寶泉包瞨之成功，係由於民營性質，管理上自較完善。且五商之中，紳士所占之比例甚高，彼等之社會地位特殊，影響力大、盜採、不領牌之情形減低，收益從亦提高。並且，此種開放民營之好處，為利益所趨，較易發見新鑛區，如許文治之溯溪至平林、李家之登頂九份山以及大粗坑、小粗坑、金瓜石之發見，均為實例可舉。日人為著名之採金先進國，但其後對於漢人之善於發見新鑛藏，亦自歎弗如，是為後話，在此且不贅述。但仍值吾人今後資為金鑛山之運營參考。

　　至於邵友濂之巡撫臺灣，在任三年，史家歷來之批評，極貶、極低，甚至目為「苟且因循之人〔註276〕」，一反劉銘傳之所為云，實是受到劉銘傳魄力崇拜之一面倒影響，自始抱持主觀之看法以致，為極危險之錯覺。若由金鑛業方面論之，仍不失為一有所欲為官吏，但時際劉銘傳銳意經營所造成之民怨，正需稍加緩和之時，縱有計畫亦須考慮於環境，未敢肆意發揮，最後由於諸事之不能順暢進行，導致托疾不出、或屢表去意等，以避開面對現實，實為遭致後人痛加貶評之原因。

　　又次為胡傳，胡傳固為有心人，但官不在其位，人不謀其政，心有餘而力不足。至於蔣師轍所代表之意見，除本身確屬一名節自勵之士以外，可云反映出當時之世道人心，明哲保身；最好是臺灣不再有任何新之嘗試，應為真正之退縮與保守。迨及唐景崧繼邵之後，較之邵友濂，更無作為。最後，臺灣之有金，固對於北部地區，提供甚大繁榮，但已近金砂局之尾聲，欲振亦無從為力，於是拱手讓人。

〔註276〕郭廷以《臺灣的開發和現代化》見正中書局近代的臺灣民國六十六年發行。

明鄭之取金淡水、雞籠考

一、明鄭嗣王遣監紀陳福取金淡水

　　明永曆三十六年（1682），為清人攻臺之前年，是歲壬戌，康熙二十一年也。是年二月間，鄭氏嗣王克塽遣人取金淡水。此一行動為通自賜姓鄭成功，驅荷入臺以來，迄於三十七年（1683），因施琅之攻臺，明祚告終之間，亙二十三年，鄭氏首次預採金之行動，而屬大事之一。從而史事見於夏琳《海紀輯要》，以及另一名為《閩海紀要》之書〔註1〕。

　　此二書，前者出自原抄本分為三卷〔註2〕。後者來自連橫《臺灣詩薈》，而據獲書之序始末，亦言夏琳所撰〔註3〕。蓋二書之體裁，皆採編年、繫年、繫月，巨細靡遺。唯文字稍異一、二而已。二書之有關鄭氏採金之事，先是《海紀輯要》云：

〔註1〕按：夏琳字元斌，泉南人。泉南當指福建泉州南安，與鄭成功同里。參閱臺灣文獻叢刊提要一一種，頁9。二二種，頁14，見臺灣研究叢刊一一四種（以下稱研究叢刊）。

〔註2〕《海紀輯要》三卷，原抄本現存中央研究院歷史語言研究所，見臺灣文獻叢刊（以下稱文叢）二二種，頁14，周憲文弁言。

〔註3〕據〈臺灣詩薈原序〉云：「余居承天，延平郡王之東都也。……弱冠以來，發誓述作，遂成《臺灣通史》三十六卷。……筆削之間，搜求故籍，其載延平者，……皆實錄也。今乃復得《閩海紀要》，讀之狂喜；以為漢於不湮，此書其必顯矣。書為泉南夏元斌先生撰，而陳鐵香太史所藏者。起隆武元年，訖永曆三十七年；凡鄭氏三世之事，編年繫月，巨細靡遺；而尊延平，義如綱目，是正史也……因繕副本，付之梓人。」見文叢一一弁言。

　　壬戌，明永曆三十六年，春二月，遣監紀陳福往淡水取金〔註4〕。
是為此次取金行動之繫年與繫事。然則鄭氏自驅荷以來，開府東都，建一府
二縣，以奉明正朔，延其國祚，在臺亘二十三年，志存恢復。取金或採金，
雖一字之差，皆屬趨利之事，明代列為礦禁，而不屑為之〔註5〕。鄭氏此一
行動，其始末如何，則夏琳於文後之敍事云：

> 淡水通事李滄願取金自效，乃遣陳福偕宣毅鎮葉明同往。未至產金
> 之處，其土番執銳扼險以待，曰：「吾儕累世恃此為活，若漢人來
> 取，不特害生，且為受勞；不回，必決一死」。譯者以告，福等乃
> 引還〔註6〕。

此中大意之與他說不同，係言「未至產金之處」因無功而還。卻亦窺見「取」
金之目的地，係「產金所在」。

　　然而另一《閩海紀要》，卻分為上下二卷，凡內容亦若《輯要》相同。但
《輯要》之編年，係奉明正朔，始於隆武元年（1645）乙酉，迄於永曆三十
七年（1683）癸亥止。並於是年之閏六月，奉表請降之後文紀云：「奉永曆正
朔三十七年，至是降；而明朔亡」，見其書之成，係視為明之國史而書〔註7〕。
唯《閩海紀要》對於紀年一項，則始自「大清皇帝順治二年乙酉」，其別附
以「明隆武元年」，迄於「康熙二十二年癸亥」，再附以「明永曆三十七年」
云，成為正朔易位〔註8〕。至於採金，從亦繫事於「康熙二十一年壬戌春二
月」，下附明紀。次於文字，稍作修飾外，最大之出入為言：陳福一行，曾
「至產金之處」〔註9〕。至成同屬夏著之書，卻有一「至」，一「未至」之不
同說法。

　　對于《海紀輯要》與《閩海紀要》二書異同，前者係正本，而後者為明鄭

〔註4〕夏琳《海紀輯要》卷三壬戌永曆三十六年條，見文叢二二，頁72。
〔註5〕《明史》卷八十一食貨五坑冶之課云：「金銀、銅鐵、鉛汞、硃砂、青綠，而
　　　金銀礦最為民害。徐達下山東，近臣請開銀場。太祖謂銀場之弊，利於官者少，
　　　損於民者多，不可開。其後有請開陝州銀礦者，帝曰：「土地所產，有時而窮，
　　　歲課成額，徵銀而已。言利之臣，皆戕民之賊也。」由此，直至萬曆二十四年，
　　　張位秉政，前衛千戶仲春請開礦，位不能止。開採之端啟。見新校本，頁1970
　　　～1971。
〔註6〕夏琳《海紀輯要》卷三壬戌永曆三十六年條，見文叢二二，頁72。
〔註7〕夏琳《閩海紀要》卷之下；癸亥康熙二十二年，頁77，見文叢一一。
〔註8〕夏琳《海紀輯要》卷三壬戌永曆三十六年條，見文叢二十二；繫年。
〔註9〕夏琳《閩海紀要》卷之下；壬戌康熙二十一年條，頁72。

敗亡以後，易幟清朝，因基於政治考慮，所作之修訂本，學者已曾論及〔註10〕。

準此，書之內容既經修改校勘，取金之行亦由「未至」而到「至其地」，相去宵壤。唯繫年部分，仍維持舊本，實足以佐證取金之事，當以「三十六年壬戌」始為正確。

然而明鄭此一採金隊之遣派，其較夏著後出之《臺灣外記》。其書曾經學者方杰人之集各種版本互校，史料價值從而大增〔註11〕。取金行事卻繫年於明鄭敗亡之永曆三十七年（康熙二十二年）癸亥。敍事之緣由，首言係因劉國軒出汛澎湖，相地設險，集諸將商議戰守之策，第患糧餉不足，而公同啟於嗣王鄭克塽，克塽下六官會議。時馮錫范認為：「有土便有財」、「今內帑空虛，百僚蕭條，不取之民，將何以出」〔註12〕。因有採金之事云：

> 上淡水通事李滄獻策，取金裕國，安撫司林雲為之轉啟。克塽令錫范問滄取金情由，滄曰：「從上淡水坐番邦蚊甲（蚊甲、番小船名）向東而行，行至方浪、石灣，轉北而南，溯溪直進，此小路也，可取金沙。陸路當從卑南覓而入，內有強梁土番攔阻，須整師列隊，護而前行方可」。范允其議，啟塽。塽令監紀陳福、宣毅前鎮葉明統所部，護衛入番取金。明等至卑南覓社，見土番剌身箍肚，硬弓操鏢，扼險以守不得前進。即驅其土魁繞別路，到力踞社，連殺數番，亦不肯指出其出金之處，無奈引還〔註13〕。

概見採金之行，在此係主張曾至其地，無奈「土魁」不肯說出「出金」之具體所在。至於地點，採金路線，若再涉獵較後之志書，更屬說法多歧。

由此，以多方面言之，取金、採金之事，毋論成功與否：史事均一。夏琳所紀之取金者；人為陳福與葉明，時在永曆三十六年（康熙二十一年）壬戌二月，地在淡水、雞籠。江日昇之言採金者：人亦為陳福與葉明，時間卻在永曆三十七年（康熙二十二年）癸亥五月，地卻東部哆囉滿；唯陸路須由卑南覓而進。即明鄭之遣人採金，寧匪曾有二次，一取一採，而皆功敗垂成歟？

〔註10〕夏琳《閩海紀要》卷之下；周弁言，並註一「提要」參閱。

〔註11〕見同註1，「提要」，頁31，文叢六〇《臺灣外記》。

〔註12〕江日昇《臺灣外記》卷之九，康熙二十二年癸亥（附永曆三十七年）五月，頁408參閱。

〔註13〕同上《外記》後文。

二、後世修志對史事之「時、地、人、事」二說並存

對於前引三書之言：明鄭「取金淡水」，事在三百年前，而臺灣自草萊之始，則相傳「地有金砂」，一度且被荷、西二國，殖民此間。若荷蘭臺灣商館，在其殖民期間亦先後致力於東臺灣產金地，從事探金工作，以期到達傳說中「富於金沙」之村落，或哆囉滿所在〔註14〕。鄭氏在國家窮蹙之際，採金裕餉，亦貨惡其棄於地也，為濟時之策，原為常事。無奈，臺灣在明鄭時期，北部之淡水、雞籠，以地遠而棄若甌脫〔註15〕。次及清有臺灣，所轄沿襲明鄭舊壤，亦只府治百餘里。餘如鳳山之南，諸羅之北，皆毒惡瘴地〔註16〕。上淡水、雞籠一隅，經營更加消極。迨及康熙中末葉，移民入墾而越大甲溪之北，始趨而行番漢貿易，雜耕番地，為闢地之先聲；並成臺灣區域歷史之始〔註17〕。

但事情距今既久，時光難於倒轉，遺佚之書，出現亦難。口碑之相傳，文字之傳抄，亦以潤飾、修改，陷於天真。事件之發生，既在區域史之初代，志書之修，未能避而不提，以致胸臆兼採，掙揣苟用，或異說並存云，此中之最者，若明鄭採金上淡水、雞籠、或哆囉滿之事，更見於後代數種方志。

蓋鄭氏固遣人採金，次數既無法明朗，史事失真。地點未見確實，則關乎地理之訛傳。況如後之《諸羅縣志》而言，雖亦提及此事於《外記》，採金者卻別有「陳廷輝」其人，寧匪事極昧諳〔註18〕。

進而由此舊籍之紀述不同，後之引用，至亦產金取捨皆難之事。此中，先就「淡水、雞籠」而言，區域範圍屢改，後為今之臺北縣。從而《臺北縣志》卷一〈大事記〉，永曆三十六年壬戌條云：

> 秋八月，雞籠「土番」反，克塽命宣毅鎮葉明討平之……。是月，雞籠山大疫，鄭軍汛守官兵死者過半……。鄭克塽遣官陳廷輝，往

〔註14〕參閱中村孝志〈十七世紀荷蘭人在臺灣的探金事業〉。許粵華譯本，曹永和訂正，見研究叢刊四四種。又賴永祥、王瑞徵譯本，見《臺灣史研究初集》。

〔註15〕按明鄭時：以赤崁為東都明京，轄一府二縣。府為承天，縣為天興、萬年，見前引《海紀輯要》卷一永曆十六年二月條，頁29。至於北路即至三十六年，始置安撫司，見連橫《臺灣通史》卷六職官志，原刊本，頁168。

〔註16〕藍鼎元《平臺紀略》云：「前此臺灣，止府治百餘里，鳳山，諸羅皆毒惡瘴地，令其邑者尚不敢至……。」見文叢十四，頁30。

〔註17〕又同上書云：「今則南盡郎嬌；北窮淡水、雞籠以上千五百里，人民趨若鶩矣，……雖屬禁不能使止也。」頁30。

〔註18〕周鍾瑄《諸羅縣志》卷十二雜記志，外紀。文叢一四一，頁300。並參校成文臺方志七原刊景印本。

淡水採金〔註19〕。

另外，在此正文之下，註有史料之說與出處，以備存考。但此志又於三十七年癸亥條云：

夏五月，淡水通事李滄請採金以裕軍餉，乃命監紀陳福往淡水，宣毅前鎮葉明率所部為衛，行未至卑南覓社，「土番」伏莽以待，曰：「吾儕以此為活，唐人來取，必決死戰。」福不敢進，遂罷……〔註20〕。

如此，明鄭之採金，係主張其地在「淡水」一帶。至於次數，看似兩次。唯於後條之下，並註《閩海紀要》三十六年之說，成為「從舊說兩列之」成為存疑！

其次，鄭氏之採金，如前述《諸羅縣志》曾引陳小厓〈外紀〉，紀採金之事〔註21〕。次及雍正間，尹士俍著《臺灣志略》，於言「哆囉滿產金」之文後，再接陳小厓〈外紀〉，成為二事合一。並被後之修志者用為依據〔註22〕。如駱香林《花蓮縣志》卷一〈大事記〉，乃於永曆三十六年條云：

鄭克塽遣陳進（廷）輝（輝）至哆囉滿（花蓮）採金〔註23〕。

如此，採金地之移至哆囉滿，亦毋異主張採金地係在古代之哆囉滿；今擢其黎一帶〔註24〕。至於三十七年條亦云：

上淡水通事李滄獻策，取金裕國，鄭克塽令監紀陳福等至卑南（臺東）採金〔註25〕。

比較資料，似採自《臺灣外記》《海上事略》為此紀事。但未及夏琳之著，因成為眾說紛紜。

上引《縣志》既此，然則上一級之《臺灣省通志》又將如何？《省通志》對於採金之繫年，其永曆三十六條云：

是年，鄭克塽遣官往哆囉滿採金〔註26〕。

〔註19〕盛清沂總纂《臺北縣志》卷一大事記第一章開闢時期，頁170。
〔註20〕盛清沂總纂《臺北縣志》卷一大事記第一章開闢時期，頁170。
〔註21〕同註18《諸羅志》。
〔註22〕按尹士俍《臺灣志略》；文見范咸《重修臺灣府志》卷十二物產附考，見中華書局景印，臺灣府志三種，頁2261。
〔註23〕苗允豐纂修《花蓮縣志》卷一大事記，頁5。永曆三十六年條。按《花蓮志》：陳廷輝，作陳「進輝」誤。
〔註24〕按哆囉滿之地理考證，請參閱另文「臺灣之產金傳說與志書之擷取」三。
〔註25〕同註23《花蓮志》。
〔註26〕盛清沂等纂修《臺灣省通志卷首大事記》。原刊，頁35上。

然后，並以小字附註，意謂史料係據《諸羅縣志》。至於釋地則言「哆囉滿在今花蓮境內」〔註27〕。次之三十七年條，係取《臺北縣志》之說逶入，捨卻附註而已〔註28〕。

志書之修既此。至如學者著述，張菼《鄭經、鄭克塽紀事》，即繫事於「三十六年」云：

　　二月，遣監紀陳福，……採金於淡水哆囉滿社〔註29〕。

其下且云：

　　哆囉滿，今臺北縣之瑞芳鎮，沙金產地也〔註30〕。

並附有所據史料之來源，主張一次，卻未說明取捨緣由。

由此觀之，鄭氏採金，帶與今世史學同仁之困惑，毋論先進後生，可云甚泛。至於取捨時之痛苦，其如個人亦曾為此而困蒙難解，至數萌求為考證，藉以找出真象念頭。從而下文且從現存其他同期之記載，斷簡輯佚，試求下手。

三、從佚書《海上事略》對採金史事之探討

明鄭嗣王遣人採金事，除前面夏著、江著以外，又有二書亦見與前相類近之記載：其一為佚名《海上事略》，其二為陳小厓〈外紀〉。無奈此二書之紀述，並非出於傳本，而皆屬於他書之引用。《海上事略》見於黃叔璥《臺海使槎錄》卷六番俗六考〔註31〕。因未署撰者名字。後者〈外紀〉，內容數見《諸羅縣志》卷十二雜記門之引用，引時俱云：「陳小厓〈外紀〉」。其人考之《諸羅縣志》凡例，亦知其名陳峻而已，餘皆失詳〔註32〕。甚至，書名亦未錄於乾隆十二年（1747），范咸《重修臺灣府志》雜著之列〔註33〕。概見其書在康熙末葉《諸羅縣志》與《臺海使槎錄》成書之後，俱失傳本。

〔註27〕按：《諸羅志》引「外紀」云：「……陳廷輝，往淡水、雞籠采金」。未言「哆囉滿」。
〔註28〕內文見註20引文。
〔註29〕張菼《鄭經鄭克塽紀事》永曆皇帝三十六年條，見研究叢刊八十六種，頁148。
〔註30〕張菼《鄭經鄭克塽紀事》永曆皇帝三十六年條，見研究叢刊八十六種，頁148。
〔註31〕黃叔璥〈番俗六考〉見乾隆元年序原刊《臺海使槎錄》。又，《海上事略》，見同上卷七附載引用。未署撰者。據成文出版社方志叢刊臺四十七原刊景印本，頁326。又參照文叢四，頁139。
〔註32〕按陳小厓〈外紀〉《諸羅縣志》數引其著。其名則凡例有云：「風俗、物產、雜記，郡志之外，採諸寓賢沈君光文〈雜記〉，海澂陳君峻〈外紀〉，益以耳目睹聞」，見文叢一四一，頁8。
〔註33〕按范咸《重修府志》卷十九雜記亦未見存目，見原刊景印二三九五以次。

然而此二失傳之書，對於明鄭之採金，先是《海上事略》首從地理之介紹而言之甚詳，從而或可稍解此中問題。《海上事略》云：

> 雞籠山土著，種類繁多，秉質驍勇，概居山谷。按其山川則形勝奇秀，論其土地則千里饒沃，溪澗深遠，足以設立州縣；惟少人工居址，荒蕪未闢，皆為鳥獸蛇龍之窟。惜哉〔註34〕！

由此嘆惜而論山川形勢，認為「足以設立州縣」，「土地……沃饒，溪澗深遠」之描寫，所指無疑三朝溪，或內港北溪上游隩區之形容〔註35〕。

然后，於次緊接上文，轉提及採金之事云：

> 偽鄭時，上淡水通事李滄愿取金自效，希受一職。偽監紀陳福偕行到澹水，率宣毅鎮兵並附近土著，未至卑南覓社，土番伏莽以待曰：「吾儕以此為活，唐人來取，必決死戰！」福不敢進；回至半途，遇彼地土番泛舟別販，福率兵攻之，獲金二百餘，并繫其魁，令引路，刀鋸臨之，終不從〔註36〕。

此一文字，成書背景無從瞭解，為美中之不足者。然是書能為黃叔璥以及後之志書所引用，其可信度，應高於《臺灣外記》以上。至於史料來源，看似同出《外記》一本，述事卻較為存真。

蓋《事略》對予陳福一行之取金，紀述之法，係兼顧地理位置，而於前面首介雞籠山之地理形勢，以及其間土著族之梗概。次文始提及上淡水通事李滄之建言官方，用辭亦不若《外記》之言「獻策」，「取金裕國」等，詞藻浮華。實事敘述：李滄係以「通事」之身份，欲藉其能影響及於「土番」為政治資本。次則洩露產金地之秘密，圖謀進身階梯，更上一層。但產金所在卻操在原住民勢力範圍，其人不惜以生命代價，世守其密。至於內容，李滄亦非有十足之自信，所在亦十分含糊，如由淡水出發，而「未至卑南覓社」一語，已顯出矛盾。概見，李滄所知之產金地，仍係來自平日從「通事」生涯中，口傳之累積，認為淡水以北，定有一產金所在。然后，再藉官方之武力加壓於原住民，進行征服掠奪，或可達成目的，論其實質仍離不開心存僥倖之「投機心態」，向官府自薦。

〔註34〕見註31，原刊，頁329。
〔註35〕陳培桂《淡水廳志》卷二封域山川內港二大溪北溪條：「北溪，其源出三貂山芊仔潭，……北西至關渡，計百二十餘里。」見文叢一二七，頁35。並參閱唐羽《清代基隆河流域移墾史之探討》，見臺北文獻直字九〇、九十一等期。
〔註36〕見註31，原刊，頁329。

　　至於「土著」此種不合作之行為，實出李滄意外。蓋此種原始行為之守口如瓶，試論之，如《諸羅縣志》之言產金地事云：「雖脅之，寧死不以告也。」已為此中積極性代表〔註37〕。再如稍後之季麒光所言；三朝溪後山之金云：「番人拾金在手，則雷鳴於上。」，係運用「番咒」，當可視為消極性代表〔註38〕。

　　準此，陳福一行所遭遇者，自屬積極性事例，「土番」先是藉武力以為保護，次則不惜以生命之代價，達成守密之最后目的。

　　其次，前引文字之述採金行動云：「未至卑南覓社」。另外，在《臺灣外記》中，亦有「（葉）明等行至卑南覓社」一語。從而毋論「至」或「未至」，卑南覓為當時行動，交通所必經，為此中之常理。例如：林朝棨於其著〈臺灣之金〉，則據伊能嘉矩之說而言時之路線係：

　　　　溯南路之隘寮溪（東港溪上流），橫斷中央山脈而進，下呂家溪，到卑
　　　　南覓，將求哆囉之地，終不能到達目的地而返〔註39〕。

此一說法，毋異指出採金之目的地在哆囉滿，而中途因取陸路而須經卑南覓。

　　《臺灣外記》為明鄭敗亡以後之出，已毋需贅述。至于《海上事略》，雖未詳撰人，但書事之言鄭氏為「偽鄭」，已說明著述在康熙領臺之後。準此，後山東臺灣番社之方位分布，其大略為：「中曰秀姑巒、北曰歧萊、南曰卑南覓」，不但為後人論定〔註40〕；康熙三十四年（1695），高拱乾《臺灣府志》付諸刊刻。此志不但於封域鳳山縣，山之目云：

　　　　治之東，其山之最高聳者，曰：傀儡山……，曰：卑南覓山（在傀儡
　　　　山東，卑南覓社即在此山之後……）〔註41〕。

敘山而附註亦詳。次於諸羅縣山之目亦云：

　　　　諸羅之山，……有買豬末山（在山朝山南，其峰尖秀如文筆山形，南即哆囉

〔註37〕前揭註十八《諸羅志》雜記志，外紀云：「或云：內山深處有金山，人莫知所
　　　　在。或云；番世相囑，不令外人知；雖脅之，寧死不以告也。」頁300。
〔註38〕季麒光《臺灣雜記》見龍威秘書刊刻，成文方志叢刊四十五原刊景印，頁30，
　　　　並文叢二一六《臺灣輿地彙鈔》，頁1，錄自清王錫祺「小方壺齋輿地叢鈔」
　　　　第九帙，並參考《臺灣詩薈》第三號增補。
〔註39〕林朝棨〈臺灣之金礦業〉三之（一）滿清統治以前之東臺灣金礦業，見臺灣特
　　　　產叢刊六種〈臺灣之金〉，頁26。
〔註40〕方濬頤〈臺灣地勢番情紀略〉，見文叢三〇八《臺灣海防並開山日記》，頁73。
　　　　並見臺灣文化志中卷，頁703。
〔註41〕高拱乾《臺灣府志》卷一封域，見原刊景印，頁418。據中華書局府志三種合
　　　　印本。

滿社，北即山朝社，三日路程）。〔註42〕

如此，敘述卑南覓在後山之南方，哆囉滿在後山之北方以外。卷首所附〈臺灣府輿圖〉乙幅，對於「卑南覓」與「哆囉滿」之部分，又標明文字特明〔註43〕。次及康熙五十六年（1717）《諸羅縣志》、五十九年（1720）《鳳山縣志》，亦均有相同地理之記載〔註44〕。

唯《海上事略》在紀事「脅番」之後，又紀有似出「番」之現場「口述」，以及加上撰者若臆測性成分之語氣：

> 按出金乃臺灣山後，其地土番皆倮儸種類，未入聲教，人跡稀到。自上淡水乘蟒甲，從西徂東，返而自北而南，溯溪而進，匝月方到。其出金之水流，從山後之東海，與此溪無與。其地山枯水冷，巉巖峻峭，洩水下溪，直至返流之處，住有金沙。土番善泅者，從水底取之，如小豆粒巨細，藏之竹籠，或秘之瓿甄，間出交易。彼地人雖能到，不服水土，生還者無幾〔註45〕。

由此產金地之臆測，以及交通路線之明言係須由「上淡水乘蟒甲」出發，「從西阻東」，進而「自北而南」。再以後世之地圖證之，實為取道基隆港灣向東而行，然后於越過鼻頭角後，沿東海岸而南行。準此，數日後已先抵達哆囉滿，又何以須經卑南覓，或迂迴卑南覓，再求哆囉滿之地哉〔註46〕！《海上事略》紀事此段，似來自「土魁」口誦之實在記錄云，由此交通路線之矛盾、失實，已見端倪。

四、從原住民關係與《事略》之說論採金位置

前述《海上事略》，對于得自口誦之事，雖極不實，然而從中細加分析，其內容卻亦存真。蓋不實之說，係來自當時之原住民，為保守產金之秘密而

〔註42〕 同上原刊景印，頁422。

〔註43〕 見同上卷前〈臺灣府總圖〉，頁365。

〔註44〕 （一）前引《諸羅志》卷一封域山川：「山朝山，……東南為蛤仔難山，南為黑沙晃山、崇文山。又南為鳳山之卑南覓山，東漸於海」，頁11。（二）陳文達《鳳山縣志》卷之一封域山川：「邑治之山，……又北，而為卑南山（有社曰卑南覓社）；則與諸羅之崇文山相界。邑治山後之山，至此而止焉。」見文叢一二四，頁7。

〔註45〕 同註31，原刊景印，頁330。

〔註46〕 按沈光文〈臺灣序〉等云：「一日至三朝社，三日至蛤仔難，三日至哆囉滿，三日至直腳宣。」見臺灣文獻季刊第十二卷第二期盛成沈光文研究，頁33。概見哆囉滿已到，而卑南覓又未及也。

故意含糊其詞，使其若虛若實。但在口誦過程中，仍漏出破綻，可引導吾人解開陳福一行，當時究竟係至何地採金，而與「土番」衝突。蓋如上文所言，李滄對于產金所在，並非十足把握，行動自必秘密而迅速進行，以免引起對方提防在先。毋奈，消息已較前一步，傳到原住民所在。由此論之，從雞籠到哆囉滿，艤舟尚須數日，而採金隊抵達時，對方卻已「伏莽以待」。此種消息之傳遞速度，由當時之土著係各據聚落為社，而不相統屬，彼此之間，又何以肯施援手哉！從而唯一之可能，當以同族群之關係，出現之機會較多。準此，臺灣之平地原住民分布，自淡水以北，迄於雞籠、三貂社，皆為凱達格蘭（Ketagalan）一族之分布，具備共祖關係〔註47〕。從而消息由靠近鄭軍所在之「土番」，迅速口傳至出金地同胄族人，預作準備，應較為具體。如此，採金隊遇「伏莽」所在，實不出後世之淡水廳範圍，地距雞籠不遠，且同樣為產金之地〔註48〕。

筆者此一假設，並非殆出臆測，而是前述《海上事略》之引文中，在敍述往東岸之交通路線與出金處時有：「其出金之水流，從山後之東海，與此溪無與。其地山枯水冷。巉巖峻峭，洩水下溪，直至返流之處，住有金沙」云。由此一描寫之景觀，不難認出地係東海岸，屬哆囉滿範圍之清水斷崖與太魯閣峽谷之形勢。至于最后三句描寫金沙溪之狀況，若由後世外人達維得遜（W. Davidson）《臺灣之過去與現在》於敍述臺灣之金時，已言臺灣之「番人」，得金方法有二種，其一係據十八世紀權威學者之著述「臺灣之豐富的

〔註47〕據（一）《臺灣省通志》卷八同胄志〈平埔族聚落對照表〉自臺北平原以北迄於三貂一帶，皆為凱達咯蘭族之分布，見原刊十冊，頁26。（二）《巴達維亞城日記》譯本卷三，頁263，中村校 Basayers 人條註云：「其人為居住於三貂角迄於基隆、淡水沿岸之民族。彼等之祖先來自臺灣東方海上之島，經紅頭嶼（蘭嶼）、火燒島而到達臺灣東海岸中南部定居（構成雅美族之一部分），一部分繼續北上，定居於噶瑪蘭云：以指出其所經路線與傳承。又據淺井惠倫教授之說，宜蘭平原之蛤仔蘭語與基隆、淡水之 Basayers 語為同系，只有方言之差異（淺井臺灣言語學十三頁）。（三）日石坂莊作《基隆港》引平埔口碑云：「吾族原住隔海島嶼 Sauasay 之地，因出海捕魚遇風，其中二船漂至臺灣北部金包里海岸。因其地荒蕪，不適於生活，而轉入基隆地方，又因該地缺乏清水，再次回航至雙溪河口（即三貂堡舊社）而建立キブアノワン社，此為數百年前之事。其後子孫繁衍，一分遠望坑，一住福隆，一居南子吝，而形成三貂四社。後來，子孫再次增加達於千餘口，其中乃遷居今之基隆建立大雞籠社，以及金包里社。」如此，其後之一支又沿海到達淡水港口，而雞籠之一支亦沿基隆河而到達臺北，遂佔有臺北平原，見成文景印臺方志二一一，頁2。

〔註48〕參閱唐羽〈三朝溪與金山地理考釋〉，見史聯雜誌第十五期臺灣史事瑣論。

金礦」而云：「八月間大雨，將難以置信數量之金掃下來，落入預先掘好，山腳之坑裏，住民然后將水去乾，由坑取出礦砂」〔註49〕。可佐證實指此間之事，而與《事略》之說吻合。然則文中最重要之「與此溪無與」，此一指述二條溪流之句，首字之「與」為連接詞，下面「無與」之「與」，似為形容詞解。其字應讀上聲，音「予」〔註50〕。其義為「同」也〔註51〕。「并」也〔註52〕。「類」也〔註53〕。又，「共通點」也〔註54〕。猶「比」也〔註55〕。「共」也〔註56〕。從而上加「無」字，成為「無與」解釋，其義亦則不相同，不同一類，不一樣，無共通，不能相比等蓄意。從而全句之大意，愚以為當作：「山後有金那一條溪流，是從山後之東海（岸），與（和）此（這）一條溪流（是）『不相同』（的）。那裏是山枯水冷……」是為此中隱伏之破綻〔註57〕。

　　另外一種得金之法，達維得遜雖未言說法成立之年代，卻言：「生番由宜蘭地區水溝中『汲』出金（大約是洗沙金）。然后，將金熔化成為金條。」亦不知所用事〔註58〕。由此，《海上事略》上面，「土番」所指之「此溪」，無論產金地形、採金方法、環境景觀、住民分布，皆與東海岸產金河流之情形不同，已歷然在目。

　　其次，上述「生番由……水溝中汲出金沙」加以淘洗，達維得遜之書，雖言係「宜蘭地區」為古代之蛤仔難。其實，蛤仔難地區雖亦有產金之事，

〔註49〕 W. Dauidson《臺灣之過去與現在》第二十六章〈臺灣之金〉，引 Ogilby's Atlas Chinensis London MDCLXXI，見臺灣研究叢刊一〇七，頁322。

〔註50〕 與：《廣韻》：「余呂切」。《集韻》：韻會：「演女切」。《正韻》：「七渚切」；音予，語上聲。

〔註51〕 《孟子離婁》下云：「諸君子皆與驩言」。又《史記》卷二夏本紀：「令益予眾庶稻，可種卑溼」。索隱：「與，謂同與之與」，見新校本，頁51。

〔註52〕 《公羊傳》襄二十九年：「與季子同母者四，季子弱而才。」與又并也。

〔註53〕 《國語》卷三〈周語下〉劉文公與長弘欲城周條云：「夫禮之立成者為飫，昭明大節而已，少典與焉。」校注「與，類也」，見九思出版本，頁145。

〔註54〕 《莊子》卷二養生主第三，頁3云：「人之貌有與也」。注：兩足共行曰有與，見四部備要。

〔註55〕 李商隱送從翁從東川弘農尚書幕詩云：「甘心與陳阮，揮手謝松喬」。與，猶比也，見《玉谿生詩集箋注》，並詩詞曲語辭典。

〔註56〕 蘇軾去金山五年復至詩云：「清風偶與山阿曲，明月聊隨屋角方」。與，猶共也，見《蘇東坡全集》卷十。河洛出版，頁157。

〔註57〕 按「與此溪無與」之句。係從《臺海使槎錄》乾隆元年序刊本，文叢四，排印本。其餘如文叢一〇五《范志》，一二一《余志》、一六〇《噶瑪蘭廳志》，皆作「無異」，誤。

〔註58〕 同註49《臺灣之過去與現在》，頁321。

見於舊文獻，然亦說法紛紜，非屬定論。至於後世而言，宜蘭地區之金，皆不具經濟價值，更遑論古代則有豐富之產金〔註59〕。因而從產量、金質、品位，以及第二種得金之方法印證，「此溪」似指基隆金山周圍數條含金河流屬之，然則此一河流所，亦則陳福之採金隊一行，遇到「土番」，「伏莽以待」之處。

五、從早期中外著述探討臺灣北部之出金

永曆三十六年（1682）二月，明鄭之遣人取金上淡水，既由《海上事略》之迂迴探討，考證出取金地係在雞籠附近，而不及東海岸之哆囉滿或卑南覓。然則，臺灣北部在康熙以前，概括明鄭，荷、西時期，是否曾有產金所在，或產金傳說見於紀述。不妨且從西班牙人入據雞籠之後，稍作試述，瞭解梗概。

崇禎十五年（1642），占據臺灣南部之荷蘭人，為找尋傳說中之金礦，派兵包圍雞籠之西班牙城砦，西人不敵投降，遂據有雞籠。但在荷人將欲出兵之同年一月間，曾自一名由淡水南下至臺窩灣荷蘭商館之淡水人口中，獲知產金地之消息，見於《巴達維亞城日記》一六四二年一月條云：

> 在距離淡水約一日半之 Cauwlangh 地方，有多數人日日在河岸搜出
> 相當數量之露出金（airgoudt）以及砂金。同村之住民，懷有多數此
> 種金屬，將之珍藏。而村人又將之打成薄狀之金（如臺灣東海岸之
> 人相同），懸掛於頸上，或插於頭髮。但西班牙人且不用說，就連中
> 國人亦不被允許接近彼等村莊附近。西班牙人雖試動用武力和其他
> 方法，欲行進入，終亦不能達成〔註60〕。

以上，為雞籠附近有出金地之紀述。次則提及：村民對西班牙人、漢人，均採嚴密之措施。不但守密，且不允許彼等進入其附近。至於較詳之交通路線與概略之位置，前述淡水人亦向荷人提出：

> 臺灣之東北角有一河，如採用戎克船（按：中國帆船）溯行而上，
> 可抵達富於黃金之村落〔註61〕。

〔註59〕（一）同註39，〈臺灣之金〉；林著〈臺灣之金礦床〉六，頁 14。（二）唐羽
《臺灣採金七百年》，頁 262，一、武著坑太白山與蕃薯山一帶之金礦參閱。
〔註60〕據村上直次郎譯中村孝志校《巴達維亞城日誌》卷二，頁 201，見東洋文庫二
七一。
〔註61〕據村上直次郎譯中村孝志校《巴達維亞城日誌》卷二，頁 202。

當時之荷蘭臺灣長官為杜拉第紐斯（Traudenius）〔註62〕。但荷人對于此一報告，認為「殊不可信」；因為提供報告之淡水人又自聲明：「將於四月間，導荷人至該地指出場所」荷人卻認為如若商人白哥（Peeo）（按：中國硫磺商人）肯為此行提供一艘戎克船以及探險用具，則當為之進行〔註63〕。其實，當時之杜拉第紐斯，因將於一月十六日，親自率隊前往東臺灣之卑南覓，處理一件商務員採金被殺事件，因而表示將由東海岸取道北上，至此村落〔註64〕。其次，臺灣北部尚在西班牙人勢力下，亦為主要原因。

然則在此所謂「東北角一河」，攤開古今地圖披閱，首映人眼簾者，實為三朝溪莫屬。至於地點之作 Cauwlangh 地方，或認為蛤仔蘭地方，或高籠地方，由於所指祇是概略方位而已，並非十分具體〔註65〕。

其次，荷人在據臺至永曆十四年（1660）；明鄭驅荷之前，以東印度公司之一士兵身分，前來臺灣服役之瑞士人亞伯爾赫勃（Albrecht Herport）所著《臺灣旅行記》之著有〈臺灣的土人〉一節，提及臺灣北部原住民與其他外人所作交易之情形時，曾詳細紀述：在臺灣北部山中，有一種未知名之土人，常於每年到某一地方二次。然後帶金沙及未精鍊之黃金，放於某一地方與漢人以及荷蘭人，進行沈默貿易（Silent trade）〔註66〕。此中，最重要之處，亦即提及境之地理云：

〔註62〕據同上書卷一中村註云：Paulus Traudenius，一六二九年以來於臺灣、廣南、中國海岸等任商務員。四〇至四三年任臺灣長官。任內以其所主持探金費用付出過大，後被召回巴城受調查，死於四三年七月，見頁111。

〔註63〕同註62，卷二，頁202。按：白哥曾於淡水從事硫磺貿易。但同上書卷二，頁128，一六四一年。

〔註64〕據村上直次郎譯中村孝志校《巴達維亞城日誌》卷二，頁202。又商務員衛西林因備東部探金工作，於學習土著語言中，與其從人二人被殺於卑南覓，參見同上書及一四三，一六四一年十二月條。並註十四《探金事業》第三章，第二節探金事業的進展。

〔註65〕按臺灣之北部以次為臺灣之後山，此一後山之界限，如姚瑩《東槎紀略》卷三〈臺北道里記〉云：「自郡至艋舺，皆北行。由艋舺以上，乃東北行。……入山，沿山屈曲；其港水自三貂內山出，……水返腳者，臺境北路至此而盡，山海折轉，而東出臺灣山後，故名。」見文叢七，頁90。其次，三貂與蛤仔蘭地方，若由註四十七之原住民共祖關係論之，古代之區域界線，並未十分明顯。至今三貂地方之居民，仍有自承為後山人，而與宜蘭平原居民認同地緣關係。

〔註66〕按：「此種交易方法，為原始時代流行之一種極純樸交易型態，通常稱之為『沈默貿易』，今之原住民雖已未見此種型態之交易在進行。但在三百年前之臺灣東北部，卻流行此種交易之方法。」節自註十四中村《探金事業》第四章。又按：此種交易方式，日據時期，仍傳於口碑。

在離海邊不遠的一個小島上，荷蘭人有個要塞，其中住著武力很強的守備隊；那要塞叫做 Gilang（註：雞籠），是以前西班牙人所造的。西班牙人也和山上的土人交易，後來這個要塞為荷蘭人所奪取〔註67〕。

此一後段之文字，所指顯然已表明「地點」在雞籠附近之山中。因為「小島上」之有「要塞」，更非荷蘭人奪自西班牙人之雞籠城莫屬〔註68〕。

又次永曆二十四年（1670）；奉其公司之命，來臺與鄭氏交涉中英通商之英人克拉斯勃（Ellis Crisp），抵臺後於十月間寄與其上司，英東印度公司班丹（Bantam）分司經理，及議會報告之一節，亦提及臺灣產金之事云：「在雞籠附近之 Cabaran 地方，有土人在採金。漢人不能向其問明在何處採之，土人攜金下山，常祇攜足以買必需品之數量，其餘金子，悉行藏匿。如漢人加以強迫，則逃入山中〔註69〕。」由此報告之紀述，加入地緣而推論。「攜金下山」之「土人」，與其認為來自 Cabaran 毋寧認為來自「溪澗深遠」之「附近山中」，更為合理。

引用至此，則雞籠附近之山中，是否有金，不妨引用一次國人季麒光〈臺灣雜記〉之說，作為一小結：

金山，在雞籠三朝溪後山，主產金，有大如拳者，有長如尺者，有圓扁如石子者，番人拾金在手，則雷鳴於上，棄之則止。小者，亦間有取出。山下水中，水邊碎如屑〔註70〕。

此一紀事之撰者，為首任諸羅知縣，來臺於康熙二十三年（1684），其餘之說，自可從略〔註71〕。

六、從明鄭經營雞籠之消長探討人際關係

明鄭嗣王鄭克塽之遣人取金，其地係在臺灣北部山中、而不及哆囉滿或

〔註67〕 Albcrecht Herpert《臺灣旅行記》：臺灣島的土人，見臺灣經濟史三集，頁115。臺灣研究叢刊三十四種。周學普譯本。

〔註68〕 同註61，《臺海使槎錄》卷一〈赤崁筆談〉形勢云：「自澹水經楓仔嶼嶺，上下十里。過港至雞籠，山高多石，山下即雞籠社。稍進為雞籠港，……港口有紅毛石城」。並參閱《諸羅志》卷七兵防志：水師防汛，雞籠城條，見文叢一四一，頁124。

〔註69〕 據《十七世紀臺灣英國貿易史料》，頁28譯文。並參閱頁139附原文，見臺灣研究叢刊第五十七種。

〔註70〕 同註38。

〔註71〕 季麒光，無錫人，在任踰年，首創有臺灣郡志，未及終編以憂去，見《諸羅志》卷三列傳，文叢一四一，頁49。

卑南覓，由前面數章之探討與分析內容，大致已看出輪廓，至于定位。今就史料而言，係繫事於三十六年（1682）壬戌。但若成書於明鄭投降以後之《臺灣外記》，卻繫事於三十七年（1683）癸亥五月，成為相差一年餘月。然則不同之說，抑或相同人事，而曾有二次之行動歟？如欲解開答案，如從雞籠之設防進行探討，信其不難獲得較具合理之答案。

　　初明鄭之收復臺灣，兵圍荷城熱蘭遮，係自永曆十五年（1661）四月初二日，登陸臺灣后，先陷普羅凡蒂亞城砦，於次月初二日，就城建立承天府後三日，命驍騎鎮馬信築長圍以困而始〔註72〕。從而由是年四月迄於十二月二十四日，荷蘭臺灣長官揆一（Coyett），獻城迎降，率餘眾返回巴達維亞，始結束東印度公司在臺灣之殖民〔註73〕。但就北部之雞籠而言，因揆一之後任克倫克（Clenck），由巴達維亞率艦北來欲增援荷軍接職視事，於七月十八日（陽曆八月十二日）駛抵臺灣，已知臺灣正陷明軍之手，而熱蘭遮被圍。克倫克遂駛澎湖，將遁日本，途次船靠雞籠。雞籠之荷人太守，亦認為無法抵抗明軍，因而撤退全部戍衛軍，搭克倫克之坐船，離開臺灣北部〔註74〕。其后，明鄭雖於揆一在是年年終獻城后，擁有全島，經營仍未及雞籠。由此，次及永曆十八年（1664）六月十二日（陽曆），雞籠一地復為荷人派兵占據，藉以為進行清、荷貿易之據點〔註75〕。據至二十二年（1668）十二月，由於預期之業績不振，再次撤離〔註76〕。

　　明鄭對於雞籠之經營，如此既置若荒外，自未設官置戍〔註77〕。但及三十四年（1680）十月，因傳清師欲將此飛渡攻臺，乃命林陞北巡，並毀城砦〔註78〕。又經一年（1681）十月，又以「淡水與福州相對，天色清明，山勢

〔註72〕據張菼《鄭成功紀事編年》:〈明永曆十五年五月初二日〉條，見臺灣研究叢刊第七十九種，頁136。

〔註73〕據張菼《鄭成功紀事編年》:〈明永曆十五年五月初二日〉條，見臺灣研究叢刊第七十九種，頁142。

〔註74〕（一）據 C.E.S《被遺誤之臺灣》下卷，頁73，見《臺灣經濟史》三集，周學普中譯本。Clonck 到達 Tayouan 條。（二）Riess《臺灣島史》第九章，頁22：雞籠城之撤退。

〔註75〕同註60，《巴達維亞城日誌》卷三，頁339，一六六四年六月條。

〔註76〕同上書一六六八年七月至十二月各條，頁361～364。

〔註77〕按同註31《使槎錄》卷四〈赤崁筆談〉引《海上事略》云：「雞籠（城）係海嶼，……其澳堪泊百餘艘。先時呂宋化人裔占據此城，與土番貿易；……棄去。後紅毛及鄭國姓據臺灣，皆不守。」成文景印，頁203。

〔註78〕夏琳《海紀輯要》卷三永曆三十四年冬十月條，見文叢二十二，頁65。又《閩

可以望見。恐清師從此潛渡」。復命何佑督諸軍守雞籠、淡水〔註79〕。明鄭此
一經營臺灣北部之始末，因並修城砦，事亦見於《海上事略》云：

> 紅毛於乙巳年，重修雞籠城，圖復臺灣。丙午，……紅毛慮無外援，
> 隨棄去（按：指永曆二十二年之撤離）至是，有傳我師欲此飛渡；恐踞
> 此城，乃遣右武衛北哨密令督兵將城折毀。辛酉（按：三十四年），令
> 偽鎮何祐等北汛雞籠；驅兵負土，就舊城砌築；並於大山別立老營
> 以為犄角。兵士疲勞，兼時值炎天，居處磺地，手足斷爛，不可勝
> 計……〔註80〕。

由此，明鄭之再城雞籠、淡水。至三十六年（1682）春，又遇上「雞籠山大
疫」，「疫氣盛行，汛守官兵，死者過半」，見其艱巨〔註81〕。其次，在城雞
籠時更驅役「土番」，而於同年八月，引起北路「土番之反」，而命宣毅鎮葉
明出兵討平，則事亦見於《海紀輯要》云：

> 雞籠城之守，凡軍需、糧餉，悉著土番沿途接遞，男子老稚，均任役
> 使督運，弁目酷施鞭撻，土番不堪，乃相率倡亂；新港、竹塹諸社
> 皆應。于是，克埌命葉明等會剿，土番逃入山……〔註82〕。

對于此次「番變」，雙方之損失未見史料提起。唯若借用《臺灣外紀》之說，
叛變之「番」且「相率殺各社通事〔註83〕」。由此情勢論之，明鄭於早期既
未於臺灣北部，尤以雞籠一隅建立穩定之主從基礎。經此變故，官方在臺灣
北部，實已發生嚴重之動搖，再則天災人禍交加，對于草萊時代落後之原住
民而言，更易引起彼等信心之轉移，至認為亂象已萌，或將有改朝換代之事
發生。其次，漢人之入墾臺灣，通事一職，大抵均由漢人擔任。唯通事之作
為、任事、私德，在漢人目中而言：固毀譽參半；在原住民心目中而言，亦

海紀要》作康熙十九年冬十月，見文叢二十二，頁65。
〔註79〕同上《輯要》永曆三十五年冬十月條，頁74。《紀要》卷下康熙二十年冬十月
　　　　條，頁72。
〔註80〕同註77引用。
〔註81〕同註78，《輯要》永曆三十六年春二月條云：「雞籠山大疫。時值疫氣盛行，
　　　　汛守官兵死者過半」，頁73。《紀要》康熙二十一年春二月條：同頁72。
〔註82〕同上《輯要》註八月條，頁74。《紀要》同，頁74。
〔註83〕同註12，頁398云：「雞籠山因有重兵鎮守，故起沿途土番搬送糧食、土番素
　　　　不能挑，悉是背負頭頂。軍需繁雜，不論老幼男婦，咸出供役，以致失時。況
　　　　土番計口耕種，家無餘蓄，而枵腹趨公，情已不堪；又遭督運鞭撻，遂相率殺
　　　　各社通事，搶奪糧餉。竹塹、新港等社皆應之。」

各有不同定位，而「瑜」難於掩瑕〔註84〕。

　　明鄭之城雞籠，若由前面經營環境，以及年代、政治情勢論之：「通事李滄願取金自效，希受一職」，事情之發生若在永曆三十六年（1682）二月間，即時距前年十月何佑來此督軍築城，伊始未久，官軍之形象在原住民心目中，相處猶未轉惡。以身為通事之李滄，為討好官方而抱僥倖心理，作孤注一擲；表明願導官方取金，以受較高於現階段之職。質言之，係藉出賣「土番」為條件，尋晉身階梯，固大有可能。唯若《臺灣外記》之繫事於三十七年（1683）五月，則其在空間上已歷前年（1682）八月；北路「土番」之叛變，各社且相率殺其通事之事件。官方處理之方法，又令：葉明等「會剿」，「土番逃入山」云；藉武力而鎮壓，征伐。最后，雖是後者「請降」，官方「許之」〔註85〕。但官民感情，應已跌入谷底；其如介於雙方之間，未死於叛變之通事，身分在原住民心目中，亦已大失往日之光彩，甚至，危機並未完全消褪。李滄身為通事，焉有不知之理。至於若將之假設其為「番變」以後，新派任之通事，則新近任事，安撫「土番」建立形象，唯恐不及！凡此因素，均必需加入考慮。

　　復次，關於採金之年代，《諸羅縣志》曾引陳小厓〈外紀〉之說云：

　　　壬戌間，鄭氏遣偽官陳廷輝，往淡水、雞籠采金。老番云：「唐人必有大故」。詰之。曰：「初，日本居臺來采金，紅毛奪之；紅毛來取，鄭氏奪之。今又來取，恐有改姓易王之事。」明年癸亥，我師果入臺灣〔註86〕。

所謂「壬戌」亦即永曆三十六年而康熙二十一年（1682）；「癸亥」為永曆三十七年而康熙二十二年（1683）是年八月，明故將施琅，率清軍進入東寧而明

〔註84〕參閱尹章義〈臺灣北部拓墾初期「通事」所扮演角色及其功能〉。臺北文獻直字五十九、六十期合刊，頁160、170、174內容。又吳振臣〈閩遊偶記〉云：「臺地當差，走遞公文，皆役番人。其所最苦者為通事。始上官之用事，以其語言各別，下情難通，且鄉城迢遠，並令催辦錢糧諸務，故用居臺習久之漢人為之。今則閩南四府之人，皆營求而得。彼並不知番語云何。一逢新令到任在於會城，各即懷鏹餽獻；新令利其所餽，亦不問其可否，輒即用為通事。各社本有番人以為社長，社中之事令催辦；自有通事之人，社長毫無經管。而通事一到社中，番戶皆來謁見，餽送；隨到各家細查人口，田地並牛、羊、豬、犬、雞、鵝等物，悉登細帳。至秋收時，除糧食用之外，餘與通事平分；冬時，畋獵所獲野獸，……通事得大分。即雞、鵝所生之蛋，亦必記事分得。社中諸事，無不在其掌握。甚至夜間欲令婦女伴宿，無敢違者。」通事之瑕瑜，於此見矣。文叢二一六，頁22。
〔註85〕同註82。
〔註86〕見註18，《諸羅志》

鄭在臺告終云。唯在四月至六月之間，已災異頻傳，何佑且在六月降清，明軍之敗已見先兆〔註87〕。消息傳來，雞籠固僻在偏隅，焉有不受警報之影響，以一「通事」而敢冒大不韙，孤注一擲之哉！從而《臺灣外紀》三十七年採金之說，已不攻自破。

　　無奈，所有地點、時間、事象，至此雖已解決。但《諸羅縣志》之言「采金」，主持者係作「陳廷煇」，而前舉其他史料卻作「陳福」。如此，毋寧說：明鄭之採金，又有一次係由「陳廷煇」其人主持歟！此事，其實亦不難解決。所謂：「陳福」、「陳廷煇」，其為二人或為一人。此蓋國人生而有名，冠而有字，死而有諱、有謚。何況，陳福身為「監紀」之官，如「儀禮」士冠禮云：

　　　　冠而字之，敬其名也〔註88〕。

蓋疏有云：

　　　　始生三月而加名，故云：「幼名」。年二十，有為人父之道，朋友等
　　　　類不可復呼其名，故冠而加字〔註89〕。

但「名」與「字」，亦往往字義相兼，寓意深奧，訓詁成義，以為典雅。若《顏氏家訓》云：「字以表德」〔註90〕。以此，陳福之名「福」：胙肉也。《禮記》少儀：「為人祭曰致福」。注「致祭祀之餘於君子也」〔註91〕。《國語》晉語二云：「必速祠而歸福」。注：「福，胙肉也」〔註92〕。至其姓「陳」，上聲音「塵」。義為「列」〔註93〕也。「示」也〔註94〕。姓與名意兼，為言「祭」之事。其字「廷煇」。《詩》小雅曰「庭燎有煇」〔註95〕。上字之「廷」，本

〔註87〕　參閱同註82，《輯要》，頁74各條，《紀要》同。

〔註88〕　《儀禮鄭註》卷一士冠禮。註云：「名者，質所受於父母，冠成人，益文，故敬之」。新興書局國學基本叢書，頁12。

〔註89〕　據鄭玄注賈公彥疏《儀禮注疏》卷一士冠禮參閱，見四庫全書經部九十六，商務景印一〇二冊。

〔註90〕　《顏氏家訓集解》卷二風操云：「古者，名以正體，字以表德，名終則諱之，字乃可以為孫氏。」明文書局集解本，頁98。

〔註91〕　《禮記鄭注》卷十少儀云：「為人祭曰致福，為已祭而致膳於君子曰膳」，見新興書局國學叢書本，頁123。

〔註92〕　同註53，《國語》卷八晉語二：驪姬譖殺太子申生云：驪姬以君命命申生曰：『今夕君夢齊姜，必速祠而歸福』。福：胙肉也，頁298。

〔註93〕　《說文通訓》定聲：「陳，叚借為敶」。陳與敶通，為列也。又，楚辭卷二九歌東皇太一：「陳竽瑟兮浩倡」，陳，列也。

〔註94〕　同註53，《國語》卷六齊語：管仲對桓公以霸術有云：「相陳以功」，註：陳，亦示也，頁227。

〔註95〕　《詩集傳》卷十小雅庭燎：註：煇，火氣也，見臺灣中華書局朱熹集註，頁120。

作「庭」；《說文通訓》定聲云：「廷，假借為庭也」〔註96〕。「輝」：《說文》：「輝為光也，眾火軍聲」〔註97〕。皆「燎」為大燭〔註98〕。亦祭相與之事物，而祭之事，必至「望燎、焚帛」而告禮成〔註99〕。陳福，字廷輝，由字之表德而論，其或為同一人。並且，亦待同文之賢者，有以糾正。

至于陳小厓〈外紀〉，老番之言「嬗代之事」，固為無稽。唯臺灣始自萬曆四十四年（1616），倭寇入據雞籠，迄於清人治臺，間六十餘年而已，而荷、西、明鄭，相繼據有其地〔註100〕；光緒間，蔣師轍受通志局總纂約來臺。閱及《府志》物產，金之屬六，附考引《臺灣志略》；言「陳小厓」所紀「老番」之語後。遂於《日記》記云：「語似荒怪，而實得之身歷」，或為此中之答案〔註101〕。

七、結　語

以上明鄭之遣人採金史事，經由諸書記載文字之比較，地理之考釋，中外產金之記述，並及時之「番情」、人事深入剖切，應已劃出真象。永曆三十六年二月，確為採金行動之繫年與繫月。地點，亦未出後代淡水廳之範圍，至于詳細之位置，當由雞籠艤舟東行。然后，於鼻頭角轉舵南航，次由三朝番地一帶，進入三朝溪之上游。即遭遇「土番」之抵抗。唯實際之出金所在，仍在三朝溪後山與雞籠山後山之礦脈露頭處。蓋後之志書已云：「山之頂，黃金結纍，人欲取而無路可通」〔註102〕。實為此間自然金形狀之描寫，其金肉眼可見。

〔註96〕《正字通》：「廷，古者廷不屋，諸侯相朝，雨沾衣，失容則廢。後世始屋之，故加庭。廷、庭，實一字也」。

〔註97〕段註《說文解字》輝字註，十篇上。

〔註98〕《玉篇》：「燎，火在門內曰庭燎」。同前引詩小雅庭燎之光註：庭燎，大燭也。

〔註99〕據同註33，《范志》卷七典禮：祭社稷。原刊頁1789。又文叢一〇五，頁252。

〔註100〕按倭寇之入據雞籠。連橫《通史》云：「萬曆三十二年，山田長政赴暹羅，途次臺灣，於時日本人在臺日多，或采金於哆囉滿」（見卷一開闢紀）日幣原坦認為史料乏據（臺灣に於ける金、硫黃及び石炭の探檢）。唯董應舉《崇相集選錄》「中丞黃公倭功始末」云：「在萬曆乙卯、丙辰間，長崎島倭酋等安與雞籠番搆難……。」則丙辰為四十四年（見文叢二三七，頁47），而為西紀一六一六年。其迄康熙二十二年（1683），間六十七年而先後有西班牙、荷蘭、明鄭，清人諸易代出現，因云。

〔註101〕蔣師轍《臺游日記》卷二，六月二十日條，見文叢六，頁66。

〔註102〕柯培元《噶瑪蘭志略》卷十四雜識志，頁195，見文叢九十二。

　　但陳福既已表明取金自效，何以未取道內港大溪；後之基隆河上游而進。此蓋時之內港大溪深處，曲澗深溪，原住民時時嚴防以待，而「土番」間出貿易，亦迂迴海岸線而出，藉以保密其地。提防漢人之趨利者，跟蹤而至之外，乾隆末葉以前，其間，似未有路可通使然〔註103〕。從而陳福一行雖至其附近，所脅「土魁」，仍移「西」而指「東」，言「出金處」係在「東海內山」。蓋所謂：「東海」之「出金處」亦即西、荷以來，屢見於紀錄與探金之哆囉滿所在。其他亦產沙金，較之「臺灣北部山中」，更著於外人。惟金質、形狀具各不同而已。後世之科學探勘，已提供肯定答案。

　　次就前引張菼之著：言採金地係在「臺北縣之瑞芳鎮」，蓋其為「沙金產地也」，實亦泛指「北部山中」之意。且繫年於永曆三十六年，而具先見之著明，筆者自不敢專美於前。但若以「哆囉滿」為「瑞芳鎮」，或「至卑南覓社」，即又差之毫釐，失之千里矣。然則，古代之原住民是否曾在「北部山中」採金，即九份山之礦脈露頭附近，有一名為「跌死人坑」者，日據時期因礦夫於其地採金，而偶然掘出一具古代之死人骸骨，時日人曾斷為早期來此採金而罹難者，惜至今猶未見載諸文字，亦為筆者涉獵未廣，有以致之耳〔註104〕。

　　最后，採金之事，既定位三十六年，則《臺灣外記》五十七年之說，又將如何置論。此點若求之《外記》，採金之事，係記事於「劉國軒安設澎湖各島停當，集諸將商議戰守之策」後文〔註105〕。其實若據夏琳之書：永曆三十五年冬十月條已云：

　　　　時聞清將內侵，議修戰船：命水師鎮林亮董其役。命武平侯劉國軒
　　　　總督諸軍守澎湖〔註106〕。

次及三十六年秋七月又云：

　　　　武平侯劉國軒歸自澎湖〔註107〕。

〔註103〕按康熙以前由淡水入三朝道路：同註68，《使槎錄》復云：「雞籠社……港口有紅毛石城，……遠望為小雞籠嶼，番不之居……循此而上，至山朝社；又上，至蛤仔難諸社，深箐鳥道。」又，同註102，《志略》云：「噶瑪蘭人山孔道，初由東北行自淡水之八堵，折入雞籠，循海過深澳至三貂，……入蘭界。」見頁196。
〔註104〕報導人：林朝榮。又按：跌死人坑，在今九份土地公坪與小金瓜之中途。
〔註105〕同註12，《外記》頁408。
〔註106〕同註4，《輯要》卷三，頁71。
〔註107〕同上，卷三，頁74。

蓋其人已於其地「撥諸將守澎湖」，因「聞清總督姚啟聖官兵回汛」而「暫還東寧」〔註108〕。八月，北路諸番則叛〔註109〕。寧有迨及三十七年五月，始「安設澎湖各島」而「集諸將商議戰守」，此項重要之戰略事會議哉！至於此中之疑題，如《臺灣外記》之史料定位，則猶有待於賢者。

〔註108〕同上。
〔註109〕見註83。

早期之產金說與志書之擷取

一、哆囉滿產瓜子金攜至雞籠、淡水易布

　　康熙三十六年（1697），仁和諸生郁永河來臺採硫，停留於臺北平原六閱月。因將此行所閱歷，著《裨海紀遊》行世。斯書因成書於臺灣入清后僅十餘年，所記又以其舟車所至，親涉境內、外加紀述翔實，至今成為研究早期臺灣，尤以北部交通、地理、番事、不可或缺文獻之一。在後之官修志書、私家著述，每多引錄以外〔註1〕。後之日人，且迻譯為彼國文字，藉以瞭解二百年前之臺灣〔註2〕。

　　郁永河之書、傳本繁多，從而已故學者方杰人，以廣搜各種不同刊本、版本、鈔本，互作校勘，為今行於此間之「臺灣叢書」本，版本完整〔註3〕。此書於〈番境補遺〉一卷，曾言臺灣早期之產金於正文云：

　　　　哆囉滿產金，淘沙出之，與雲南瓜子金相似，番人鎔成條，藏巨甕
　　　　中，客至，每開甕自炫，然不知所用，近歲始有攜至雞籠、淡水易
　　　　布者〔註4〕。

意釋即謂：出產於哆囉滿所在的黃金，係來自溪流中之泥沙，其自然金之形狀有如出產自雲南之瓜子金。「番人」將金熔成金條，藏在大型陶罐中，有客來訪，則啟開甕蓋炫耀其富有，卻不識有何用途。迨及近年，始有帶來雞籠、淡

〔註1〕參閱臺灣文獻叢刊第四十四種《裨海紀遊》，見臺灣研究叢刊提要一一四種。
〔註2〕日諸田維光譯《裨海紀遊》：又名「二百歲前之臺灣」。
〔註3〕參閱方豪，《合校足本裨海紀遊》附五種本，校者序言，見臺灣叢書第一種。
〔註4〕同上足本附〈番境補遺〉，頁33上。

水一帶，換取布匹而已。

　　準此，所謂「瓜子金」又作何解？宋周密《癸辛雜識》曾言：「瓜子金」產自廣西諸洞，洞丁淘取得金，大者如甜瓜子，故世名「瓜子金」〔註5〕。為金中之大型者。但產自雲南境內江流中之沙金而言。因金沙江，江產金沙，又名「神川」或「麗水」。河中有含金之砂礫，亦即砂金也，沙金中其大小如「瓜子」之小金塊，亦名「瓜子金」，次即以產自雲南，而冠詞為「雲南瓜子金」〔註6〕。當為此中之定義。

　　郁永河此一紀述，後之周鍾瑄在修《諸羅縣志》之前，曾涉淡水、雞籠，志有〈外紀〉之門；亦稱及產金之說，卻未言「瓜子金」之事〔註7〕。

　　然而較早於郁永河之季麒光，卻於其著〈臺灣雜記〉中，提臺灣北部之產金事云：

> 金山，在雞籠、三朝溪後山，主產金，有大如拳者，有長如尺者，有圓扁如石子者。番人拾金在手，則雷鳴於上，棄之則止。小者，亦間有取出。山下水中，沙金碎如屑。其水甚冷，番人從高處望之，見有金，捧沙疾行，稍遲，寒凍欲死矣〔註8〕。

季麒光來臺於康熙二十三年（1684），成書行世，年代雖未詳。但在任創有「郡志稿」，成其后《府志》之底稿，卻見於記載〔註9〕。又次，康熙二十六年（1687）來臺之林謙光，亦於〈臺灣紀略〉山川條；提及「金山則在雞籠山、山朝溪後，中產精金……」，後段復云：「下溪中，沙金如屑、水極冷；取之者從高而望，捧沙疾行，少遲立凍矣」〔註10〕。毋奈、此一林著亦如季

〔註5〕宋周密《癸辛雜識續集》卷下金紫銀青條。四庫全書子部小說家類三四六，見臺灣商務景印一〇四冊之一〇八頁。

〔註6〕參閱《大清一統志》卷三七九大理府山川金沙江條，見四庫全書史部二四一，臺灣商務景印四八三冊，頁110。又《嘉慶重修一統志》卷四七八大理府金沙江條，見臺灣商務出版九冊，頁6263。

〔註7〕按周鍾瑄北巡，《諸羅縣志》雖未提及，唯卷十一藝文有周北巡紀事詩：「淡水礮城」云：「海門一步地，形勢可全收……」。又「曉發他里霧」云：「一枕清暉覺夢頻」。以及「登八里坌山遠眺」、「北行紀」等皆足證其事。唯年份未詳。《臺灣詩乘》；繫於五十三年見文叢六十四，頁35，亦非定論。又，《諸羅縣志》十二卷，周鍾瑄主修，陳夢林纂，詳見「文獻叢刊提要」一一四種。

〔註8〕季麒光〈臺灣雜記〉一卷龍威秘書收錄有是書。而文獻叢刊二一六種《臺灣輿地彙鈔》，頁1，亦有收錄重為排印。

〔註9〕據前引《諸羅縣志》卷三秩官志列傳：季麒光本傳，見文叢一四一，頁51。並見成文臺方志七，原刊景印，頁189。

〔註10〕林謙光〈臺灣紀略〉一卷並見龍威秘書。排印見文叢一〇四〈澎湖臺灣紀略〉，

著，未詳行世年代外。二書均著錄則首見於乾隆十二年（1747）《重修臺灣府志》〔註11〕。

唯前述郁永河之言「瓜子金」產自「哆囉滿」《諸羅縣志》雖未提及，但早於《范志》之乾隆六年（1741），劉良璧《重修福建臺灣府志》雜記卻云：

> 哆囉滿產金，淘沙出之，與雲南瓜子金相似。深入水底，水極冷，
> 雖壯番不能再入；金亦不多得〔註12〕。

共三十六字，顯見「劉志」此說之前十七字，係原本採自〈番境補遺〉。至於後段十八字，係參酌〈臺灣雜記〉與〈臺灣紀略〉之言臺灣北部之產金。次亦參酌康熙末年，大興黃叔璥〈番俗六考〉，言「蛤仔難有金井，水極寒」之說，加以成文〔註13〕。其間，並棄用「補遺」原文；原住民對于「金」之處理，以及「攜至雞籠……」等三十四字。概見此一部分之紀述，似已產生傳說與事實之出入，為該一時代之實際情形。蓋志書之修，採自前人之說，為增耳目之觀聞，摘取連串，未必當乎大雅；從而潤色裁鑄，亦為俟諸良工手法之一。但於「金」而言，初自臺灣之有史而下，迄於乾隆中葉，志凡數修，而私家著述，足列考鏡之林者，亦不乏矣。獨於產金之說，證之後世開鑛史事，則直至道光間，柯培元《噶瑪蘭志略》，始首見具體之說，於其雜識一門。此中之由，匪唯囿於志之態度，亦關乎鑛業之專史，區域信史，乃至原住民之研究，因若容從產金傳說探討之，或有俾助於若干死結之解開，山窮處，或別有佳境通焉。

二、康熙間志書外記門與諸家著述對金傳說之取捨

前述郁永河於來淡採硫，而言「哆囉滿產金」如「雲南瓜子金」。周鍾瑄於涉其境，返而修志，卻未言及此事，其原因為何？容稍論及該代人士對修志之態度。

吾人所知，清人係於永曆三十七年（1683）癸亥入臺，明亡。明年為康熙二十三年（1684），次於夏四月「設一府三縣」〔註14〕。所治，實沿明鄭舊壤，

頁53。又成文臺方志四十五，頁30。

〔註11〕據范咸《重修臺灣府志》卷十九雜著著目，見中華書局原刊景印，頁2396。

〔註12〕劉良璧《重修福建臺灣府志》十九雜記，見文叢七四，頁495。

〔註13〕黃叔璥《臺海使槎錄》卷六〈番俗六考〉，見文叢四，頁140。原刊見成文臺方志四十七。

〔註14〕據高拱乾《臺灣府志》卷之一封域，見中華書局原刊景印，頁398。繫年月日，並見《清聖祖實錄選輯》康熙二十三年夏四月十四日，文叢一六五，頁132。

未出諸羅以北。至于疆界，雖曰：「北雞籠山二千三百一十五里為界，是曰北路。」以「土番居多，惟近府治者，漢、番參半。至于東方；山外青山，迤南亘北，生番出沒其中，人跡不經之地。」自亦「莫可測試」〔註15〕。因自大甲溪以北，猶棄若甌脫。至于其間之事物、番情、地理、礦產、番市之事，地在闌外，而殆自傳聞之事為多，亦就可見。

然則，古人對于修志之事，若章學誠云：「部、府、縣志，為一國之史也」〔註16〕。又有云：「山川、城邑，則稽之地圖」，其「鳥、獸、草、木，則驗之方志」〔註17〕。概見，志之修，筆須嚴謹，又須兼採廣泛，備世驗考。由此，高拱乾《臺灣府志》卷九外志，撰者序有提云：

> 志而曰外者，所以廣蒐不遺，而記始備也。……若夫外有叢林之宇，民間有祈賽之廟，一、二前人囊跡，……何地蔑有？極至耳目不經之事，兼採而存之；於以備博考之林者，其在斯乎！作外志〔註18〕。

又次於志後之「總論」云：

> 臺地昔為外域，災異、兵燹歲相頻仍。故老談及往事，猶相對嗚悒不巳巳。……他如前事；古蹟，寥寥不多槩見；識其一二，固聞見所資，而荒遠怪誕之事，事多不經，何以採焉〔註19〕？

因見清人之治臺，在康熙一代，雖曰：「北雞籠山……為界」，其間之事物，修志猶多「存而不論」。

如此，迨及康熙五十三年（1714），《諸羅縣志》之出，或基於主修者曾躬親北涉其境，其於卷十二〈雜記志〉，撰者之序其提則云：

> 雜記以補闕備志，所謂志其大不遺乎小也。茲邑初建，際有道之世。……蓋可記者鮮矣。琳宮寶剎，斷碣荒坵，足以供遊賞而發憑弔者，能幾何哉？乃若見聞所及，諸卷紀載所未盡，要足為後人徵信之資，用寄諷諭之義，則地理物類、險易菀枯、閭閻細故、父老閒談，皆有取焉。因彙諸編末……〔註20〕。

〔註15〕同上《府志》，頁400。
〔註16〕章學誠《文史通義》外篇州縣請立志科議，見國史研究室彙印本，頁353。
〔註17〕左太沖〈三都賦序〉云：「余既思摹三都，其山川城邑，則稽之地圖，其鳥獸草木，則驗之方志」，見文選卷四，東華書局粹芬閣藏胡刻本，頁56。
〔註18〕同註14，《府志》，頁943。
〔註19〕同上，頁971。
〔註20〕同註7，《諸羅志》，頁275。

識見相去代遠，傳聞之事，前志所不採，至亦以歷經跋涉之所至，而有異同之說，見諸文字。

如此，所謂「哆囉滿產金，……與雲南瓜子金相似」此一說法，未入於「諸羅志」，實基於慎重擷取。

唯其〈番境補遺〉之後，迨及「劉志」之前，宦遊來臺人士，是否曾有再提「哆囉滿」之金，並增益文字，則見於濟寧尹士俍《臺灣志略》。此書在臺尚未見流傳。但其言「金」之事，卻見於范咸《重修臺灣府志》，採而備於附考云：

> 哆囉滿（亦生番社名），產金從港底泥沙中淘之而出，與雲南瓜子金相似〔註21〕。

以及相沿於二十九年（1764），余文儀《續修府志》，沿襲文字亦未見增刪〔註22〕。

因就事實論之，尹士俍之來臺，始於雍正七年（1729），任臺防同知〔註23〕。其后，調署淡水同知〔註24〕。次陞任臺灣知府〔註25〕。再陞臺灣道，直至乾隆三年（1737），任滿調任湖北〔註26〕。其間，宦遊南北，遠達淡水、雞籠，識其見聞亦廣。唯在尹士俍之前，卻另有前提之黃叔璥，於所著〈番俗六考〉中，紀有抄襲於《裨海紀遊》之說，亦祇去其「雲南」二字之外〔註27〕。又次於紀述「康熙壬寅按六十一年（1722）」，漳州把總朱文炳帶卒更戍，船被風飄至蛤仔難之後文，紀有一則未言出處之新說云：

> 蛤仔難有金井，水極寒。番淘金，先置火及酒於井旁，懸藤縆入，取井底泥沙，口含手掬，覓挽而上；寒不可支，飲酒向火，良久乃如常。有得一、二錢者，有數分者，亦有一無所得者；既非兼金，且散碎難鎔，冒死求利，番人每苦為之〔註28〕。

〔註21〕同註11，《重修府志》卷十二物產附考，頁2261。
〔註22〕余文儀《續修臺灣府志》卷十七物產附考。文叢一二一，頁595。
〔註23〕《臺灣地理及歷史》卷九〈官師志〉一冊臺灣府海防捕盜同知尹士俍條云：尹士俍字東泉，山東濟寧州附監雍正七年任（署），雍正十年調淡水同知，頁39。
〔註24〕同上書淡水撫民同知條：雍正十年由臺灣同知調署。十一年陞任臺灣知府，頁77。
〔註25〕同上書臺灣府知府條：雍正十一年……陞任。十三年，陞任臺灣道，頁27。
〔註26〕同上書福建分巡臺灣道條：雍正十三年……陞任。乾隆三年任滿四年調任湖北鄖襄道，頁17。
〔註27〕同註13，〈番俗六考〉，頁139。
〔註28〕同上註書，頁140，並見原刊景印，頁332。

唯其尹士俍之書亦別有類似紀文云：

> 港底金在蛤仔難內山，港水深，而且冷。生番沉入，信手撈之，甌
> 起，則口噤不能言語。熱火良久乃定，金碎如米粒〔註29〕。

此一新出現之說，二人所說大致相類意。地點亦相同，因疑為說法或同出一源，甚或一先一後，互為沿襲增刪。無奈，黃書：在臺固有傳本。後者尹書：因祇見他書之引用，致無從分出甲、乙。

但由「哆囉滿產金」而言，由康熙、雍正之間，已有前述出金地之轉移與不同文字之增刪；志書之有採與不採，一連異說紛紜。後期志書乃轉而將之錄為「附考」之地位論之，覘見郁永河之說「攜至雞籠、淡水易布者」，果係「哆囉滿」之金，抑或別有所指歟，實存頗多疑團。

三、哆囉滿之見於舊籍與今地之地理考證

哆囉滿為早期地名之一，其名在國人之著述，最早見於沈光文〈平臺灣序〉云：

> 北路通計二千三百一十五里；其詳則起自赤嵌城，北行，……雞籠
> 城。以外無路可行，亦無按澳可泊，船隻惟候夏月風靜，用小船沿
> 海坮而行：一日至山朝社，三日至蛤仔難，三日至哆囉滿，三日至
> 直腳宣。以外則人跡不到矣〔註30〕。

對於此「序」，近人曾指為偽作而別有所出。故再觀其所出，卻作「哆囉」。從而無論何者為是，「哆囉」當為「哆囉滿」，其地係在蛤仔難與直腳宣之間，當屬可信〔註31〕。況且，沈光文之來臺，更在明鄭之前，因推其為時最早。

其次，清領以後，其名復見於蔣毓英《臺灣府志》臺山分界；買豬末山之註云：

> 買豬末山，在山朝山南，其峰光秀如文筆山形，南則哆囉滿社，出
> 金者。北即山朝社，離三日路程〔註32〕。

如此，且言及地之產金。再次，始見於郁永河著述，亦名「哆囉滿」，直接提

〔註29〕同註11，《重修府志》，頁2260，引《臺灣志略》。
〔註30〕同上卷二十三藝文四駢體〈平臺灣序〉，頁2659。
〔註31〕關於「沈序」，今人盛成〈沈光文研究〉曾有專文討論，從而真偽不置論，見臺灣文獻季刊十二卷二期。
〔註32〕蔣毓英《臺灣府志》卷之二，見中華書局原刊景印，頁39。

及產金〔註33〕。

　　但由蔣毓英迄於郁永河之間，若前述季麒光與林謙光亦提及產金之事，產地卻別有所指，而未提「哆囉滿」之金。由此論之，概見「金」之傳聞，在此康熙之中葉，來源產地，係屬昧譜之一環。季、林二人，所記金之產地一事，人實未至臺灣北路，因係得自傳聞。但郁永河雖身至北路，且與土著共處六閱月之久，卻亦由土著之作以有易無之中，獲知有金之事。至於「哆囉滿」之地名，以及「金」果係來自「哆囉滿」與否？非若後世之有試金石辨其成色，以及文明地區之商標可識，實亦未知之天。抑有甚者，通閱《裨海紀遊》，郁在著述中，亦提及東臺灣後山之事於康熙三十五年（1696）；賴科前往後山之事〔註34〕。再亦未提及「哆囉滿」以南之帶狀地名。佐證土著之告知郁永河，亦屬有限而已。

　　然則哆囉滿所在，雖云：介於蛤仔難直腳宣之間。交通以海道而外，時之陸路通往情形如何，則《諸羅縣志》外記有云：

> 由斗六門山口東入，渡阿拔泉，又東入為林璞埔，亦曰二重埔。土廣
> 而饒，環以溪山，為水沙連，及內山諸番出入之口，險阻可據，有
> 路可通山後哆囉滿〔註35〕。

由此，推知此一陸路，係取道後之南投縣境竹山鎮，由清代之林圮埔、二重埔而取中央山脈溪谷而進〔註36〕。

　　另外，哆囉滿又有書為「倒咯滿」之記載，亦見於前引黃叔璥〈番俗六考〉。此一訛寫，或言前名之變音；地理位置在蛤仔難原住民之勢力範圍〔註37〕。並且，其據乾隆《臺灣府志》賦役之說，蛤仔難在雍正二年（1724），係撥與新成立之彰化縣管轄而納稅〔註38〕。唯及乾隆二年（1737），由於社餉之改照民丁例徵後，曾言哆囉滿因併附蛤仔難輸餉，而奉文減免徵丁〔註39〕。復見哆囉滿之地，在地緣位置應與蛤仔難平原靠近。

　　準此，哆囉滿所在在後世論之，究屬臺灣之何地，則日據時期，因熱衷

〔註33〕見註4。

〔註34〕據同上書，頁20上。

〔註35〕同註9，《諸羅志》卷十二雜記志：外紀，頁296，原刊景印，頁804。

〔註36〕參閱洪敏麟《臺灣舊地名之沿革》二冊下竹山鎮，頁531。

〔註37〕見後文註四十一福留文。

〔註38〕同註11，《重修府志》卷五賦役，頁1687。

〔註39〕同上賦役，頁1693。

於臺灣產金地之追踪，日據以前舊記文獻之有關「金」與「礦產」者，亦成日人據以研究而找出產金所在之資料。由此，先是民國二十二年（日昭和八年，一九三三），日學人幣原坦，於〈臺灣に於ける金、硫磺及び石炭の探檢〉一文，徵引《諸羅縣志》、〈番俗六考〉、《淡水廳志》〈沈葆楨奏文〉之「北路、中路」開山情形疏等，認為：「今太魯閣所在，因地適宜蘭與花蓮之間，尤以其地有流含金沙之溪，從內山流出，而顯然為擢其黎溪云。」因斷言哆囉滿所在為太魯閣莫屬。蓋時之霧社原住民，對於內太魯閣地名，又名為「タツコタロワン」，從而此語當為 To Lu Wa Na（タロワン）而音變自タロヴアン。質言之，即為「哆囉滿」或 Turuboan 之遺音。再據「東岸番界」之口碑，又以太魯閣與蛤仔難系出同族而屬共祖云，考出地名〔註40〕。

又次及民國二十七年（昭和十三年，一九三八），已退休之前總督府礦務課長福留喜之助，於臺灣鑛業會二十五周年紀念大會上，發表：臺灣最古產金地，哆囉滿社地理考證。肯定所謂「哆囉滿」，並非一小地名。而認為其大字之範圍，應包括加禮宛六社、太魯閣八社、斗史五社所占區域之總稱。其位置亦即北與蛤仔難相接，南迄鯉浪溪間。質言之，係自大濁水溪以南，南伸至于加禮宛原野之南端，再迄花蓮米崙溪南界之地，悉隸其範圍〔註41〕。緣就今地言之；當屬花蓮縣境，秀林鄉之臨海走廊，新城鄉區域之全部，悉其區域，至此實已定論。

四、從後世探金報告與外人著述略論臺灣之產金地

哆囉滿之地經後世之考證，既定論其地在東臺灣大濁水溪以南。在草萊未闢之康熙年間，地距淡水遠且不論。其地是否有金之產，金質如何，臺灣之其他山區是否曾有相同類型之產金。由產量、金質分類之探討，或可梳出解開此間疑團之謎。

所謂：金之為鑛物，亦一種元素而含於各種岩石之中；藏於鑛脈，或散布於古生代之岩石中或寄於石英而存在。唯金脈或岩層在形成之后，由於露出地表部分，長年累月，受天然之侵蝕作用，雨水、山崩、地震之起，鑛苗經水流沖送，或順山水而下溪谷，輾轉而與砂礫混合，即所謂之沙金。但分布於地表

〔註40〕日幣原坦〈臺灣に於ける金、硫磺及び石炭の探檢〉。昭和八年南方文化建設
　　　　市川博士還曆紀念東洋史論叢拔刷。
〔註41〕福留喜之助〈臺灣最古の產金地哆囉滿社の地理的考證〉。稿見《臺灣鑛業會
　　　　報》一九五號。昭和十四年。

以下，未曾受前項之侵蝕，由人工採出，即謂之山金〔註42〕。從而如後世九份、金瓜石二鑛山之金，則殆屬山金，而基隆河流域河床所出，即屬沙金。因而若藉宋應星《天工開物》對金之分類而瞭解；云：

> 凡中國產金之區，大約百餘起，難以枚舉。山石中所出，大者名馬
> 蹄金、中者名橄欖金、小者名瓜子金。水沙中所出，大者名狗頭金，
> 小者名麩麥金、糠金……〔註43〕。

概見金之分類。進而獲知「瓜子金」為岩石中之產，唯沙中既有大者如「狗頭金」之產，當亦有「瓜子金」大小之出，亦由前引雲南金沙江之產有是金，足以補充說明。

但在臺灣東海岸之河流而言，其金苗殆來自脊樑山脈之古生代岩石中，夾雜於石英脈縫隙；大者未聞，較次者亦鮮見。而殆以「麩麥金」、「糠金」之類屬之，則由日據時期之探鑛報告〔註44〕、溪流含金調查〔註45〕，足以佐證外。次由所得金苗之由米粒大小，或豆粒大小、乃至數百粒而所得之總量為零點公毫而已。窺見「瓜子金」在東海岸河流而言，極不易見〔註46〕。

但東海岸之有產金，由於分布廣泛，著名於世，卻為時甚早。其據學者之說：早於十六世紀時，已有葡萄牙人於其地發見沙金，乃用其本國產金河流之義，名為 Rio Dnero 意為「產金之河」，風傳於世〔註47〕。

〔註42〕唐羽《臺灣採金七百年》古代篇第一章金，金脈與金之歷史，頁3。臺北市錦
綿助學基金會民國七十四年。
〔註43〕宋應星《天工開物》卷下五金第十四黃金，見商務人人文庫本，頁227。
〔註44〕日小田川達朗〈躍進臺灣東部砂金地問題の再檢討〉；三菱鑛業株式會社試掘
調查，見《臺灣鑛業會報》一八二期。昭和十一年。
〔註45〕呂海星、呂學俊臺灣橫貫公路沿線之砂金鑛床，見《臺灣鑛業》十卷三期，民
國四十七年九月。
〔註46〕同註44，〈砂金地問題の再檢討〉頁28，砂金粒分析。
〔註47〕伊能嘉矩《臺灣文化志》中卷第十篇鑛務條云：「葡萄牙人於一千五百年代通
過臺灣海峽時，於臺灣東海岸北方之花蓮溪邊，以其本國產金地之河流名，而
命名為 Rio-Dueri。蓋 Rio-Duero 為金河之義」，見刀江書局原刊，頁700。

福留喜之助哆囉滿地理考證之關係圖

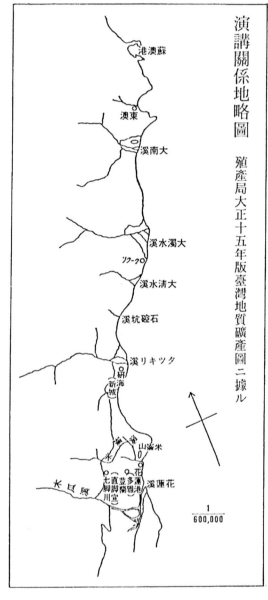

其次，哆囉滿之有產金。《花蓮縣志》曾言：西班牙人於明天啟二年（1622），至其地採金。但此一說法，未明史料來源〔註48〕。故較有可稽之紀述，當始於崇禎四年（1631），西班牙人據臺灣北部。蓋其國之傳教士愛斯基委（Jacinto Esquivel）於次年（1632）所著《臺灣島備忘錄》云：

〔註48〕駱香林主修《花蓮縣志》卷一大事記。民國六十二年原刊排印本。

哆囉滿（Turnboan）有甚豐富的礦藏，搭巴里（Taparri 淡水附近一
個蕃社）住民，買了那些產物與 Sanglayes（中國商人之意），交換玻
璃珠與寶石。有因為原住民珍愛寶石類。那裏有一座山，每當日出
的時候就閃著眩眼的光輝，推測可能為水晶礦或銀礦〔註49〕。

對于此事，係愛斯基委親自到過其地，向當地住民探聽後並加調查，然后寫
出之報導。其實，由雞籠到哆囉滿，若取陸路，尚須經過三朝、蛤仔難等地，
「到過其地調查」云，一名手無縛雞之力的傳教士，能到過哆囉滿，仍存相
當疑問〔註50〕。

其次，約於同一時期，占據南部之荷蘭人，為追求貿易資本之獲得，始
自崇禎十一年（1638）一月，則著手進行東臺灣之探金〔註51〕。以及十五年
（1642），為找尋傳說中金礦「哆囉滿」，出兵驅出雞籠之西班牙人，占有雞
籠、淡水。再由居住當地之一日本人與通西班牙語之一地方頭人口中，獲知
有關哆囉滿之產金內容，交通狀況〔註52〕。但直至一六五〇年代，仍未有可
道之成績出現〔註53〕。其后，由於內外之情勢，政治傾向衰退，採金之事，
亦未再出現於紀錄〔註54〕。

以上哆囉滿之產金，在紀錄上如此未見具體。唯其初於荷蘭人將北上驅
逐西班牙人之前，曾由一淡水人口中，獲知在臺灣北部山中，有一產金之河
流。當地人日日在河岸淘出相當數量之露出金，以及沙金。而且，可乘帆船
由臺灣東北角一條河流，溯河前往而抵達此一黃金之村落之報告〔註55〕。

〔註49〕據中村孝志〈十七世紀荷人勘查臺灣金礦紀實〉，三之第三節引用〈臺灣島備
　　　　忘錄〉，見賴永祥、王瑞徵譯文。《臺灣史研究初集》，頁62。並見臺灣文獻七
　　　　卷，一、二期。
〔註50〕據賴永祥譯〈中村孝志十七世紀西班牙人在臺灣的布教〉：四、向東海岸進出
　　　　云：西人於一六三二年因船員被蛤仔難原住民所殺，因派兵往征，雙方形成對
　　　　抗。後至一六三四年，復遣軍隊遠征，始置東海岸於西人勢力下。唯宣教士愛
　　　　斯基委，已於一六三三年前往日本，且於途中被殺，見頁145附：「宣教師名
　　　　單」。準此，愛斯基委若能前往哆囉滿，亦當在西人勢力及東海岸以後。概見，
　　　　愛斯基委曾「親自到過其地，向當地住民探聽」一事，十分可疑。從而所謂「到
　　　　過其地」，疑仍不出雞籠附近，見前引《臺灣史研究初集》。
〔註51〕據同註42，〈金礦紀實〉：三之第二節探金事業的進展，頁51。
〔註52〕據同上，〈金礦紀實〉三，第四節探金事業的後期。
〔註53〕同上，頁73。
〔註54〕同上註。
〔註55〕據村上直次郎中村孝志校《巴達維亞城日誌》日譯本卷二，一六四二年一月
　　　　條，見東洋文庫二〇五，頁201、202。

又次，明鄭驅荷時，一名服役於臺窩灣之瑞士籍士兵亞伯爾赫勃（Albrecht Herport），於所著《臺灣旅行記》，亦記有：臺灣北部山中之土著，與外人進行「沉默貿易」之情況〔註56〕。提及金之交易云：

> 臺灣北部一種未知名之土人，但與異族作如次之交易。彼等每年到某一地方二次，帶來未精鍊之金，放於同一地點而離開。與其交易之人，尤其臺灣地方之人，亦攜帶蠻人所愛物品，例如衣服及其他用物放置其間。之后，野蠻人再去觀看；如認為彼此之價值相當，則將交易品取去。否則，依然取回粗金而去。以後，又來別人，同樣取走彼等認為適當之交易物，金或貨物。荷蘭人亦與之交易。彼等所住地方以及發見金之所在，不適於人之居住；因容易罹病。在相距不遠之海邊，即為荷人之要塞，此要塞駐有重兵，名為 Gitang（雞籠），為荷人奪自西班牙人〔註57〕。

此一紀述之答案，今人試若置身於基隆對岸社寮島上，紅毛城遺址所在，然后由東南方向，向南作一四周山勢之觀察，當會發見，所望之群山，即為後世以產金而著之基隆金山，尺咫在望〔註58〕。

另外，次及明鄭時期，英東印度公司代表克拉斯勃（Ellis Crisp），於永曆二十四年（1670），訪問臺灣交涉通商時之報告，亦提及雞籠附近，有土人在採金。漢人無法向土人問出產金所在。土人攜金下山，亦以易取必需品之數量而已〔註59〕。

準此，由以上哆囉滿產金之無法找出可靠之依據，而後者臺灣北部山中，確有黃金之出產，已見輪廓。

五、從出金地之推移探討原住民對守密之共識

「哆囉滿產金」在「雞籠、淡水易布」，此一紀述來自郁永河。然則由郁永河之著述而觀，其在淡水採硫，實際停留於臺北盆地之時間，係自是年

〔註56〕沉默貿易：參閱〈明鄭之取金淡水，雞籠考〉註六十六。

〔註57〕Albrecht Herport《臺灣旅行記》；臺灣島的土人，見《臺灣經濟史》三集，頁115。臺灣研究叢刊三十四種。周學普譯本。

〔註58〕按：紅毛城在今基隆市和平島上，故址已廢。唯地名千疊敷之東，中山子嶼小丘上，仍留有一石洞，名「蘭字洞」石壁上有：「一六六四，Iacob」以及一六六八等文字。基隆金山即在此島之東南方，並可望見大雞籠山。

〔註59〕據〈十七世紀臺灣英國貿易史料〉，頁28譯文，頁139原文，見臺灣研究叢刊第五十七種。

（1697）五月初二日，乘海舶與同行之顧敷公由干豆門進入盆地，迄於十月初四日，登舟返福州止，凡五月餘日而已。此中之日常行事，以及所歷，除由五月下旬迄七月望日間，記事較為昧諳外，其餘大致由〈採硫日記〉之繫有月日，而可以看出。從而郁永河雖於下卷提及雞籠地理之梗概，人卻未至其地，亦由文字之未提及絲毫相關於交通，可以論定。然則；所謂：哆囉滿之金，在雞籠、淡水出現一事，當亦來自耳食之類，依據源出原住民之口傳，而後採擷入書。至於消息之來源，如「五月初五」后之數日，已有召集包括小雞籠、大雞籠等二十三社土官、正副頭目來淡水總社，作一次聯誼性之「酒會」。已足證明，二十三社雖分散各地，卻悉統於總社，消息自毋慮來源缺乏〔註60〕。

然則，對于原住民口傳之「金」來自哆囉滿，雖為撰者之耳食，再加以第一手之紀述。但在較早之明鄭時期，鄭克塽於永曆三十六年（1682），遣監紀陳福由表示願「探金自效，希受一職」之上淡水通事李滄者嚮導，而前往產金所在，而於臺灣北部山中之一溪流，遇到「番人」伏莽抗拒事。以及雖以刀脅其「土魁」引路，亦終不從說出其確實之產金地，且泛指「山後之東海」論之〔註61〕。郁永河之說，縱然來自第一手之紀述，內容仍見絕非可靠。

蓋原住民對於出金真象守密，在西、荷時期，既防西人與荷人；其后，又防漢人前來奪取〔註62〕。即清之領臺，來臺移民與官方人員，更為增加，其在原住民心目中觀之，仍屬同一漢人，防人之心，當無例外。原住民此種心態與共識如借一後世；若今之部分商人，乘消費者崇洋心理，進「土貨」而充「水貨」售之於人，佯言係來自某國、某埠，實則為附近地下工廠之生產品云，當具異曲同工之處。祗是原住民與後者，目的與用意俱皆不同而已。至於被籍口所在的哆囉滿，係由於其地曾歷西、荷二國之產金調查，以及探金隊之遣派，地名與產金之事，早已膾炙人口於草萊之社會。如《諸羅縣志》言其出入之嶮巇云。

〔註60〕同註4，〈紀遊〉，頁15下；五月初五日條。
〔註61〕見同註13，〈番俗六考〉卷六引《海上事略》、並參閱〈明鄭之取金淡水、雞籠考〉三、四內文。
〔註62〕按同註55，《日誌》對產金所在之紀述云：「西班牙且不用說，就連中國人也都無法接近彼等村莊附近。西班牙人曾試藉武力以及其他方法，均未能奏效」，頁202。以及註五十九克拉斯勃報告云：「土人在採金子，漢人不能向其問明在何處採之」，頁28。

蛤仔難、哆囉滿等社，遠在山後。……越蛤仔難以南，有猴猴社；
云一、二日便至其地，多生番，漢人不敢入。各社於夏、秋時，划
蟒甲，載土產，順流出近社之旁，與漢人互市。漢人亦用蟒甲載貨
以入，灘流迅急，蟒甲多覆溺破碎；雖利可倍蓰，必通事熟於地理，
稍通其語者，乃敢孤注一擲〔註63〕。

從而「哆囉滿」之地，既遠且險。所在又確曾出產金沙，原住民在長期交易
中，亦發見「漢人不敢入」此一弱點，遂借之為一切黃金之產地，良由於此。

無奈，原住民所採用此種草根性守密之法，亦非十分穩固。因為隨從漢人
移民之數字漸次增加，如郁永河採硫之前年，通事賴科之曾結趨利七人，欲通
山東而晝伏夜行，經野番界竟達東海岸〔註64〕。東海岸之狀況，遂由彼等傳至
眾多漢人社會。康熙末葉，漢人之墾地由大甲溪而達臺北平原等。為對付接踵
而至之漢人，對于產金地之追問，空間展大，已無法再以產自「哆囉滿」使
對方信服。如季麒光所得「金山，在雞籠、三朝溪後山」；林謙光所得「山朝
溪後，中產精金」等傳聞，出金所在實際已非哆囉滿一事，似已在移墾社會
暗為流傳。從而「番人」為從新部署，「拾金在手，則雷鳴於上」；「拾金在手，
霹靂隨起」，「棄之則止」。此種欲假大自然之奧秘為護符之「番咒」，亦應時
而生。

次則，遠如蛤仔難而言，由於康熙三十四年（1695）已輸餉於諸羅〔註65〕。
從而疆域之擴大，至有將產金地點，轉移地場；「或云：內山深處有金山，人
莫知所在」〔註66〕。又云：「蛤仔難內山溪港產金」，「港水千尋，冷於冰雪」
〔註67〕。「或云：後山倒咯滿有金沙溪……後為蛤仔難番所據」〔註68〕等，
其實莫不為藉方向分散注意力，來自世守其密之共識所發生，純樸之手段而
已。

由此，自康熙中葉迄於雍正五年（1727），置淡水廳之間，產金地之說
法，也就最為混雜不一。原住民之態度既此，修志書與著述者，亦以無從考
其真偽，姑妄聽之。甚至如《諸羅縣志》，引陳小厓〈外紀〉之說：「采金必

〔註63〕同註9，《諸羅志》卷八風俗志雜俗，頁172。
〔註64〕同註27。
〔註65〕據陳淑均《噶瑪廳志》卷一封域志建置，見文叢一六〇，頁3。
〔註66〕同註9，《諸羅志》卷十二雜記：外紀，頁300。
〔註67〕同上。
〔註68〕同註13，〈番俗六考〉卷六，頁140。

有大故」云。亦不難看出係利用「易王」之事實，巧妙附和，成為帶有政治
色彩之「番咒」，欲收嚇阻之用。

　　揆諸原因，漢人對于黃金一事，自為人見人愛，「番人」縱然「守密」，
亦難於「自守」而拒漢人於禁外。事亦見其一例於康熙五十三年（1714），
奉旨來臺測繪地圖之外國傳教士馮秉正（Jos de Mailla）所著《臺灣訪問記》
所載：在臺之漢人，探金、奪金、殺原住民之紀述。此一內容之梗概云：

> 清朝未有臺灣，漢人已獲悉島內金鑛之所在，為向各方探索，至知
> 在其佔有之西部則完全無望，乃轉向東部之番地，並為免跋涉中央
> 山脈之危，有艤裝小舟由海路往者，時番人甚表歡迎，盡力協助，
> 約經一週，未達目的。一行辛苦探得者，僅金塊數個置番人之陋室
> 內，似未見珍視。漢人為償其探測之不利，不禁起劫奪之念，釀而
> 為虐殺之動機。偽稱起程返航，設宴賦別，招之番人，飲以烈酒，
> 乘其酩醉，不能辨別，悉予殺害，將金塊奪取逃逸。其參與此遠征
> 暴行之首魁一人，今尚生存。然無人糾其罪名〔註69〕。

此一紀述，在後世亦傳於光緒間，寧波人龔柴於遊臺後所著之〈臺灣小志〉。
唯資料是否源於馮秉正之說，固無從獲知〔註70〕。但產金地之轉移至臺灣北
部，已漸為人知卻是事實。

　　乾隆九年（1744）來臺巡視之滿人六十七，在任三年，著《番社采風圖
考》，對於採金之事有云：

> 雞籠，毛少翁等社，深澗沙中產金，其色高下不一。社番健壯者，
> 沒水淘取，止一掬便起，不能瞬留；蓋其水極寒也。或云：久停則
> 雷迅發，出水即向火始無恙〔註71〕。

乾隆九年前後，淡水廳之內港北溪，已漸次為安溪籍移民所開發。雞籠、毛少
翁等社之深澗，即泛指內港北溪；為後世之基隆河。河產沙金，似已為公開之
事，祇是安溪人未諳採金之法而已。

　　又次，道光間，柯培元《噶瑪蘭志略》，更志雞籠附近之山金產地事云：

> 雞籠以北，溪澗深遠。其土番種類繁多，無所統屬。山之頂，黃金
> 結壘，人欲取而無路可通，惟溪之內，流下金沙可取。但金寒水冷，

〔註69〕Mailla〈臺灣訪問記〉一七一五，見經濟史五集，頁124，胡明遠中譯本。
〔註70〕龔柴〈臺灣小志〉，見文叢二一六：《臺灣輿地彙鈔》錄自小方壺齋輿地叢鈔第
　　　　九帙。
〔註71〕六十七《番社采風圖考》淘金條，見文叢九〇，頁47。

極雄壯者，不過入水一、二次而已〔註72〕。

「山之頂，黃金結纍」，顯然係指鑛脈之露頭，結有附於石英脈間之金苗。所在若由地理之考釋，即在內港北溪之上游，三貂大山與雞籠山脈，交會之處。其下之河谷地，即為通蘭官道所經〔註73〕。東面之山徑又有舖遞道取捷經過〔註74〕。

六、志書對口傳之筆削與私家著述之異說兼採

臺灣之產金地，主要不在於哆囉滿。但由於守密而指哆囉滿，次及康熙間復漸次轉回臺灣北部，以及蛤仔難等地，既為當時之實際情勢。然則過程如何？其於志書與私著之出現而言有何差異，於此且將西、荷以來，歷明鄭，清治迄於道光年間，見於諸書之內容，製成比較表，依年代觀其異同，俾助問題之解答。

編號	朝代	年代	書名	記述內容	成分
一	明代	十六世紀	臺灣文化志	臺灣東海岸花蓮溪邊，有一不詳所本名 Rio Duero 之地，意謂「金河」，係自葡萄牙產金地河名而來，因認為葡人在一五〇〇代，已知此處產金〔註75〕。	不詳所本。
二	西荷時期	崇禎五年（1633）	臺灣備忘錄	哆囉滿（Turuboan）有甚多鑛物，搭巴里（Taparri）淡水附近之蕃社住民購此鑛物與 Sangleyes 中國商人交易玻璃珠與寶石〔註76〕。	親身所歷與調查所得。

〔註72〕柯培元《噶瑪蘭志略》卷十四雜識志，頁195，見文叢九十二。
〔註73〕姚瑩〈臺北道里記〉云：「艋舺以上至噶瑪蘭頭圍，凡三日程，皆山徑。……苧仔潭過渡……二里至三貂嶺下。」見《東槎紀略》，文叢七，頁91。又，〈胡傳日記〉：「瑞芳店過溪而南，四里至苧仔潭，又五里平林莊。過溪而北，復東行二里至九芎橋，再十里即三貂嶺」，見《臺灣日記與稟啟》，頁9。文叢七十一。按上述官道所經，皆在後之基隆河上游，三貂嶺峽谷段，而瑞芳金山小金瓜露頭之山麓。
〔註74〕陳培桂《淡水廳志》卷三建置志舖遞條：「柑仔瀨舖，北距燦光寮十五里。……燦光寮舖，北距三貂嶺十五里。」按二舖之間，則經過九份山小金瓜東面，見文叢一七二，頁59。
〔註75〕伊能嘉矩《臺灣文化志》中卷第十篇鑛務條云：「葡萄牙人於一千五百年代通過臺灣海峽時，於臺灣東海岸北方之花蓮溪邊，以其本國產金地之河流名，而命名為 Rio-Dueri。蓋 Rio-Duero 為金河之義」，見刀江書局原刊，頁700。
〔註76〕據中村孝志〈十七世紀荷人勘查臺灣金鑛紀實〉，三之第三節引用〈臺灣島備

三 （一）		崇禎十一年（1638）	巴達維亞城日記	從崇禎十一年（1638）迄隆武元年（1646）數從事東海岸之探金，卻未有所獲〔註77〕。	原住民報告。
（二）		崇禎十五年（1642）		距淡水一日半之 Cauwlangh 地方有多數人在河岸淘金。臺灣之東北角有一河，溯行可抵達〔註78〕。	商館報告。
（三）	明鄭時期	隆武元年（1646）		Cabaran（蛤仔難）稱有金鑛地區為哆囉滿。其地住民、……近鄰之擢其黎（Takitis）住民亦如此稱之〔註79〕。	聽取原住民報告後所作判斷。
四		永曆十四年（1660）	臺灣旅行記	臺灣北部山中有一種未知名土人，持粗金與異族人、荷人進行沉默交易，海邊附近有荷人要塞〔註80〕。	疑為得自當時之普遍傳說。
五		永曆二十四年（1670）	克拉斯勃報告	籠附近之 Cabaran 地方土人在採金。如漢人強迫之則逃入山中〔註81〕。	疑為採訪所得。
六		永曆三十六年（1682）	海紀輯要	淡水通事取金自效，明鄭遣監記陳福往淡水採金〔註82〕。	李滄報告。
七			閩海紀要		
八		永曆三十七年（1683）	臺灣外記	上淡水通事李滄獻策，取金裕國。海路從上淡水坐蚊甲向東西行，至方浪、石灣，轉南溯溪直進。陸路當從卑南覓入〔註83〕。	疑據時之史料加以小說化。
九	清代	入清後	海上事略	上淡水通事李滄愿取金自效，希受一職。餘見後文「番料。俗六考」附載。	疑據時之史料。

忘錄〉，見賴永祥、王瑞徵譯文。《臺灣史研究初集》，頁62。並見臺灣文獻七卷，一、二期。

〔註77〕據同註42，〈金鑛紀實〉：三之第二節探金事業的進展，頁51。

〔註78〕據村上直次郎中村孝志校《巴達維亞城日誌》日譯本卷二，一六四二年一月條，見東洋文庫二〇五，頁201、202。

〔註79〕據同註42，〈金鑛紀實〉三，第四節探金事業的後期。

〔註80〕Albrecht Herport《臺灣旅行記》；臺灣島的土人，見《臺灣經濟史》三集，頁115。臺灣研究叢刊三十四種。周學普譯本。

〔註81〕據〈十七世紀臺灣英國貿易史料〉，頁28譯文，頁139原文，見臺灣研究叢刊第五十七種。

〔註82〕據夏琳《海紀輯要》卷三，文叢二二，頁73。《閩海紀要》卷下，文叢十一，頁72。

〔註83〕江日昇《臺灣外記》卷之九，頁408，見文叢六〇。

十		康熙二十三年（1684）	臺灣府志	買豬末山，在山朝山南，……南則哆囉滿社，出金者。北即山朝社，離三日路程〔註84〕	疑來自舊聞。
十一	（一府三縣時期）	康熙二十三年按二十三年以後	臺灣雜記	金山，在雞籠三朝溪後山，主產金，有大如拳者，有長如尺者，有圓扁如石子者，番人拾金在手，則雷鳴於上，棄之則止。小者，亦間有取出。山下水中，砂金碎如屑。其水甚冷，番人從高處望之，見有金，捧沙疾行，稍遲，寒凍欲死矣〔註85〕。	來自時之傳說。
十二		康熙二十六年（1887）	臺灣紀略	北路之山，曰木岡，曰……雞籠。而金山則在雞籠山山朝溪後，中產精金，番人拾金在手，霹靂隨起。下溪中，沙金如屑，水極冷；取之者，從高而望，捧沙疾行，少遲立凍死〔註86〕。	疑亦來自時之傳說，且見過季書，並有意補前說之地理位置。
十三		不詳	平臺灣序（臺灣賦）	東番社，山藏金鑛，下淡水，地產硫黃〔註87〕。	傳說。
十四		康熙三十四年（1695）	臺灣府志	雞籠鼻頭山南有土番山朝社，其南即蛤子灘三十六社。有買豬末山在山朝山南，其峰尖秀如文筆山形，南即哆囉滿社。北即山朝社三日路程〔註88〕。按：《府志》祗詳提地理並誌輿圖，未及產金事。	對於產金之事皆屬傳說因未將之採入。
十五		康熙三十六年（1697）	番境補遺	哆囉滿產金，淘沙出之，與雲南瓜子金相似，番人鎔成條，藏巨甓中，客至，每開甓自炫，然不知所用，近歲始有携至雞籠、淡水易布者〔註89〕。	疑得自淡水一帶番人口述。
十六		不詳	陳小厓外記	壬戌間・鄭氏遣偽官陳廷輝，往淡水、雞籠金。老番云：「唐人必有大故」。詰之，曰：「初，日本居臺	見於諸羅志引用，內容

〔註84〕蔣毓英《臺灣府志》卷之二，見中華書局原刊景印，頁39。

〔註85〕季麒光〈臺灣雜記〉一卷龍威秘書收錄有是書。而文獻叢刊二一六種《臺灣輿地彙鈔》，頁1，亦有收錄重為排印。

〔註86〕林謙光〈臺灣紀略〉一卷並見龍威秘書。排印見文叢一〇四《澎湖臺灣紀略》，頁53。又成文臺方志四十五，頁30。

〔註87〕見註30。

〔註88〕同註14，高《府志》卷一封域，頁422。

〔註89〕見註4。

			來取金，紅毛奪之；紅毛來取，鄭氏奪之。今又來取，恐有改姓易王之事」。明年癸亥，我師果入臺灣〔註90〕。	係傳自番人兼採史實再加杜撰附和而成。
十七	康熙五十六年（1717）	諸羅縣志	蛤仔難內山溪港產金。港水千尋，冷於冰雪；生番沉水，信手撈之甌起。起則僵，口噤不能語；爇大火以待，傅火良久乃定。金如碎米粒，雜泥沙中，淘之而出。或云：內山深處有金山，人莫知所在。下引陳小厓《外記》，見前〔註91〕。	採訪所得。但內容仍來自番人之說。
十八（一）	康熙末年但書刊於乾隆元年	番俗六考附載	哆囉滿產金，淘沙出之，與瓜子金相似……。以下同前原文〔註92〕。	錄自番境補遺，去「雲南」二字。
（二）			雞籠山土著，種類繁多，秉質驍勇，概居山谷。按其山川形勝奇秀，論其土地則千里饒沃，溪澗深遠，足以設立州縣；惟少人工居址，荒蕪未闢，皆為鳥獸蛇龍之窟。惜哉！偽鄭時，上澹水通事李滄愿取金自效，希受一職。偽監紀陳福偕行到澹水，率宣毅鎮兵並附近土著，未至卑南覓社，土番伏莽以待曰：「吾儕以此為活，唐人來取，必決死戰」！福不敢近；回至半途，遇彼地土番泛舟別販，福率兵攻之，獲金二百餘，並繫其魁令引路，刀鋸臨之，終不從。按出金乃臺灣山後，其地土番皆傀儡種類，未入聲教，人跡稀到。自上澹水乘蟒甲從西徂東，返而自北而南，溯溪而進，匝月方到，其出金之水流，從山後之東海，與此溪無與。其地山枯水冷，巉巖峻峭，洩水下溪，直至返流之處，住有金沙。土番善汹者，從水底取之，如小豆粒巨細；藏之竹籠，或秘之甌甄，間	錄自《海上事略》。

〔註90〕同註9，《諸羅志》卷十二雜記：外紀，頁300。
〔註91〕同註9，《諸羅志》卷十二雜記：外紀，頁300。
〔註92〕同上註六十六與註四參閱。

				出交易。彼地人雖能到，不服水土，生還者無幾〔註93〕。	
（三）				蛤仔難有金井，水極寒。番淘金，先置火及酒於井旁，懸藤絚入，取井底泥沙，口含手掬，急挽而上；寒不可支，飲酒向火，良久乃如常。有得一、二錢者，有數分者，亦有一無所得者；既非兼金，且散碎難溶，冒死求利，番人每苦為之。或云：後山倒咯滿南有金沙溪，金沙從內山流出，近溪番婦淘沙得金；後為蛤仔難番所據〔註94〕。	疑參閱諸羅志后，並加入新說以成文。
十九（一）	（一府四縣二廳時期）	雍正年間	臺灣志略	港底金在蛤仔難內山，港水深而且冷，生番沉入，信手撈之。乍起，則口噤不能言，蒸火良久乃定。金如碎米粒〔註95〕。	疑參閱「諸羅志」以及〈番俗六考〉再加入若干傳說成文。
（二）				哆囉滿亦生番社名，產金從港底泥沙中淘之而出。與雲南瓜子金相似。陳小厓〈外紀〉：康熙壬戌間，鄭氏遣偽官陳廷輝往其地采金。老番云：採金必有大故。詰之。曰：初日本居臺，來采金，紅毛奪之。紅毛來取金，鄭氏奪之。今又來取，豈遂晏然無事。明年癸亥，我師果克臺灣〔註96〕。	採自〈番境補遺〉、「諸羅志」重新撰述。
二十		乾隆六年（1741）	重修福建臺灣府志	哆囉滿產金，淘沙出之，與雲南瓜子金相似。深入水底，水極冷，雖壯番不能再入；金亦不多得〔註97〕。	採自〈番境補遺〉、〈臺灣雜記〉、〈臺灣紀略〉修改成文。
二十一		乾隆十二年（1747）	重修臺灣府志	卷十五風俗門採〈番境補遺〉原文，刪去「雲南」二字。又採《海上事略》原文之全部，唯無「與」作無「異」，俱入於附考〔註98〕。	採〈番境補遺〉與《海上事略》。

〔註93〕見註13引文。

〔註94〕同上註13，頁140。

〔註95〕同註11，《重修府志》，頁2260，引《臺灣志略》。

〔註96〕同上註書，頁2261。

〔註97〕劉良璧《重修福建臺灣府志》十九雜記，見文叢七四，頁495。

〔註98〕同註96，《重修府志》，頁2185。

二十二		乾隆九至十二年	番社采風圖考	雞籠毛少翁等社，深澗沙中產金，其色高下不一。社番健壯者沒水淘取，止一掬便起，不能瞬留；蓋其水極寒也。或云：久停則雷迅發，出水即向火始無恙〔註99〕。	由於區域之開發，出現新說。但仍附〈臺灣雜記〉、〈臺灣紀略〉之「番咒」。
二十三		乾隆二十九年（1764）	續修臺灣府志	如《重修臺灣府志》卷十五註〔註100〕。	沿襲。
				如《重修臺灣府志》卷十七註〔註101〕。	沿襲。
二十四	（噶瑪蘭置廳時期）	道光十七年（1837）	噶瑪蘭志略	雞籠以北，溪澗深遠。其土番種類繁多，無所統屬。山之頂，黃金結纍，人欲取而無路可通，惟溪之內，流下金沙可取。但金寒水冷，極雄壯者，不過入水一、二次而已註〔註102〕。	疑由淡蘭官道之經過其間，遂為時之墾民發見。為修志者所採並雜入舊說。

以上由十六世紀初代，迄於道光十七年（1836）止，其間約三百三十餘年，所舉於表中之書，包括中外著述，凡二十四種，除編次等十三號之《臺灣府志》以外，均曾提及〈臺灣之金〉相關記事。其中，如三號之「巴達維亞城日誌」，十八號之〈番俗六考〉，十九號之《臺灣志略》等，復提及不同之說，二至三種。概見，紀述為數頗夥，而亘達二十七、八說之多。此中，外人之紀述，五部，不同說法七種，主張產金地在哆囉滿者三條，認為在臺灣北部山中：包括 Cauwlangh 與 Cabaran 等，未肯定是否為後世蛤仔難者四次。而最後之二次（四、五），已明顯肯定產金來自雞籠附近。

其中，如《臺灣旅行記》之作者，在臺服役時間年餘，而克拉斯勃祗為一過客而已。二人卻均在臺灣獲得如其紀述之豐富產金常識，窺見當時之臺灣，已有相當程度之產金地消息，流傳於漢人社會。但在原住民而言，由於祖傳守密之共識，在必要時恆指產金地在哆囉滿，以逃避對方之窮究追問，成為發皇，亦自可見

其次，包括〈克拉斯勃報告〉，以及見於六、七等書之「李滄報告」，出金

〔註99〕六十七《番社采風圖考》淘金條，見文叢九〇，頁47。
〔註100〕見余文儀《續修臺灣府志》卷十五風俗附考，見文叢一二一，頁554。
〔註101〕同上《府志》卷十七物產附考，頁595。
〔註102〕柯培元《噶瑪蘭志略》卷十四雜識志，頁195，見文叢九十二。

在臺灣北部，而非哆囉滿所在，大致已可揭開真象。卻由於原住民之率族取得默契，逃過劫數，漢人因亦認為其地或果不在臺灣北部。從而《臺灣外記》、《海上事略》二書，亦據採金隊在中途之遭遇，撰述入於二書，成為費解之資料。

然而明鄭之后，隨從清之領臺，海禁開而漳、泉移民，接踵來臺。初期蔣毓英《府志》，對於金，雖從舊說而志為「哆囉滿」。但墾地由南北移后，漢「番」雜耕，以及「番市」之接觸，見聞亦大增。故季麒光創〈郡志稿〉時，雞籠附近有金山之事，應已被官方採擷。但未被保留為其后高拱乾《臺灣府志》之擷取，則疑為此一傳說係來自時之原住民，其中含有「番咒」之荒唐說法。季乃轉而將之保存於私家著述〈臺灣雜記〉。次及後之數年，林謙光來臺，亦由擷餘而採得此一傳說，為私家著述，名〈臺灣紀略〉。並於敘述山川部分，補述「金山」之說，而改「雷鳴於上」為「霹靂隨起」，其用心不難窺見為〈雜記〉補充，存此傳說，見其思慮之遠。

又次為郁永河之〈番境補遺〉。此一紀述之「哆囉滿產金」，事前似未閱讀過季、林二著，從而前人有關於金之著述，亦未有所悉。遂將耳食之事，以第一手入於著述。卻亦完整保存時之原住民，對于出金地之保密原貌；以來自「臺灣北部山中」之金，訛稱「哆囉滿」所產。蓋產自東海岸哆囉滿者，粒與質之不同，已說明此間之矛盾使然。

至於康熙五十三年（1714）之《諸羅縣志》，主修者雖躬親涉境雞籠，唯其係現任縣令，所接觸人際恐不若郁永河之身分諸生，為採硫而日與「番人」、漢人相處。況且，採金之事，在康熙以來，屬於「鑛禁」範圍，地方固有產金，秘之唯恐不及，官方採擷入志，亦需慎重，似為未備之原因。至於採自〈外記〉之說，雖知作者為陳峻。唯其人之身家生平，未能窺探之前，若但據其來自「老番」云，亦不失為「番咒」中，巧用之大者，究竟出處，或出自「番」中之智者為濫觴。

但志書之採擷，固有取與不取。傳說中之出金所在，在康熙之末葉而言，漢人移墾之足跡，既漸遍及臺灣北部；源出雞籠深澗之內港北溪，自蜂仔嶼以上河段，則為「深澗沙中產金」之河流，下游流出干豆門。旁河而行，為通雞籠之陸路。漢人之通事、夥長、番割，皆不乏趨利之徒，因而起自情勢之需求，原住民之守密共識，自亦再起作用；揚言市易之金係來自人跡罕到之蛤仔難。

由此，遊宦之士，若黃叔璥、若尹士俍，在屢閱前人之著述后，以新傳說

持入。「哆囉滿」一說，至亦澈底產生動搖，書與不書，亦難取決於胸臆。最后，如黃之異說兼採，去「雲南」而留「瓜子金」，並附以說法出處。唯後者尹著，即綜合前說重為撰述，成為二書說法之同與不同互見，或基於此。

乾隆六年（1741）劉良璧《府志》，似未採取黃叔璥，而以〈番境補遺〉、〈臺灣雜記〉、〈臺灣紀略〉，增刪為金之紀述。之后，范咸於十二年（1747），《重修府志》，疑認為諸說並非定論。因而〈番境補遺〉《海上事略》兼採入風俗，《臺灣志略》入於物產，俱作附考，以備後人。二十九年（1764），余文儀《續修府志》一本抄襲之。

此中，《余志》固無發明，但《范志》之修，已有六十七《番社采風圖考》內載「淘金」一則，言採金在「雞籠、毛少翁」等社，出金所在具體已近披露邊緣，唯時人未注意及之，實亦費解。

甚至，雞籠附近之金，更移後及光緒間始自河中發見。但《噶瑪蘭志略》所志一則；早見於道光年間，而時之移墾者未能揭開真象，著手探之，自為未具採金之常識使然。但另一同期《噶瑪蘭廳志》亦未列入，是否說明前者採擷之範圍，有為後者所不及，抑或後者取捨之態度，有更慎於前志，寧捨而毋濫耶。

七、結　語

臺灣自古為富於產金之地，由前揭諸書紀述，以及後世鑛山之分布證之，已為不爭之事。但早期之產金所在，由於原住民之態度保守，且懷有濃厚禁忌心態，憚於一朝公開，將招禍福。至于藉各種杜撰、附和、下咒之法，為世守其密，而個人又各自扮演「守護者」之義務角色一事，已歷歷可見。但亦由此草根性之共識，逃過泰西殖民主義者之掠奪，以及倭寇之佔據；使鑛藏所在仍能保持原始之型態，屹立於危崖之頂，免罹劫數，其功當足肯定。

但市易之金，非來自臺灣東部而殆係來自臺灣北部山中，亦非來自蛤仔難云，亦由後世之產量調查，已足成立。準此，所謂：臺灣北部山中，自以基隆金山為唯一之依歸。今人對於基隆金山之金，恆推光緒十六年（1890），由基隆河中，下游沙金之發見，為其年代之先鞭，即時至今歲，適為百年而已〔註103〕。唯由前述傳說與舊志言之，應可推及十六世紀之下半葉云，距

〔註103〕按：光緒間基隆河之發見砂金事，伊能嘉矩《文化志》作鐵路起工於十四年。
　　　　發見沙金未言年代。連橫《通史》作光緒十五年。《省通志》一作十四年見大

今實已三百五十年以上。

　　至於哆囉滿產金一事，若由後世之調查，以及地下出土物論之，亦為肯定，並容另於後日著文探討〔註104〕。但在年代卻有待商榷。此中，尤以《花蓮縣志》之作「明天啟二年」一事，使人懷疑，而毋寧以崇禎五年（1632），或較有援引之餘地〔註105〕。毋奈，其地之金在產量與金質而言，遠不若臺灣北部山中，自荷人探金事業之事無成績，亦可看出。後世美人達維得遜（W. Davidson）曾言：來臺灣之異種人中，十六世紀居於雞籠之日本人，已知沙金存在於臺灣北部。但日人離去時，將秘密帶走；一百年后，荷人佔領臺灣，金之埋藏由彼等發見，而離去時又將之帶走。鄭成功之部下，同樣發見北部之金，因而對接踵而來之清人，保守此項秘密。滿清佔領之后，產金地區皆有人居住，從而迨其發見真實之內容，已相去兩世紀之後云〔註106〕。說法亦十分務實。

　　蓋由季麒光之書為始，產金所在在漢人社會，應已頗為流傳。低因所在猶屬瘴境，而當時的國人之從業本份，又以務本為農，工、商其下視之。採金之事，又為干犯「禁令」，以及「禁忌」之事。志書之修，亦從治道、番情而着點，輕易不提地下所產。蓋以「地之所產，有時而窮」，認為不足為訓使然〔註107〕。

事記，一作十五年見鑛業篇，互為矛盾。唯唐贊衮《臺陽見聞錄》云：「基隆闢地二百餘年，從未有滿地生金之說。忽於光緒十六年，三貂堡、龍潭堵一帶顯露金沙，即有土人私淘金沙。」由此論之，顯見沙金係發見於光緒十六年見文叢三〇，頁26。距今百年而已，而繫年之不一，已如此之甚。從而相關之事，容另文探討。

〔註104〕　按：外人之採金東海岸：民國二十四年間，日人山本義信曾於其所屬沙金鑛區；擢其黎河口附近，由地表以下掘出一批包括男女、孩童在內之骨骸，數達二百餘具。其中，並雜有粗金條、金線、淘金工具等，而據日人之判斷，當係二百餘年前，集體死於採金工作之外人云。唯至今尚未見專文探討。

〔註105〕　按：《花蓮縣志》大事記作「明天啟二年（1622）西班牙人至哆囉滿採取砂金」之說，雖未明史料依據。但由本文前引西班牙傳教士愛斯基委於一六三二年著〈臺灣備忘錄〉提及哆囉滿之產金論之。縣志之採擷，或據愛斯基委之著述年代，誤為西班牙人至哆囉滿採金。之后，於抄錄又將一六三二年誤抄為「一六二二」年，再以是年對照中國年代，成為「天啟二年」。

〔註106〕　見 W. Davidsoir《臺灣之過去與現在》第二十六章〈臺灣之金〉，見臺灣研究叢刊一〇七，頁322。

〔註107〕　《清史》卷一二五〈食貨志〉五，礦政云：「清初鑒於明代競言鑛利，中使四出，暴斂病民。於是聽民採取，輸稅於官，皆有常率。若有礙禁山風水，民田廬墓，及聚眾擾民，或歲歉穀踊，輒用封禁。……康熙間，遣官監採……銀鑛。二十二年，悉行停止。並諭開鑛無益地方，嗣後有請開採者，均不准

其次，出金之事在康熙年間，既屬傳說，史家修志自亦採取審慎態度。如周鍾瑄之序《諸羅縣志》，言取事與時之關係云：

> 時至事起，時窮而事變……夫安知數十年後，氣化人事更相推移，今之所信，不為後之所疑乎？亦就目前之信而不疑者，留為掌故，備異日之徵而已〔註108〕。

態度既懼，從而對於風俗、物產、雜記之入志事又云：

> 郡志之外，採諸寓賢沈君光文「雜記」。海澂陳君峻〈外紀〉，益以耳目親聞〔註109〕。

蓋此中之言「金」者，當為「陳君峻」其人。然則，見於〈雜記志〉之「陳小厓」，自為「陳峻」之表字〔註110〕。至於其餘之「口傳」，則採慎重，亦備而不濫使然。

然若私家之著述，則態度較為開放，率以諸說並存，或潤色裁鑄，意取大雅。但亦因採擷舊聞而有上述之裁鑄，成一家之言。國人著述，又有或存史料來源，或略其出處方法之併用，次及後世而利弊互見，即由前述之探討而見其得與失而外。個人因為文探討金之傳說，爰引近年所出方志時，迭陷岐路，致事「倍」功「半」仍未能考出者，數在匪尠，存其來源，或將有啟於後人為一得。

　行。世宗即位，群臣多言礦利……相繼疏請開礦，均不准行。或嚴旨切責。」
　　見國防研究院刊本，頁 1522。
〔註108〕見《諸羅志》周鍾瑄自序。
〔註109〕見同上書，凡例。
〔註110〕峻：「高山峻原，不生草木」：註云：「峻，峭也」。參見《國語》卷十五晉語九：「土茁謂土木勝懼其不安人」條，九思校註本，頁 501。

三朝溪與金山地理考釋

一、金山在三朝溪後山？

　　無錫季麒光為首任諸羅知縣，來臺於康熙二十三年（1684），二十四年（1685）以憂去[註1]。其在臺灣時間雖短，却亦著有〈臺灣雜記〉乙篇，紀述若干當時之地理見聞，流傳於世。此〈雜記〉之首，有記臺灣北部產金之事云：

> 金山，在鷄籠三朝溪後山，主產金，有大如拳者，有長如尺者，有圓扁如石子者，番人拾金在手，則雷鳴於上，棄之則止。小者，亦間有取出。山下水中，沙金碎如屑。其水甚冷，番人從高處望之，見有金，捧沙疾行，稍遲，寒凍欲死矣[註2]。

季麒光未聞足履臺灣北部，金山所在自不待言。然其在任踰年，首創臺灣郡志，博覽群書云，撫風問俗，採擷及於民間，自亦以所好而勤[註3]。由此，所謂「金山」之紀述，留於〈雜記〉，未登於「郡志」概見係得自鄉野市肆之傳聞，因尚乏目睹為所本，取捨從慎。唯內容却亦至為踏實而已。

〔註1〕高拱乾《臺灣府志》卷之三秩官志：諸羅縣知縣季麒光條，見中華書局景印原刊「臺灣府志三種」一版，頁537。

〔註2〕季麒光〈臺灣雜記〉一卷，見《臺灣與地彙鈔》，臺灣文獻叢刊（以下簡稱文叢）二一六種，頁1，錄自清王錫祺「小方壺齋與地叢鈔」第九帙並條考「臺灣詩薈」第三號增補。

〔註3〕（一）《臺灣文獻叢刊提要》第二一六種《臺灣與地彙鈔》提要，見臺灣研究叢刊一一四種，頁98。（二）參閱蓉州文稿卷一臺灣志序，見陳碧笙校注臺灣府志附錄二，頁122。廈門大學出版社一九八五年。

此一紀述之「金山」，季之著述，既作濫觴，降及二十六年（1687），長樂林謙光任臺灣府學教授，亦於所著〈臺灣紀略〉〔註4〕山川條，說明「金山」位置云：

> 北路之山，曰木岡。曰……鷄籠。而金山則在鷄籠山山朝溪後，中產精金，番人拾金在手，霹靂隨起。下溪中，沙金如屑，水極冷；取之者從高而望，捧沙疾行，少遲立凍矣〔註5〕。

林謙光此一紀述，其說若非本於季麒光，亦屬同出一源云，望文而可明瞭。但對於產金所在之環境，似曾下過一番求證，因言「金山」是在「鷄籠山」所在，水名「山朝溪」之後面。所產，皆為「精金」，而山下之溪中，亦有碎屑之沙金雜見溪中云。至於淘探之法，因係山谷間之溪流，水性寒冷，需先由水面端視水中確有金沙，然后潛水捧沙，迅速浮出。否則，稍為延遲，將凍澈心脾，使人欲死矣。

二書對於「金山」所在說法，若由後世光緒間，基隆河之發見沙金，而連帶溯流發見鑛藏豐富之基隆金山論之，先入之觀念與必然之依歸，認為「金山」，亦則「基隆金山」，固毋庸置疑。所謂「山朝溪」所在，由於「溪中」有金之連鎖反應，以及後之「基隆河」非但富於「沙金」，其源且發於三朝（貂）嶺附近之山區，至於易導人於陷阱，「山朝溪」是否為「基隆河」之上游〔註6〕。其次，基隆金山係瑞芳鑛山、金瓜石鑛山、牡丹坑鑛山等三處金鑛之總稱〔註7〕。準此，二書所指「金山」所在，狹義之地為上述三金

〔註4〕同註1，《臺灣府志》卷三秩官志：臺灣府儒學教授林謙光條，頁541。

〔註5〕林謙光〈臺灣紀略〉山川條，見文叢一○四種《澎湖臺灣紀略》，頁56。

〔註6〕按三朝溪，山朝溪、三貂溪皆為同一河流之名。準此（一）《臺灣府輿圖纂要》〈淡水廳輿圖纂要〉圖冊，水，滬尾港海口條云：「港內分南、北、中三大溪，名曰內港，……北溪之源出自三貂嶺，南至水返腳、錫口轉西南，過劍潭會磺溪至關渡，與南溪合流而出滬尾。」見文叢一八一，頁279。（二）《淡水廳志》卷二山川作「內港二大溪」云：「北溪，其源出三貂山苧仔潭……。」見文叢一七二，頁35。（三）《臺灣省通志》卷一林朝棨原修地理篇一章二節二項基隆河系條云：「基隆河為臺灣北端之一河系，圍繞金瓜石至南港南方四分子附近之一大長形穹隆（Elongated dome）北東半之大部分。其發源地為平溪石底之西端；上游約十三公里間，呈東北東向，至三貂嶺附近忽然折向北與北北東，至五公里瑞芳之東。」見原刊本，頁26。

〔註7〕按：日人於光緒二十一年據臺以後，於二十二年九月發布〈臺灣鑛業規則〉整頓鑛區。十月八日以鑛字第一號將臺灣北部產金之西區瑞芳鑛山二、四五一、一八六坪之地界與日人藤田合名會社。同月二十日，以鑛字第二號將金瓜石鑛山二、一九八、四○○坪之地予日人田中長兵衛。二十四年，劃牡丹坑地區，

鑛中之何者屬之。古今之說，既乏明白之定界，雖倉卒比較現存志書與公私資料，更令人費解，至於陷入歧途，自為此中之遺憾。

二、三朝溪之地理位置

三朝溪此一地理名辭，如前所引亦作「山朝溪」，且為研究臺灣史事，常見之溪名。此溪之見於官方志書，似始於《諸羅縣志》山川云：「八尺門之南，為山朝溪」，內容十分簡略〔註8〕。時為康熙五十五年（1717）。次及乾隆六年（1741），《重修福建臺灣府志》山川：彰化縣部分云：「山朝溪：在八尺門之南，東為大海」〔註9〕。復次，迨及乾隆七年（1742），另一范咸《重修臺灣府志》，始於封域：淡水廳之敍山川云：

> 山朝溪：在廳治東北三百五十五里，八尺門之南，東為大海〔註10〕。

如此，加上概略之道里。

其后，此一文字，並沿用於余文儀之《續修臺灣府志》，未見發明〔註11〕。唯上述三志所指之「八尺門」，因位置係在今基隆市中正區中濱、中正、正濱等里一帶，為隔開臺灣本島與對岸社寮島之一小型海峽，其狀似門，故以「八尺」形容寬度之窄隘〔註12〕。若范咸《府志》亦云：

> 八尺門港；在廳治北二百二十里，雞籠港之東，隔港為山朝，黑沙
> 晃諸山〔註13〕。

由此論之，前三志所言之「三朝溪」，係指河口為目標而言，位置自在八尺門以南，瀕海之地，為其存在。至其確切位置，以及今地所在，《府志》又言相關可為大目標之「大雞籠山」；係在「廳治東北二百五十里，大海中一

予臺人周步蟾、連培雲、尤枝等人。其後，此區由日人木村久太郎經營，名牡丹坑金坑。三金鑛所在，由於行政區之改隸。迨民國九年，建廳置州，州下置郡，郡設街庄，三金鑛地區之瑞芳與頂雙溪二庄，悉隸基隆郡下；日人乃通稱此一廣大之金鑛區為「基隆金山」，而包含三處鑛山在內。參閱唐羽《臺灣採金七百年》，頁93。並參閱林朝棨〈臺灣之金〉、〈臺灣之金鑛業〉；〈鑛權設定〉，見臺灣特產叢刊六種，頁32。

〔註8〕周鍾瑄《諸羅縣志》卷一封域志山川，頁15，見文叢一四一。
〔註9〕劉良璧《重修福建臺灣府志》卷三彰化縣，見文叢七十四，頁68。
〔註10〕同註1，景印〈府志三種〉范咸《重修臺灣府志》卷一封域山川，淡水廳山朝溪條，頁1385。
〔註11〕余文儀《續修臺灣府志》封域，山川：淡水廳山朝山條，見文叢一二一，頁32。
〔註12〕參閱洪敏麟《臺灣舊地名之沿革》第一冊，頁249，八尺門條，見七十三年省文獻會再版。
〔註13〕同前註十范咸《府志》，頁1386，八尺門港條。

望巍然，日本洋船以為指南」云〔註14〕。此一大鷄籠山，係指位在今臺北縣瑞芳鎮煤仔寮東方山嶽「基隆山」之謂。其山形遠望有如「鷄籠」北面面海，南面為金瓜石鑛山，東方迄止於水南洞一帶，非但為北部之著名山嶽，亦為最早見於中國正史上面之地名而著〔註15〕。

復次，范咸《府志》又言另一大目標云：「山朝山，在廳治北五百三十五里，……山南為蛤仔難三十六社，生番所居，人跡罕到。」云〔註16〕。概見，此一「山朝山」並非位處今基隆河上游山地之「三貂大山」或「三貂嶺」所在〔註17〕。稽其原因，係《府志》錯將臺北縣貢寮鄉之三貂角，連接隆隆山、草嶺、遠望坑山地一帶，雪山山脈之起點諸峰，誤為「山朝山」以致〔註18〕。故毋論地名之錯置如何，由淡水廳治至八尺門為二百二十里〔註19〕。稍南之大鷄籠山為二百五十里〔註20〕。越過今鼻頭角再往南面之「山朝山」為五百三十五里，至於主述之「三朝溪」所在，為距「廳治三百五十里」〔註21〕云。故求得之「三朝溪」河口位置，大抵在大鷄籠山之南一百里，三貂角、隆隆山地之北；古代三社之地一事，位置既明〔註22〕。求之其溪，亦則後之《噶瑪蘭廳志》所云：「淡蘭交界三貂溪」之河流〔註23〕。此溪因劃為噶瑪蘭廳，故其名未見於《淡水廳志》。唯就整條河流而言，流路分段，各有不同命名：《廳志》上面，仍提及其屬於淡水廳之中、上游部分，以及錯將下游之一支

〔註14〕同上註《府志》，頁1383，大鷄籠山條。

〔註15〕（一）參閱齊藤讓《瑞芳及金瓜石鑛山視察報文》第二章產金地域，地形。日明治三十二年。（二）參閱《琉球與鷄籠山》內引〈東西洋考〉、〈明史稿〉、〈明史鷄籠山條〉，見文叢一九六，頁87、93、97等

〔註16〕同註13，《府志》，頁1383，山朝山條。

〔註17〕見註6之（三）引《省通志》基隆河系條。

〔註18〕同註6，〈淡水廳輿圖纂要〉圖冊，北路山云：「三貂山、大坪山。自大鷄籠山發出，兩山夾峙，有嶺名三貂嶺，為淡蘭往來必由之路。由三貂嶺稍低，復起大坪山，即合出五支；一由東南遠望坑，西入蘭界。」又云：「遠望坑山：由三貂、大坪山後面東南分支，入於蘭廳界內，遠望坑即淡、蘭交界之所，其形勢已向東邊海而南矣。」見頁271。又同註6之（三）〈土地志〉雪山山脈條：「雪山山脈位於脊梁山脈之西側，……東北端由三貂角開始」，見頁176。

〔註19〕見註13引文。

〔註20〕見註14引文。

〔註21〕見註10引文。

〔註22〕陳培桂《淡水廳志》卷三建置志番社：「三貂社，距城四百餘里」，見文叢一七二，頁82。

〔註23〕陳淑均《噶瑪蘭廳志》卷一封域疆域：附考，見文叢一六〇，頁9。

流，認為不同河系云：

> 頂雙溪：在三貂嶺東南，距城二百二十里。自嶺腳起，至溪邊，水
> 程二十五里。其源出於三貂，東滙四近諸山，由東北入海，淺窄外
> 多沙泥〔註24〕。

> 遠望坑溪，在頂雙溪東南，距城三百四十里，為淡蘭交界。溪南屬蘭，
> 溪北屬淡。其源出於噶瑪蘭東面諸山，由東南至蘭界入海〔註25〕。

遠望坑溪係在今貢寮鄉穗玉村境內。至於頂雙溪，其源出自牡丹坑山區，三
貂嶺南面，初名牡丹坑溪〔註26〕。出流以後，先是滙入石笋溪之水，至於頂
雙溪；今鄉治所在，滙入西面而來之柑腳溪為合流，因而有雙溪之名，為其
上游〔註27〕。其次流路進入貢寮鄉境內，於今雙龍村附近，復滙入內寮溪之
水，由此而與上游對稱，名為下雙溪〔註28〕。再經下游一帶，即滙入前述遠
望坑溪之水，由今福隆海水浴場處出口入大洋，即為古代之「三朝溪」或「山
朝溪」，後世之「三貂溪」。但遠望坑溪之水，並無本身之出海口，亦為古人
修志時之失於實地觀察以致〔註29〕。

三、日人對金山所在之見解

所謂「三朝溪」之地理位置，至此應已獲得解答。然則其下游所在與產
金而著之基隆金山，若前述《淡水廳志》之水程，言自三貂嶺「嶺腳起，至
溪邊，水程二十五里」〔註30〕。另外，沿溪而行之古道，由牡丹坑迄於三朝
溪口三貂社附近，大抵為三十七餘里〔註31〕。相距如此遙遠。毋奈古代之「三
朝」如季麒光與林謙光却云「溪」之「後山……產金」，此一令人醒目之語。

〔註24〕 同註22，《淡水廳志》卷二封域志山川：頂雙溪條，頁37。
〔註25〕 同上註，遠望坑溪條。
〔註26〕 同註23，《噶瑪蘭廳志》附考有云：「三貂溪發源之處，於圖內註明為牡丹坑，
　　　　並更改其溪之曲折。」頁8。
〔註27〕 參閱方得時《雙溪鄉的民族學研究，一個北臺灣礦業市鎮的社會經濟發展史》
　　　　二之（一）地形與聚落的分布，見民族與華僑所學報抽印本，頁49。
〔註28〕 參閱《臺北縣志》卷五〈開闢志〉貢寮鄉雙龍村下雙溪條，見原刊本，頁29下。
〔註29〕 參閱註25引文。
〔註30〕 見註24引文。
〔註31〕 姚瑩《東槎紀略》卷三〈臺北道里記〉云：「（三貂嶺）下嶺八里牡丹坑，本名
　　　　武丹坑，武鎮軍隆阿改今名，……六里粗坑口，過渡。六里頂雙溪，有渡。八
　　　　里，魚行仔，有溪。八里，下雙溪，過渡，為遠望坑民壯寮。里許至三貂大溪，
　　　　西淡水界，東噶瑪蘭界。」見文叢七，頁91。

至使日人據臺時期，為尋找金之蘊藏所在，頗致力於「舊記」之解題。

此中，其任臺灣總督府殖產局礦務課長之日人福留喜之助，於民國十六年（日昭和二年）二月，在《臺灣礦業會報》由第百四十八號連載之〈臺灣產礦物に關する舊記の抄錄（三）〉，曾多方比較〈臺灣輿圖〉、《噶瑪蘭廳志》、《臺灣通史》以及姚瑩〈臺北道里記〉諸說。認為季、林二人所留紀述之「三（山）朝溪後山」之「金山」一事，「三朝溪」應如「頂雙溪」或「礁溪」之為一驛站之地名，而非溪名〔註32〕。如此，「三朝溪」所在，應在後之牡丹坑附近。從而「溪後金山」，亦則後之牡丹坑礦山，或作牡丹坑金坑，再則「溪中」有金，亦為附近之溪澗〔註33〕等等。

對於福留此一推論，個人在七十三年間，為文探討〈基隆河砂金之發見與金砂局始末〉時，已發見福留之推論，尚存諸多疑問猶無法圓滿其說，有待為文探討〔註34〕。蓋再次細讀〈雜記〉之說，季麒光係言「金山；在鷄籠、三朝溪後山」。所謂「鷄籠」，猶如古人為詩而云：「鷄籠積雪」，「鷄籠」係指山名。質言之，「金山」所在，位在「鷄籠山」與「三朝溪」此一山一水之後山。至「鷄籠」，自為「大鷄籠山」之稱，若由今之地圖上論之，鷄籠山之位置在北，三朝溪之源流在牡丹坑三貂嶺下，故位置在南。準此，二地各自之「後山」，如非金瓜石金礦，即為瑞芳金礦云，自較為合理。

然而季麒光又言，「金山」之金，其形「有大如拳者，有長如尺者，有圓扁如石子者」。如此，由所述金之現場所產出形狀言之，其金非唯肉眼可辨別之自然金。今借明人宋應星所論自然金之形狀：「山石中所出，大者馬蹄金，中者名橄欖金、帶胯金，小者名瓜子金；水沙中所出，大者名狗頭金，小者名麩麥金、糠金；平地掘井得者，名麵沙金，大者名豆粒金，皆待先淘洗後冶煉而成顆塊〔註35〕。」以應證之，大如拳者自為「馬蹄金」，長如尺者似為「帶胯金」，圓扁如石子者又似「橄欖金」。況且，再就現代金礦之礦金名詞論之，基隆金山三金礦之中，瑞芳礦山之金，名為「瑞芳型」，自然

〔註32〕日福留喜之助〈臺灣產礦物に關する舊記の抄錄（三）〉見《臺灣礦業會報》第百四十八號昭和二年十二月，頁22，唐羽輯本。

〔註33〕同上註，《會報》，頁25。

〔註34〕唐羽《清光緒間基隆河砂金之發見與金砂局始末》一之（二）清初三朝溪後山之產金與土著採金，見臺灣文獻季刊三十六卷第三、四期合刊本，頁120。

〔註35〕宋應星《天工開物》卷下五金第十四卷黃金，見商務印書館人人文庫本，頁227。

金呈塊狀、粒狀、薄片狀、樹枝狀、針狀、海綿狀、毛髮狀等，均為肉眼可辨別〔註36〕。金瓜石鑛山之金，名為「金瓜石型」，其金係含質於初成銅鑛、金氧化鑛、金粘土鑛、金鑛染鑛，而露出地表部分，大抵屬於金氧化鑛，肉眼固可由其上鑛中，辨別出若干金點，却未成塊狀〔註37〕。如當地人名之為「醨質」，須經過焙化法，始得冶成純金，而與瑞芳型不同〔註38〕。

由此，季麒光所指之「金山」，若從上述瑞芳、金瓜石二金鑛之自然金形狀論之，當屬於前者。其次，道光間柯培元《噶瑪蘭志略》，復紀述與此間之金，相關之事云：

> 雞籠以北，溪澗深遠。其土番種類繁多，無所統屬。山之頂，黃金結纍，人欲取而無路可通，惟溪之內，流下金沙可取。但金寒水冷，極雄壯者，不過入水一、二次而已〔註39〕。

「山之頂，黃金纍纍」，已明顯指出屬於肉眼可辨別之自然金，至於「結纍」於「山頂」，亦即鑛脈之露頭。前述二鑛山之區內，著名之露頭，有九份之小金瓜〔註40〕、有金瓜石之大金瓜〔註41〕、有同地半屏山之獅子岩日人名之為烏帽子山〔註42〕。但九份之小金瓜，毋論由現場之狀況，或由雞籠山與三朝溪之位置言之，地點適當，露頭高聳於山峰之上，自最為引人注目。

四、季、林紀述之再考釋

季、林二人之紀述，其次又有關於沙金之事。〈雜記〉云：「山下水中，沙金碎如屑」；〈紀略〉則言：「下溪中，沙金如屑」，所指大抵相同。此一說法係因小金瓜所在，位處雞籠山稜線之餘脈，迤邐連接日人所云：「番界三貂嶺」之中途，連帶菜刀崙所在，成放射狀之中心。東北面之水，流入外九份溪，循

〔註36〕同註7，林著〈臺灣之金〉臺灣之金鑛床一之（一）瑞芳型鑛床，頁3。

〔註37〕同上〈臺灣之金〉一之（三）金瓜石型礦床，頁8。

〔註38〕報導人：簡金傳。金瓜石勸濟堂管理人。

〔註39〕柯培元《噶瑪蘭志略》卷十四雜識志，頁195，見文叢九十二。

〔註40〕同註36，「瑞芳型鑛床」云：「鑛脈中產自然金，金粒粗大，大致以肉眼可辨別。……筆者就曾經採到過一塊重六〇多兩的大金塊；最大者，據說是在日本佔據前，小金瓜露頭附近的十三鑛（鑛場名）所產，重達六三斤。」見頁3下。

〔註41〕同註37，〈金瓜石型鑛床〉云：「本山系鑛像以裂罅充填鑛床為主。……大金瓜即為其露頭北端。……為本鑛山產金主要來源之一。」見頁8上。

〔註42〕又同上〈鑛床〉長仁系部分云：「獅子岩鑛床的露頭即獅子岩，其鑛砂含多量硫砷銅鑛。」見頁10。羽按：「獅子岩」今之登山家名為「無耳茶壺山」，唯當地人作「獅仔石山」，早期日人作「烏帽子山」。

基隆山東麓，由水南洞出海〔註43〕，東西向之水，流入煤仔藔庄所屬大竿林溪
與黑四坑溪〔註44〕。西面之水，一循大粗坑而下，一循小粗坑而瀉，俱匯入清
代之石碇溪，成為含金沙之溪流〔註45〕。三面水流之中，前面二向由於流路短
急，含金率多流入海中。但後之面向石碇溪者，一因山勢陡峭，山洪作用與崩
墜較為嚴重，金之運入溪中既富，河流所經亦以兩山間之窪地、沖積平原為多，
流速緩慢，河中之含金最為豐富。甚至於中途之扇型段丘，積成含金土層。

　　乾隆初葉，滿人六十七《番社采風圖考》，對於臺灣北部土著之採金河潤，
有一紀述云：

> 雞籠、毛少翁等社，深潤沙中產金，其色高下不一。社番健壯者，
> 沒水淘取，止一掬便起，不能瞬留；蓋其水極寒也。或云：久停則
> 雷迅發，出水即向火始無恙〔註46〕。

六十七本人，係以戶科給事中奉命巡視臺灣，在任三年，職務所至，留心殊風
絕俗，應較為踏實〔註47〕。

　　所謂雞籠、毛少翁等社，前者似泛指大雞籠社周圍之社番，後者在後世
之士林社仔一帶，均屬平埔之凱達格蘭族〔註48〕。因由地緣推論，採金者大
致均為散居清代石碇溪與內港北溪中游流域，旁水成社。蓋沙金河在清代，
並未有「基隆河」之名，中游名為「內港北溪」，上游在光緒間，始見「石碇
溪」之名〔註49〕。其源亦出於「三貂嶺」〔註50〕云。提供沙金之源流，則為

〔註43〕同註15之（一）《瑞芳及金瓜石鑛山報文》第二章產金地域，地形：北區域九
　　　　份溪，西區域九份溪等參閱，見頁3、4。
〔註44〕同上註「地形」北區域大竿林溪，西區域大竿林溪等參閱。唯「黑四坑溪」原
　　　　為一無名小溪，後有名「黑四」者在該處淘金，當地人因以取名，其實亦合流
　　　　入大竿林溪。報導人：當地人吳宗碧。
〔註45〕日石井八萬次郎明治二十九年〈臺灣瑞芳金山〉調查報文：地形，見《地質學
　　　　雜誌》第四卷第四十三號。唐羽輯本〈基隆金山調查報文〉。按「石碇溪」日
　　　　人作「基隆川」。
〔註46〕六十七《番社采風圖考》淘金條，見文叢九○，頁17。
〔註47〕同註3，《文叢提要》第九○種，頁45。
〔註48〕同註12，《舊地名之沿革》頁245雞籠社與頁228（臺北市士林區）社仔條參閱。
〔註49〕內港大溪，參閱註6之（二）《淡水廳志》。又：石碇溪，其名見於胡傳《臺灣
　　　　日記與稟啟》卷一光緒十八年三月十八日條云：「偕（張）經甫沿石碇溪而上，
　　　　行四里至瑞芳店。過溪而南，四里至苧子潭，又五里平林莊。過溪而北，後東
　　　　行二里至九芎橋，再十里即三貂嶺。」見文叢七十一，頁9。按：九芎橋在小
　　　　粗坑下方河畔。
〔註50〕參閱註6之（一）「滬尾港海口」條。

芉仔潭上游之大粗坑與小粗坑二支流。後之礦業家已有定論見諸文字，而無庸置疑〔註51〕。然亦由此，概見季、林二著之「水中沙金」，却非「三朝溪」之意。

五、結　語

以上經由迂迴之徵引，對於康熙間，季麒光與林謙光之紀述「金山」，確切之地理位置以及周圍之事象，至此應可定論。然而殘存之問題在於二書之以文字，表現「金山」所在，又何以必作如是之「迂迴」，「晦暗」其事，遠從數十里外之三朝溪河口，志其事歟？

有關此項基隆金山在當時之情形，已故地質學家林朝棨，生前非但為一對於臺灣北部之礦藏，研究綦深之士，相關著作等身以外，且著有〈臺灣凱達格蘭族之礦業〉一文，從各處遺址與出土物，探討三百年前臺灣北部土著民族之從事採金、採銅、冶鐵與煤炭之事〔註52〕。其人在生前，筆者曾數次與之作電話訪問，與會面求教於其寓所。「金山」之事，渠之看法認為：「對於北部產金之事，係土著世守其密，終不肯以實告與外人。如原產於北部之金，携至雞籠或與其他地方漢人作交易，亦詭言其金係來自東臺灣某地，藉以防患漢人追問。其實，由其所產金之成分，可斷言並非來自東臺灣〔註53〕。」林朝棨此一見解，若由《諸羅縣志》外紀之說：

> 或云：內山深處有金山，人莫知所在。或云：番世相囑，不令外人
> 知；雖脅之，寧死不以告也〔註54〕。

亦可佐證，事有不虛。

其次，季、林二人之紀述中，俱曾提及採法則「雷鳴」或「霹靂隨起」之事。此語看似荒唐，其實亦為「番」欲藉以守密其地，所採手段之一：用為嚇阻漢人之侵入。但季麒光為初任之諸羅令，林謙光又為首任之臺灣府學教授，

〔註51〕同註36，〈臺灣之金〉〈臺灣之金礦業〉三之（四）九份及金瓜石礦床之發見，頁29。

〔註52〕林朝棨〈臺灣凱達格蘭族之礦業〉，見《臺灣礦業季刊》第十七卷第二、三期，國父百年誕辰紀念等號。民國五十四年十月：臺灣省礦業研究會印。

〔註53〕同上〈凱達格蘭族之礦業〉四之甲：砂金礦業及金銀礦業云：「故當時凱達格蘭族（包括蛤仔蘭族）似亦在採金，因對外人極力保守秘密，故欺騙西人及漢人謂產金地為東臺灣之花蓮地區（哆囉滿），或濁水溪，更稱其赴花蓮一帶從事金貿易，再將其售與漢人；因此，產金之實況更成模糊不清。」見頁17。

〔註54〕同註8，《諸羅縣志》卷十二雜記志：外紀，頁300。

二人抵臺，猶屬版圖初闢之際，採擷問俗，志此間之異聞，為中國士大夫之風雅，亦身為讀書人常存「名山事業」此一觀念使然。因而所記之事，既本於「番人」之口傳，由「漢人」而傳流，「番人」之初衷，則有意晦暗其事，加入神秘色彩，不願輕易以直告，其始作俑者似出於其族人中之智者。唯漢人又硬軟兼施，或脅迫以求，圖之益急。最後，遂以「天譴」之詭，加上地理位置之模糊，告諸漢人：「似是而非」，似為此事之成立過程，流傳後世。

　　道光間，無錫丁紹儀《東瀛識略》，亦遊幕臺灣所記，其於物產條諭云：

> 雞籠山傳有石炭。其地為全臺祖山，且柴薪已燒之無盡，不知所用，故與淡水之礦同禁止，不得挖採，又傳媒下尚有銀礦，終不能確指所在。……近日爭傳山後尚有金、銀、銅礦，謂西人望氣知之。生番以貨易貨，不貴金寶，不解採驗，外人又不敢及之；其誠其偽，莫得而徵。第語即無稽，其來有自，鼠窺鷹睨，不可不防〔註55〕。

所謂「財不露白」，該是時之原住民，唯一所知之免疫方法，抑或防線。

〔註55〕丁紹儀《東瀛識略》卷五物產，見文叢二，頁62。按：丁紹儀道光二十七年秋渡臺，嘗佐臺灣道仝卜年幕，在臺八閱月，見同註3，《提要》第二種東瀛識略，頁6。

臺灣最早產金地
哆囉滿社之地理考證[註1]

[日]福留喜之助著、唐羽譯註

譯　按

　　哆囉滿社（Tarraboangh）一詞在早期歷史典籍中，是一個時常出現的古代地理名詞，也是早期臺灣的原住民社名。但位置究在今之何處，則言人人殊，長久以來猶若歷史懸疑。尤以日治時期，因其地曾產砂金，而日人也在東臺灣致力找尋地下資源，且以黃金為最。由此，在日籍歷史學家、礦業家、地名研究者之間，各據主張進行闡釋，提出多種不同的見解而屢有爭議。昭和 2 年（1927），由中年致仕的臺灣總督府礦務課長福留喜之助，經長期蒐集各種文獻資料，發表〈臺灣產礦物に關する舊記の抄錄〉，並對哆囉滿的砂金與產金地進行考證。昭和 13 年（1938）4 月，又專程來臺發表本文，名〈臺灣最古の產金地哆囉滿の地理的考證〉，於臺灣鑛業會創立 25 週年紀念大會上，文章刊於《臺灣鑛業會報》第 195 號，乃成哆囉滿位置探討之定論。惟原文係日文，用詞亦屬明治、大正間之文言，資料未附來源之外，原刊的《臺灣鑛業會報》時至今日亦僅見於一、二圖書單位而已。由此，今特將之譯成中文，以及逐條考證出處，對照原典，註釋於後，符合論述體裁，凡文字有誤者且加改正，而原誤字即以（）附之於下，或以〔〕示正確，希望有助於研究者使用。

〔註 1〕本篇是昭和 13 年（1938）4 月 15、16 日於臺灣鑛業會創立 25 週年紀念上演
　　　　講之大綱，作者介紹（請參前作者簡介頁）。

本文原文圖

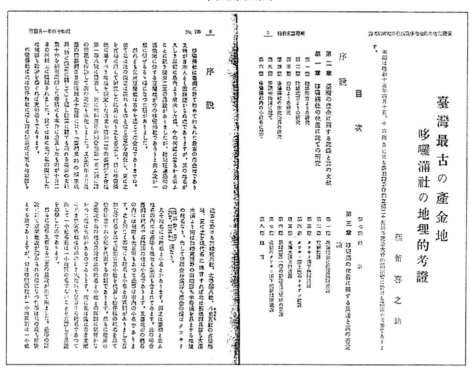

前　言

　　哆囉滿社在臺灣而言，係為世人所知道最早的臺灣產金地，又與吾等日本人結有深厚因緣所在。惟其地名在很久以前，已自島內消失，其所在今日究竟位於何處，來源雖有二、三種不同說法，結果大致以地處花蓮港街西方微南位置，今名荳蘭社者，即為古代哆囉滿，已有被大眾採信這一傾向。

　　然而，原來的荳蘭社所在，卻是通古達今並非產金所在。由此，筆者認為此種擬定，相信係出自一種誤解，而於深入調查舊日紀錄，再持之對照實地進行研究結果後，將它否定。且重新擬定應屬於哆囉滿社地域之論述，發表於昭和 2 年（1927）《臺灣鑛業會報》第 148 號〔註2〕。又於昭和 3 年在第152 號，將該項舊紀錄抄錄，強化此項考證〔註3〕。再於次年 9 月，乘渡臺之際，在《臺灣日日新報》上，分為十數次，以「臺灣史料之顯正破邪，尤

〔註2〕福留喜之助，〈臺灣產鑛物に関する舊記の抄錄（三）〉，《臺灣鑛業會報》148
　　　　號，1927 年 12 月 30 日，台北：臺灣鑛業會。
〔註3〕福留喜之助，〈臺灣產鑛物に関する舊記の抄錄補遺〉，《臺灣鑛業會報》152 號，
　　　　1928 年 10 月 10 日。

其關於鑛業」為題，將關於礦業而容易導人於錯誤的舊日史料數十件摘出辯論，其中論及本題者載於 10 月 2 日之該報〔註4〕。由此，今先將筆者擬定之地域，亦將結論舉出，即如次文：

> 哆囉滿社的位置係北面毗鄰蛤仔難社，南面緊接鯉浪溪山，所涵蓋的地域，亦即近古的加禮宛六社、大魯閣八社、斗史五社所佔據地區。若將其地名換成現代式，即北自蘇澳大濁水溪〔註5〕、南面迄加禮宛平原的南端，亦米崙溪地區的統稱。而所謂「金沙溪」者則產金的溪流，當為擢其黎（得其黎、擢其利）之意。〔註6〕

因為自古以來，凡屬地名，大致均有統稱與小地號的區別。例如，在「臺灣」這一地名之中，係包括「基隆」、「臺北」、「臺南」在內。在此情形下，「臺灣」是其統稱，「基隆」或其他均屬小地號。又如臺北市而言，在此統稱下，即有「榮町」或「大正町」等眾多屬於區內範圍的小地號存在。如此，雖是蕃地亦與前面相同，具有統稱與小地號的區別。例如「直加宣」此一統稱，係代表直加宣五小社；而「蛤仔難」的統稱，即代表蛤仔難三十六社之類。但從來之「葛蘭社」以及其他各種異說，並未注意及此種統稱與小地號之間存在的缺陷。是以筆者在往日，已依據舊文獻證明哆囉滿社之名，當如前面所示，係概括一大地域的統稱，絕不止於一小社的地號，藉以排除各種不同異說。

豈知，迨及近年，又重新出現二、三種不同說法，惟在這一批說法當中，「葛蘭社說」未被再次提起，是個人深感欣慰之處。只是，對於哆囉滿社依然被誤認為一小地號，甚至為一小蕃社的看法，忽略其為一大地域的統稱，以致失卻正確的處理，仍為最大遺憾。

〔註4〕福留喜之助，〈臺灣史料の顯正破邪ノ特に鑛業に関して（十四）·哆囉滿の位置に於て〉，《臺灣日日新報》10581 號之三。

〔註5〕大濁水溪位在宜蘭縣南澳鄉南境，上源多出自宜蘭縣境海拔 2 千公尺高的布蕭丸溪、莫很溪、和平北溪，以及花蓮縣的和平南溪，由大南澳三角洲平原出海注入太平洋。下游流程形成宜蘭縣南澳鄉與花蓮縣秀林鄉的自然界線，於今地圖上多俱做「和平溪」。參見《臺灣省通志·卷一土地志·地理篇》大濁水溪河水系與大南澳三角洲平原等條。

〔註6〕擢其黎溪，在夏獻綸《臺灣輿圖》中做「擢其黎溪」，又書為「得其黎溪」，日人音譯為タッキリ，訛為「立霧」，今稱「立霧溪」。上源分布廣闊，北自海拔 3 千公尺以上的南湖大山，南有陶塞溪、小瓦里爾溪、華綠溪、瓦黑溪、慈恩溪、立霧溪等，今稱立霧溪，由太魯閣峽谷、由擢其黎三角洲平原注入太平洋。參見《臺灣省通志·卷一土地志·地理篇》之「擢其利溪河系條」。

　　因為哆囉滿社在歷史意義上，非但僅停留於臺灣島上最早的產金所在而已，其地亦如筆者在過去撰文所提及，它也是日本人最早前來開發的產金地。雖依據後文舉出「老蕃」之語可以見證，其在往昔由吾祖先，胸懷壯志、凌渡千里的波濤絕海，據此孤島，再於其間，開採黃金，也是十分有趣的事蹟。同時，在時局要求下，更為一種典範的開示，足以促使吾人啟發海外發展之雄心，頗令人引以為快。

　　但在今日，竟因前舉新說，致使該地再次陷入五里霧中，令人徬徨此一現象，感到十分遺憾。幸惟此次，由於臺灣鑛業會舉行創立 25 週年紀念會，受命做此演講，乃認為有必要藉機再次排擊新舊異說之外，亦有義務將哆囉滿社正確位置闡明，是為本題的形成。

　　以下，方本題目之報告。

一、臺灣島產金的相關紀錄與文獻

　　有關臺灣島產金的各種文獻中，透過漢人所完成的最早紀錄，係距今 590 年前，元朝至正 9 年（1349）汪大淵所著《島夷誌略》，其〈琉球之記事〉內有列出下列出產砂金的資料：

　　　　地產砂金、黃豆、黍子、硫磺、黃蠟、鹿、豹、麝皮等。〔註7〕

當時的臺灣，係稱為「琉球」。其次，沈光文在〈平臺灣序〉內有云：

　　　　東番社，山藏金礦。〔註8〕

沈光文為距今 290 年前，即永曆 3 年（1649）漂流抵臺灣，期間歷荷蘭人占據時期，經鄭氏及於清代居住臺灣亙 30 餘年。嗣與《臺灣雜記》著者季麒光等結詩社，後卒於諸羅（今嘉義）。而當時的臺灣，係稱為「東蕃」。

　　上述二種紀錄，僅提及「臺灣產金」而已，至於生產地究竟在臺灣的何處，未免過於茫漠，難著實際，甚或知道其地點的方法。雖然，〈平臺灣序〉當中有自雞籠經哆囉滿到達直加宣的海路日程這一紀事，卻未言及砂金，是為一大遺憾。

　　其次，距今 240 年前，清康熙 36 年（1697），郁永河所著《番境補遺》，有下列記事云：

〔註7〕元汪大淵撰，《島夷誌略》，參見蘇繼廎校釋，《島夷誌略校釋》（北京：中華書局，1981），中外交通史籍叢刊。

〔註8〕沈光文撰，〈平臺灣序〉，收於范咸，《重修臺灣府志·卷二十三藝文（四）》（北京：中華書局，三府志合刊本，1985），頁 2652。

> 哆囉滿產金，淘沙出之，與雲南瓜子金相似，番人鎔成條，藏巨篦
> 中，客至，每開篦自炫。然不知所用；近歲，始有攜至雞籠、淡水
> 易布者。〔註9〕

郁永河係因福州火藥庫之火災損失，銜著官方命令渡臺，來到北投採取硫磺，停留數月，並乘機探險各地，著述《海上記略》、《鄭氏記事》、《裨海記遊》以及上述《番境補遺》諸書，將臺灣事情介紹與世人之一名旅行家與文士。

康熙61年（1722），巡臺御史黃叔璥著《臺海使槎錄》，於〈番俗六考〉中，也有下列記事：

> 或云：後山倒咯滿南有金沙溪，金沙從內山流出，近溪番婦淘沙得
> 金，後為蛤仔難番所據。〔註10〕

此一「倒咯滿」，以及前面之「哆囉滿」，均來自「番語」之近音譯語，所指均屬同一地點，為一般所採信。

除此之外，陳小厓之〈外紀〉〔註11〕，記有關於哆囉滿的採金故事，被臺灣研究蕃政的權威伊能嘉矩抄錄於其著作《臺灣蕃政誌》之中，如次文云：

> 康熙壬戌（21年，1682），鄭氏遣偽官陳廷輝往哆囉滿採金，一老番
> 云：「唐人必有大故。」眾人詢之，曰：「初，日本居台，來取金，紅
> 毛奪之：紅毛來取，鄭氏奪之。今又來取，恐有事。」云云。〔註12〕

然而見於康熙56年（1711），諸羅知縣周鍾瑄監修的《諸羅縣志》，雖亦引用陳小厓的〈外紀〉，其原作之做「哆囉滿」者卻未詳所以，而改為「淡水、雞籠」〔註13〕，使人甚難了解其用意。非但如此，雍正10年（1732），分巡道尹士俍所著《臺灣志略》，在提及此一採金行動部分，文字雖與《諸羅縣志》完全相同，只是將「往雞籠、淡水採金」句，改訂為「往其地採金」

〔註 9〕郁永河，〈番境補遺〉，收於方豪，《合校足本裨海紀遊》（南投：臺灣省文獻委員會，1950）。

〔註10〕黃叔璥，《臺海使槎錄·番俗六考》，臺灣文獻叢刊第4種（臺北：臺灣銀行經濟研究室，1957），頁140。

〔註11〕陳小厓，名峻，所撰〈外記〉未見傳本，其引用見周鍾瑄，《諸羅縣志·雜記志》，臺灣文獻叢刊第141種（臺北：臺灣銀行經濟研究室，1962〔原刊於1717年〕）。

〔註12〕伊能嘉矩，《臺灣蕃政誌》（卷中）（臺北：南天書局，1997〔原著1904年〕），頁66。

〔註13〕引陳小厓，〈外紀〉：「壬戌間，鄭氏遣偽官陳廷輝，往雞籠、淡水採金……。」見《諸羅縣志》，頁300。

成全文為：

> 哆囉滿（亦生番社名）產金，從港底泥沙中，淘之而出，與雲南瓜
> 子金相似。陳小厓〈外紀〉：康熙壬戌間，鄭氏遣偽官陳廷輝，往其
> 地採金，老番云：「採金必有大故。」詰之，曰：「初，日本居台，來
> 採金，紅毛奪之；紅毛來取金，鄭氏奪之；今又來取，豈終安然無
> 事。」明年癸亥，我師果克臺灣。〔註14〕

筆者認為郁永河著《番境補遺》時，相去鄭氏採金之「壬戌年」僅 15 年
而已。次而，郁永河久滯之北投，與淡水、雞籠僅屬目睫之近，在多方蒐集臺
灣之事物與見聞時，對採金之事亦未忽怠於傾注，乃於著作傳下哆囉滿之產金
而未及於淡水、雞籠的產金情形，反而將哆囉滿蕃人攜金來此地交易布匹之事
詳細記載。今徵於此點，即可佐證該一時代的淡水、雞籠方面，並無產金事蹟
存在，因此，《諸羅縣志》之說無疑乃一種謬誤。然《台灣志略》的記述，卻
疑係依據此一記述改訂而成。因為《志略》所指的「其地」，應係指「哆囉滿」，
也是毋庸說明。

以上敘述的紀錄，是有關哆囉滿產金的主要部分，至於其他文獻，主要多
來自這些說法的引用。

另外，出自外人之手，關於臺灣產金的古代紀錄，有西元 1511 年（明正
德 6 年）占據麻六甲的葡萄牙總督報告書所載：「葛勤人於每年來航麻六甲」，
以及「輸入砂金」的紀錄〔註15〕。此項黃金亦舉出係靠近其本國的裴利歐哥島
所出，所謂「葛勤人」即是日本人，而「裴利歐哥」之地，雖指向臺灣，但確
切的產金地，依然茫然地難於捕捉。1500 年代，葡萄牙人在相當於今日之花
蓮港位置所在，將其本國一處產金的河流名字挪於此間使用，命名為 Riosour，
易言之是為「金河」之意〔註16〕。1600 年代，由西班牙的天主教傳教師賽羅
尼奧河蘭（Coledonio Arrauz）傳授的紀錄曾載：「東海岸之名稱哆囉滿所在，
出產豐富的砂金。」而「北部搭巴里（Taparid）土蕃，當前往與之貿易，再持
之轉售與中國商人。」〔註17〕此兩筆紀錄就在其後的年代中，常被認定足以佐
證哆囉滿產金的確切記錄。但後面的「黃金貿易」部分，雖與郁永河的紀事頗

〔註14〕 尹士俍，〈雜緝遺事〉，《臺灣志略》（中卷），李祖基乾隆刻本點校（北京：九
　　　　州，2003）。〈外紀〉全文，見周鍾瑄，《諸羅縣志・雜記志》，頁 300。
〔註15〕 伊能嘉矩，《臺灣文化志・中卷》（臺北：南天，1994），頁 711。
〔註16〕 伊能嘉矩，《臺灣文化志・中卷》，頁 700。
〔註17〕 傳教師 Celedanio Drrauz 的紀錄，見伊能嘉矩，《臺灣文化志》，頁 700。

為一致，其在交通方面卻彼此顛倒，成為蕃人攜金前來求交易，而不是土蕃前往收買黃金。

臺灣在被吾日本領有以前，所知道的產金地點，除哆囉滿以外，今舉其所知文獻，即蛤仔難之金見於〈平臺灣序〉、〈番俗六考〉、《臺灣志略》，而又有紅頭嶼之金，亦見於〈番俗六考〉；又，雞籠、三朝溪後之金，見於〈臺灣雜記〉、〈臺灣紀略〉等；而卑南覓社之金，為《臺灣外記》、《海上事略》所見。上述淡水產金，為《福建通志（史）》所記；雞籠、毛少翁等溪澗中產金，為《番社采風圖考》所見；再馬波奧科蕃地的金、銀，則見於《臺灣通史》諸書的記載。還有達維得遜（Jamls W. Daviclson）所著《臺灣島史》，雖亦多舉出與前面所介紹諸書略類似的紀錄，惟與前面諸項說法頗為差異者，即提及西元 1430 年（明宣德 5 年），曾有中國探險隊在獲知東海岸之地有豐富的金山此一報告後，登上東海岸，卻未能發現此一出產貴金屬之地，憤慨之餘在臨去之際，將附近住民盡皆殺害這一記事〔註 18〕。但上述紀錄之中，因對現在位置的說明不夠明確，或全部屬於訛傳者亦混雜在內。筆者特考證此批資料，將所持的見解發表於《臺灣鑛業會報》第 148 號與 149 號，惟在此處，因與哆囉滿社無直接關係，不復贅述。

再者，另見於《噶瑪蘭廳志》有：「港底金……，或云產自奇萊」此一說法〔註 19〕。只是此志的纂修年代，對於往昔名「哆囉滿」地方，已稱為「奇萊」，其所指相信係針對哆囉滿的產金。然而，「奇萊」此一地名在往昔並未存在過，迨及近古以後，始將南勢七社，亦從前使用「直加宣」此一統稱的地域，乃與哆囉滿合併命名之。論舉證方面，今日地理紀錄引用二、三例，分別為：道光 12 年（1832），通判薩廉等輯《噶瑪蘭廳志》云：

> 查《府志》，則無所謂奇萊也。或係近時邊改，原未可知。〔註 20〕

又云：

> 號曰東澳。再陸行百五十里，或舟行西南六、七十里，有七社番黎，
> 名曰奇萊。近有漢人到墾其地，而諸番亦往附之。〔註 21〕

〔註 18〕見 Davidson James W. 著、蔡啟恆譯，《臺灣之過去與現在》下冊第 28 章〈臺灣之金〉（臺北：臺灣銀行經濟研究室，1972），頁 321。原文見 "The Island of Formosa：Past and Present"（臺北：南天，1992），頁 459。

〔註 19〕陳淑均，《噶瑪蘭廳志‧卷六物產》，臺灣文獻叢刊第 160 種（臺北：臺灣銀行經濟研究室，1963〔原刊於 1952 年〕），頁 322。

〔註 20〕陳淑均，《噶瑪蘭廳志‧卷八雜識‧下》，頁 433。

〔註 21〕陳淑均，《噶瑪蘭廳志‧卷二上規制》，頁 44。

又，道光 10 年（1830），北路理番同知鄧傳安著〈臺灣番社紀略〉云：

> 由卑南覓而崇爻，其北為秀孤鸞，又北為琦萊，又北為蘇澳。〔註22〕

又，道光 4 年（1824），前臺灣知縣姚瑩所著〈埔里社紀略〉云：

> 相傳，埔里社更東北越山五日行，即通噶瑪蘭，東南則奇來（萊）
> 及秀姑蘭（鸞）一帶。〔註23〕

另，道光 21 年（1841），臺灣道熊一本〈條覆籌辦番社議〉云：

> 按山後平埔直長四、五百里，北為噶瑪蘭，中為奇來（萊），南為秀
> 孤鸞、卑南覓，直接鳳山之瑯嶠內山三路；北由眉社五日可至蘭境，
> 中由南霧社四日可至奇萊，南由郡社、丹社兩日可至秀姑鸞。〔註24〕

今由以上四例記述進行觀察，古代的東臺灣，無疑由蛤仔難、哆囉滿、崇爻（或直加宣）、卑南覓等四社或五個統稱地區所代表。惟及稍後，即哆囉滿、崇爻、直加宣的三個統稱，漸次自文獻上消逝，改由奇萊、秀姑鸞二個統稱所取代。可見，哆囉滿地區在此一時期已漸被劃入新出現的奇萊此一統稱區域之內；至於蛤仔難則文字書寫上變成噶瑪蘭之外，讀音相同，稱呼上並無差異。然而上述諸項統稱式地名，今既云「考證，亦將於後文檢討中再提出討論。

二、哆囉滿社位置之地理研究

臺灣島最早產金地哆囉滿究竟在當今日的某一所在之事，若擬解開這一問題而翻閱文獻，即如前節所列，有〈番境補遺〉之「哆囉滿產金」〈番俗六考〉之「或云：後山倒咯滿有金沙溪。」又，〈臺灣番社考〉之「臺灣之東，俗名山後，亦曰內山。」〔註25〕諸項記載。因此，所謂「後山」，係指東部臺灣的代名詞，且知該地有一「倒咯滿社」之外，其南又有「金沙溪」的存在。而倒咯滿與哆囉滿當係同一地名番語的近音譯字，屬同音同一地，過去已被一般所採信，成為定說。於是哆囉滿社所在係在東臺灣一事，已毋

〔註22〕鄧傳安，《蠡測彙抄·臺灣番社紀略》，臺灣文獻叢刊第 9 種（臺北：臺灣銀行經濟研究室，1958）頁 2。

〔註23〕姚瑩，《東槎紀略·埔里社紀略》，臺灣文獻叢刊第 7 種（臺北：臺灣銀行經濟研究室，1957〔原刊於 1929 年〕），頁 33。

〔註24〕熊一本，〈條覆籌辦番社議〉，丁曰健，《治臺必告錄》，臺灣文獻叢刊第 17 種，1959（原刊 1867 年）。

〔註25〕廓其照，〈臺灣番社考〉，《臺灣輿地彙鈔》，臺灣文獻叢刊第 216 種（臺北：臺灣銀行經濟研究室，1965），頁 35。

容任何人心存懷疑。惟話雖如此，究竟在今日東部的某一地點，始屬狹義所在則異說紛紜，言人人殊。

　　筆者乃基於有助於確定哆囉滿社位置的重要紀錄，從古代文獻中加以蒐集。陸地從南北兩面，海路即由北方進行研究，且考察該地種族的異同以及其他相關資料，再檢討概括範圍，即為「前言」所提的結論。由此，以下且依順序，容做較詳細的敘述，作為確切的佐證。

〈演講關係地略圖〉

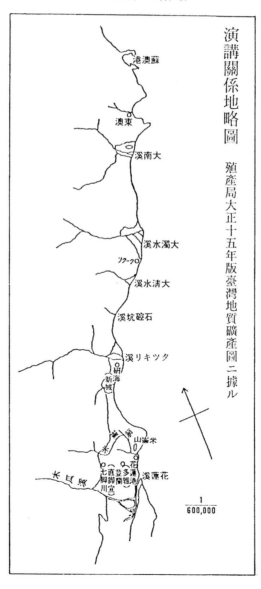

（一）由南方所做陸路之研究

距今 222 年（康熙 56 年）前所著的《諸羅縣志》，曾記述自西部斗六方面，越中央山脈通往哆囉滿的道路：

> 由斗六門山口東入，渡阿拔泉，又東入為林璊埔，亦曰二重埔，土廣而饒，環以溪山，為水沙連及內山諸番出入之口，險阻可據，有路可通山後哆囉滿。〔註26〕

筆者雖喜獲考證之端緒而感到欣慰，無奈在該志上面，並未見附有交通方面的地圖。乃再翻閱夏獻綸審定的《臺灣輿圖》，追蹤通路進行搜索，發現〈前後山總圖〉上標示有：「濁水溪左岸林杞埔，經鳳凰山麓東埔心社，過八同關（今八通關），越大崙溪底打淋社，抵達璞石閣（今玉里）」這一路線。而〈後山總圖〉上亦僅註：「西出八同關為林杞埔，開關後山新路。」而路盡於此，並未標示有哆囉滿之名〔註27〕，另外，復求於〈臺灣地輿全圖〉，亦見相同的路線：「終於璞石閣〔註28〕」，而大感失望。惟在稍後卻發現，此一挫折也是當然之理。因為這些圖面資料，前者為光緒 6 年（1880），後者為 14 年（1888）之著作，當然不可能標示出哆囉滿。然而，若以璞石閣為轉往古代哆囉滿的出發站，即在此以後應該取道北上或向下，乃成此考證問題的關鍵。蓋由此而南向，在〈台灣賦〉時代，係做卑南十二社〔註29〕；及《重修臺灣府志》時期，隸屬於鳳山縣，做卑南六十五社〔註30〕；再降及《臺灣地輿全圖》繪製時，則謂之卑南覓四十六社〔註31〕。自古以來，俱以「卑南覓社」為此一地域的統稱。從而，探討至此時，不難發覺問題之鑰既非南下，自非改弦為向北探索，將無法找出真正的答案。

〔註26〕周鍾瑄，《諸羅縣志·雜記志》，頁 286。

〔註27〕夏獻綸，《臺灣輿圖·臺灣後山總圖》，臺灣文獻叢刊第 45 種（臺北：臺灣銀行經濟研究室，1959）。

〔註28〕未著撰人，《臺灣地輿全圖·臺東直隸州後山全圖》，臺灣文獻叢刊第 185 種（臺北：臺灣銀行經濟研究室，1963，繪於康熙年間）。

〔註29〕沈光文，〈平臺灣序〉後段有云：「地入版圖之籍，軍車書遞逮於蠻陬，卑南覓七十二社，直腳宣三十六番，羊之質、虎之皮，委蛇稽顙。」見范咸，《重修臺灣府志·藝文四》，頁 2667。

〔註30〕范咸，《重修臺灣府志·規制·番社鳳山縣》，頁 1443～1444：「一十社在卑南覓西、三十五社在卑南覓南、二十社在卑南覓北，凡六十五社即卑南七十二社。」

〔註31〕未著撰人，《臺灣地輿全圖·後山總圖·附錄番社》，頁 117：「卑南覓十五社、卑南覓西二十二社、卑南覓北九社，以上共計四十五社。」

〈臺灣後山總圖〉

（取自《臺灣輿圖》，頁 69〜70）

〈臺東直隸州後山全圖〉

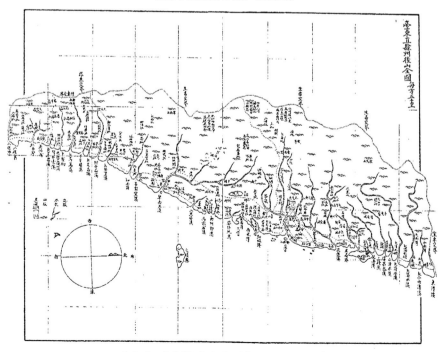

（取自《臺灣地輿全圖》，頁 72〜73）

再則，〈番俗六考〉金沙溪部分有云：「蛤仔難番所據」。依此種說法而論，更可窺見問題所在，若不是接近蛤仔難便難符合。何況，求之其他方面資料，即《重修臺灣府志》曾列有向「熟番」以及「歸附生番」所徵黍餉之金額，今若將該志與本文所探討相關的「歸附生番」者摘錄之，則如下表：

番社名	康熙、雍正間的舊徵額	乾隆 2 年改徵額
阿里山八社、崇爻八社	輸餉銀 155 兩 3 錢 3 分 2 厘	34 兩 4 錢（蕃丁 172）〔註32〕
蛤仔難社	（附哆囉滿社）輸餉銀 30 兩	免徵〔註33〕

此項「番餉」自為一種「人頭稅」的代名詞，對於「歸附番人」的徵收，係委由與番人進行貿易的漢人，亦即社商為代理商，催納鹿皮或徵收實物，乃至折皮價為銀兩等，名為「輸餉」

但無論如何，依據前面的表格，自可明瞭哆囉滿、蛤仔難、崇爻、阿里山者，均各自為一單位的番社以外，又可知哆囉滿的輸餉附之於北面的蛤仔難（今宜蘭地區），而崇爻的分額又附屬於阿里山方面以與官方接觸。此種或南或北的歸屬法，當可推定係基於地理的關係所做的考慮。綜合言之，古代哆囉滿的位置應屬今日就連名字也消失的崇爻社，以及蛤仔難社的中間地區。

然則，崇爻八社又在何處？《續修臺灣府志》之〈番社・諸羅縣〉下，亦列有八社成員。由此，除將原文抄錄並由筆者附上現今地名：納納社、芝舞蘭（今秀姑巒）社、芝密（今奇密）社、薄薄社、竹仔宣（今吉野村一部分）社、多難（今荳蘭）社、水輦（今水連）社、筠椰椰（今米崙溪右岸溪口附近）社。以上為崇爻八社生番（在傀儡大山東，人跡罕至，難計里程）雍正 2 年（1724）歸化〔註34〕。

此一記述亦同樣見於《噶瑪蘭廳志》，惟相同的蕃社有時因隸屬而做「崇爻九社」，或做「崇爻八社」〔註35〕。主要在說明，包括秀姑巒系統的阿美番

〔註32〕 依據范咸，《重修臺灣府志・賦役・諸羅縣》，頁 1688，〈阿里山社併附條製表〉。

〔註33〕 范咸，《重修臺灣府志・賦役・淡水廳》，頁 1693，〈蛤仔難社併附條製表〉。

〔註34〕 余文儀主修，《續修臺灣府志・卷二規制・諸羅縣番社》，臺灣文獻叢刊第 121 種（臺北：臺灣銀行經濟研究室，1962），頁 81。

〔註35〕 「根耶耶即筠椰椰，直腳宣即竹仔宣，豆難即多難。此四社舊屬諸羅縣，界崇爻山後傀儡大山之東。自康熙 34 年（1695）後，經與崇爻、芝舞蘭、芝密、貓丹、水輦合為九社，歸入諸羅，歲輸社餉。至乾隆 2 年（1737）社餉改照民

社與南勢番社地區，這一名稱，至於在北方的境界，即位在米崙溪所在。

此外，在此需加注意者，則是「竹仔宣」之名。此一地名在文字上又有「直加宣」、「竹腳宣」、「直腳宣」、「昂加宣」、「七角宣」等多種寫法，最後成為「七腳川」，同音且指稱同一地點〔註36〕。然而，同一地名又有三種用法，如作為小地號則僅為崇爻八社（又做九社、十社）的一個分社而已〔註37〕但若為一地域的小統稱時又被稱做「直加宣五社」，成為概括直加宣、薄薄、多難、筠椰椰、飽干等社群的代表；又如作為大統稱時，反而涵蓋前述崇爻八社，其南界似可與卑南接壤，成為東臺灣北部大區塊的形勢〔註38〕易言之，崇爻與直加宣的地名指稱，雖然陷入極複雜與分歧，無論如何，此地域的毗鄰，仍以米崙溪為界限〔註39〕

如此，將範圍縮小來看，所謂哆囉滿地名，即可達到「地非在米崙溪以北則難成立」此一結論。

（二）從北方所做陸路之探討

如今若從北方的陸路方面進行探討，依《諸羅縣志·封邑志》的記載：

自大雞籠支分，東渡八尺門港，雙峰遞嶂，如脫穎而出，高不可極，曰山朝山（山南為蛤仔難三十六社）、買豬末山（在山朝山之南，南為哆囉滿社、北為山朝社。二山相去百餘里）。東南為蛤仔難山，南為黑沙晃山（東南有直加宣五社）、崇爻山（內有生番十社，人所不到，二山皆極高大）。又南為鳳山之卑南覓山，東漸於海。〔註40〕

他如東北山後之蛤仔難三十六社、哆囉滿、直加宣等社，多有生番未輸貢賦者。〔註41〕

丁例，凡四社又與芝舞蘭、芝密、水輦、納納名為崇爻八社，另輸鹿皮折微丁銀；亦可見番性之邊改無常，故社之分合不一也。」見陳淑均，《噶瑪蘭廳志·卷八雜識下》，頁433。
〔註36〕臺灣省文獻委員會編纂，《重修臺灣省通志·卷三地名沿革篇》（南投：編著，1995），頁458。
〔註37〕周鍾瑄主修，《諸羅縣志·卷一封域》，頁31。
〔註38〕周鍾瑄主修，《諸羅縣志·卷一封域》，頁11。
〔註39〕米崙溪在花蓮港之北十五里，源出加里宛西山中。東流至米崙山之南，入海。參見胡傳、陳英，《臺東州採訪冊·米崙港》，臺灣文獻叢刊第81種（臺北：臺灣銀行經濟研究室，1960），頁10。
〔註40〕周鍾瑄主修，《諸羅縣志·卷一封域》，頁11。
〔註41〕周鍾瑄主修，《諸羅縣志·卷二規制》，頁32。

　　　　蛤仔難、哆囉滿等社，遠在山後。崇爻社餉附阿里山，然地最遠。
〔註42〕

　　雖然上述志書中使用小地名，殆及今日業已消失，但志上所見地處臺灣東部，這一系列主要山岳的配置，係由北向南順序標示，今人可由括弧內的附註，略為明瞭東部主要番社的配列。亦即，從北而南依序為蛤仔難三十六社、哆囉滿社、直加宣五社、崇爻十社、卑南覓等。且在〈規制志〉中，哆囉滿社係夾在蛤仔難與直加宣之中。〈風俗志〉中，直加宣又被省略，應可視為含括在崇爻部分；至於哆囉滿，依然是位在二社中間，無任何差別。再則，崇爻的輸餉是附在阿里山辦理，於是，哆囉滿自如前表所見，附於蛤仔難內受管轄。

　　討論至此，相信已可由前人的紀錄獲知哆囉滿之地，絕非一小地區或小社而已，應該可以推測係位在蛤仔難三十六社與直加宣五社的中間地帶，且清楚的與二社並列，隱然成單一社群，為過去占有廣大地域的獨立社群或大族群。

（三）由海路所做的探討

　　在〈平臺灣序〉當中，曾紀錄有自基隆取道海路，經哆囉滿到達花蓮港的航程：

　　　　難籠城。以外，無路可行，又無按澳可泊船隻；惟候夏月風靜，用
　　　　小船沿海墘而行：一日至山朝社、三日至蛤仔難、三日至哆囉啯、
　　　　三日至直腳宣。以外，則人跡不到矣。〔註43〕

這一紀錄的大意為，船隻取海路由基隆出發，一日可以抵山朝社，由山朝社復三日可抵達蛤仔難，由蛤仔難再航行三日可達哆囉啯，由此又三日航行可到直腳宣，其可至之泊地，皆採用統稱標示。

　　以此可見，文中的航泊地不但全部使用統稱標示，如哆囉滿此一名稱，也赫然夾在蛤仔難與直腳宣當中，以社名被記錄著。其結論不但與上節從陸路的探討一致，加上了解哆囉滿社領域東端，南北所跨緯度，互達三日的航程，領域大小也就略可窺見。

（四）哆囉滿南北兩界的探討

　　直腳宣即直加宣五社的北界，位在米崙溪，猶如上一節所述。夏獻綸的

〔註42〕周鍾瑄主修，《諸羅縣志‧卷八風俗》，頁172。
〔註43〕臺灣省文獻委員會編纂，《重修臺灣省通志‧卷三地名沿革篇》，頁266。

《臺灣輿圖》中標示南勢七社之北，亦同樣以米崙溪為界限，而位在北鄰的哆囉滿南端，自然以米崙溪為界。基於此，進而從原住民族的分布上來觀察，即直加宣五社（或稱南勢七社）的阿美族占居區域，未必受米崙溪所限，從古至今依舊相同，由沈葆楨〈北路中路開山情形摺〉所言，可以明瞭：

> 自大濁水起至三層城止，依山之番，統名曰大魯閣。其口社曰九宛、
> 曰實仔眼、曰龜哎、曰哎沙、曰符吻、曰崙頂、曰實空、曰實仔八
> 眼，凡八社；憑高恃險，野性靡常。歧萊平埔之番，居鯉浪港（又
> 名米浪港，今米崙溪）之北者曰加禮宛、曰竹仔林、曰武暖、曰七
> 結仔、曰談仔秉、曰瑤歌，凡六社，統名曰加禮宛社；其性畏強軟
> 弱。居鯉浪港之南者曰根老爺、曰飽干、曰薄薄、曰斗難、曰七腳
> 川、曰理劉、曰脂屘屘等七社，名曰南勢番。〔註44〕

文中的加禮宛社，係道光中葉原居住在蛤仔難的平埔番，因土地被來自福建的漢人侵占，移住此地定居者。當然，在哆囉滿時期尚未存在此區，相較之下，當屬太魯閣番的勢力範圍或領域較廣。

其次，哆囉滿的北界方面，雖然尚未發現確切的紀錄，根據前面所舉〈平臺灣序〉：「蛤仔難三日至哆囉滿」一語來進行探討，即蛤仔難境內的出發點，應係指蛤仔難境內南部的蘇澳港所在。至於「三日航程」後的碇泊地，在距離以及地勢等考量上，該地無疑為大濁水溪右岸今為牛堀社附近，即是船舶可抵哆囉滿境內之意。但是，依據此一論點能否斷定已抵達哆囉滿北端？若將前述抵達位處蛤仔難南部的蘇澳，解釋意為抵達蛤仔難，則哆囉滿地區亦可能被聯想為是否跨過大濁水以北？惟若從另一方面來探討，大濁水溪係通古達今為一具備共同性限定領域最適當界址，故在近代來說，亦已被視為宜蘭廳與台東或花蓮廳的界線，今復為臺北州與花蓮港廳的界壤，豈不同於在古代採金時，被認為是蛤仔難與哆囉滿的境界這一推論。

若從更早期的族群關係來考察，即此溪兩岸雖均屬泰雅族分布地帶，但因自古以來互相仇視的緣故，右岸屬太魯閣群番族，左岸卻由南澳番族所占領，可推論構成一種自然界線。因此，筆者相信哆囉滿的北界應當為大濁水溪，〈平臺灣序〉：「至哆囉滿」一語，無疑可斷定為船已抵達哆囉滿的意思。

〔註44〕沈葆楨，《福建臺灣奏摺》，臺灣文獻叢刊第29種（臺北：臺灣銀行經濟研究室，1959），頁33。

（五）關於金沙溪位置的探討

前面已舉〈番俗六考〉曾載：「倒咯滿南有金沙溪」此一說法。今若要探討「金沙溪」的位置究竟在哪裡，首先，倒咯滿應在哆囉滿以外，也就是哆囉滿的南北界之外。而南部所有溪川中產金最豐富者，除擢其黎之外，不做第二位想。事實既是如此，哆囉滿產金位置當位於金沙溪，就應可斷定非擢其黎莫屬。唯有如此，在地理關係上，可與〈番俗六考〉所記確切相符。

（六）哆囉滿社內小社名的探討

哆囉滿社一詞見諸文獻中，一向以「哆囉滿」或做「哆囉滿社」形於文字，從未曾列其小社名或社群數量。僅光緒 6 年（1880）夏獻綸著《臺灣輿圖》，在大濁水以南、米崙溪以北中間，於古代哆囉滿地區內標示有「斗史五社」「太魯閣八社」、「加禮宛六社」，米崙溪以北也標示「南勢七社」等文字附於地圖上，而在文中又逐一將各群小社社名舉出〔註45〕。但因後面三社群的小社名與本文所提沈葆楨〈北路中路開山情形摺〉內相同，在此省略不談，僅舉「斗史五社」所屬小社名，即為斗史武達、斗史蘇達簡、斗史實紀律、斗史麼哥老輝等社名稱，其第五社社名闕如。

（七）結　論

若將上述論述總結來看，應可獲致筆者於「前言」所做的結語。至於地理關係方面，雖是粗略之作，但於本文最後部分另附新舊地圖一幅，以供參考。

三、哆囉滿社位置相關之異說與否定

（一）花蓮港以及花蓮附近說

長久以來，關於哆囉滿位置的各種不同異說，筆者在第一節曾舉出，其一為出自西元 1500 年代葡萄牙人撰寫的「金河」；其二為 1600 年代，根據西班牙人的紀錄，認為花蓮港或附近疑為古代哆囉滿之地；其三即以中國人的典籍，見於明末沈光文所寫，雖列出地名，但明確指出地點者，直至〈番俗六考〉始有提起哆囉滿之事，曰：「崇爻山後多難社，一作倒咯滿。」認為「崇爻既係東部臺灣奇萊地區的土名，則哆囉滿的位置當處於花蓮港方面，事屬確實。」甚至又有第四種說法，即在文字上特別附註為「哆囉滿社在今多難社附近」這一主張者。

〔註45〕夏獻綸，《臺灣輿圖》，頁 77～79。

對於上列四種異說，前面二種因論證過於薄弱，筆者依據前面已述的研究，認為哆囉滿在此範圍之外而加以否定。至於第三種說法：「崇爻山後哆囉滿社……」，其原典應做多難社（一做倒咯滿）〔註46〕。從而應該視之與第四種說法相同，屬於「荳蘭說」，今將移於後文一併詳論。

（二）荳蘭社說

將荳蘭社指定為古代「哆囉滿社」這一說法，從未流傳於各種異說中，雖屬最有分量與說服力之論，惟誘發出現此種謬誤的導因與出典，係來自〈番俗六考〉。

〈花蓮港產金地現況圖〉

〔註46〕黃叔璥，《臺海使槎錄》，頁122。

其一為：

> 或云：後山倒咯滿南有金沙溪，金沙從內山流出。〔註47〕

其二為：

> 或云：崇爻山後九社，崇爻社、竹腳宣社（一作即加宣）、描丹社、薄薄社、芝舞蘭社、多難社（一作倒咯滿）、芝密社、水輦社、筠椰椰社。〔註48〕

此一荳蘭說為一般所採信，係來自臺灣研究的權威伊能嘉矩，以及著作《大日本地名辭書》而馳名的吉田東伍等人將荳蘭推論為哆囉滿所致。因該論點指倒咯滿為哆囉滿社這一原因，致引述其二引文的註腳，認為多難社即倒咯滿，而倒咯滿就是哆囉滿。如此延伸以後，不但將上述第一個引文的說法詮釋為「多難社南有金沙溪」此一結論，見於〈番境補遺〉或《臺灣志略》的「哆囉滿產金」記述，也可以改寫為「多難社產金」。至於多難社既為今日的荳蘭社，則此地為古代「哆囉之地」的講法當可成定論。

以上雖然是必然的趨向，筆者也深信這是一向過度醉心於「一作倒咯滿」這一註腳，導致無邊顧及「哆囉滿」係屬統稱；相反的，「多難」僅屬一小地號，當然更不可能同屬一地，以致於陷入錯誤使然。

再者，關於多難社的名稱，如前面所述，有時或做斗難、豆難、豆囒、荳蘭等多種近音譯名，出現於各種典籍中，而倒咯滿也是字異音同，註腳方面應無差異。惟除了前述「一作倒咯滿」以外，時至今日尚未見有其他寫法用來代表多難。豈知，今卻由上述原因，被視為與其一的倒咯滿相同，再與「金沙溪」繫成連帶關係，致產生錯誤。甚至〈番俗六考〉的作者黃叔璥如果在著作當時，亦同意此看法的話，也難逃須承認該作的一時失察。因此，以下抄錄該二氏的紀錄，再分析「荳蘭說」應為否定之論。

伊能氏在編纂《臺灣蕃政志》，曾引用〈海上事略〉與《臺灣外記》的記述。哆囉滿的情形，見於《臺灣志略》：「產金從港底泥沙中淘之而出，與雲南瓜子金相似」，因其自古以來即以產金而著。該地區的紀錄見於沈光文〈平臺灣序〉：「雞籠城以外，無路可行，亦無埃澳可泊船隻；惟候夏月風靜，用小船沿海堄而行：一日至山朝社、三日至蛤仔難、三日至哆囉嘓、三日至直腳宣。以外，則人跡不到矣。」〈番俗六考〉曰：「崇爻山後多難社（亦則奇

〔註47〕黃叔璥，《臺海使槎錄》，頁140。
〔註48〕黃叔璥，《臺海使槎錄》，頁122。

萊阿美族的 Toran 社），一作倒咯滿。」所謂山後產金之地，即指此地〔註49〕。以上是伊能嘉矩的論點。

其次，吉田氏的《大日本地名辭書》亦於「哆囉滿」條下舉出本文所提，以葡萄牙人與西班牙人的記錄為首，並引用〈平臺灣序〉、〈番俗六考〉、《海上紀略》、〈番境補遺〉、《臺灣志略》、《噶瑪蘭廳志》諸紀錄，而在最後云：

哆囉滿位在奇萊平原，其名稱的起因，即與今之多難社有明顯關係。此成為斷定。對於〈番俗六考〉的內容則云：

> 黃叔璥〈番俗六考〉係委名於倒咯滿的文字，比定於奇萊平原內的
> 阿美族多難社，因曰：「崇爻山後多難社，一作倒咯滿。」

上述兩位權威者的說法一出，立刻為關心哆囉滿社問題之士引為風尚，致認同「哆囉滿社即為多難社」，且為今日的荳蘭社。但若將這個說法詳加鋪陳檢討，將會發現是一項莫大的錯誤。因為欲指責這項錯誤之說，事實上較前面討論的統稱與小地號之差異，或其他各種相關的不同角度要來得容易，最簡單的方法莫過於採用伊能與吉田氏引用的〈平臺灣序〉記事來討論。若進一步探討該記事，將可發現由蛤仔難三日可抵哆囉滿，又三日即抵直加宣，這些地名皆採用統稱。於是，直加宣自為直加宣五社（直加宣、多難、薄薄、筠椰椰、飽干）的代表地名，其下包括多難社在內，而前面所述與直加宣對等的哆囉滿地方，與僅屬小地號的多難社為不同地點之事也就顯得清楚。何況，若將多難社當作哆囉滿社來解讀，定會產生一種莫名所以的矛盾。為什麼呢？因為作為本社的直腳宣（今吉野村近山附近）地處山麓，多難（今荳蘭）則位居其東方微南之處，約在直加宣和花蓮港中間，二社的距離僅約一小時的行程而已，並以陸地相連接。因此，若如前面所述，不但須將這一小時的距離化成三日，且所費三日原指海上行舟而言，現在卻變成在陸上行舟之類，若非如此則無討論的價值。蓋〈平臺灣序〉所指「至直加宣」之航泊地，係在今米崙溪口附近，為古代筠椰椰（巾老耶）社的海岸附近。

以上討論的新說，無論如何，均為摒棄以「荳蘭說」為重點，乃筆者最感欣慰者。但在統稱與小地號方面，乃至與一小地區名稱的區別，依然存在未曾兼顧的缺失，則令人遺憾。

〔註49〕伊能嘉矩，《臺灣蕃政志》（卷中），頁 68。

（三）擢其黎溪下游附近之說法

昭和 12 年（1937）4 月號的《臺灣時報》，曾刊載鈴木喜義的〈タツキリ溪附近の採取に關係する歷史的考察〉一論文，文中提到：

> 哆囉滿在臺灣東海岸，係擢其黎溪下游附近的稱謂，時至今日已為多數歷史家所認同。

上述說法雖是如此，仍不免認識不足。無論如何，哆囉滿社所在猶如本文於「前言」結論部分所提，應該包括北自大濁水溪，南迄米崙溪此一大區域的名稱，而擢其黎溪下游附近者，只不過是區域內的一小區塊而已。假定將哆囉滿定位於擢其黎下游附近的話，則見於〈番俗六考〉的「倒咯滿（哆囉滿）南有金沙溪」一說，又將作何解釋？何況眾說紛紜，若為金沙溪所在，就非得位處擢其黎附近更遠距的南方不可。若是如此，即必須將地存豐富砂金的擢其黎排除不可，這一不合理的現象，曷可採信。因此，雖然採信此種異說的歷史學家應該不存在，筆者還是希望可以再進一步檢討。至於此種新說的是非，亦將於後文追述，讀者自可依此探討有更深入的了解。

（四）擢其黎溪上游多文蘭社說

昭和 9 年（1934）9 月發行的《臺灣鑛業會報》第 177 號，載有高橋春吉的〈臺灣の砂金物語〉，其中提到：

> 雖然哆囉滿社所在有「為今花蓮港廳下奇萊地區之荳蘭社」這一說法，恐疑係同地區的擢其黎溪畔「多文難社」所在。〔註50〕

多文蘭社為擢其黎下游，新城與布洛丸社約略中間地帶的一個小番社。此小社的社眾，因擁有洗金槽及採取砂金的方法，筆者在進行本溪流的探險時，曾經與他們同行。但筆者仍認為，是否以其社名如後面將舉出太魯灣的傳說，發音相近，而成為「哆囉滿」的語源或有相關，在《臺灣鑛業會報》第 148 號的論文中稍微提及。由於引起誤解而成立此項新說，因此與上節理由相同，在此也應加以說明。

（五）大濁水溪溪口附近說

這一說法為昭和 12 年（1937）12 月 1 日，由某位文學博士同意後提出的新說，雖然在論說中並未明確指出為大濁水溪溪口附近，但依據其論旨而歸結此論。其論證亦加證明筆者的說法，與值得尊重的金科玉律——也就是前面多

〔註50〕《臺灣鑛業會報》177 號。

次提及的〈平臺灣序〉紀錄——相同。只是，在統稱與小社名方面的見解，因未詳明原因而產生千里之差，如此而已。有關哆囉滿位置有以下的敘述：

> 沈光文的〈平臺灣序〉中提及，若由雞籠向東行，經一日可以抵達三朝社，復經三日達蛤仔難，又經三日至哆囉滿，又復三日抵直腳宣，自此以南，皆人跡罕到。此直腳宣即七腳川，為花蓮港附近的蕃社，哆囉滿地區則在宜蘭與花蓮港正中間，但未能確定由花蓮港北方歷三日的路程，這一地點究竟在哪裡。今若認為哆囉滿應包括花蓮港在內這一大地域的總稱，豈不與該紀事不相符合。這樣一來，台端的見解將如何解釋？

今按，上述〈平臺灣序〉中的地名，如前面已多次提到一概使用統稱的原因，其航泊的現地，曰蛤仔難者即為蘇澳，曰直腳宣者即是米崙溪口附近，若為哆囉滿係大濁水溪溪口附近的說法，非但由地勢方面可以推斷出來，且蘇澳與米崙港，自古以來又為兩岸的航泊點，《噶瑪蘭廳志》也有下列的紀錄：

> 水（海路）由米浪（崙）港出口直入蘇澳，無過五十里而已。〔註51〕

米崙港的出發點在該溪右岸海面，位在直腳宣五社中巾老耶（筠椰椰、根椰椰、根耶耶）社旁〔註52〕。因此，可以斷定此地即花蓮港所在，原屬十分妥當，可惜未注意直腳宣係其統稱，而誤認為直加宣本社（同名五社中的一社），同時為花蓮港附近的小社，藉以推測航泊地為花蓮港，難脫認識不足的缺失。此外，該文中，名為「宜蘭」者，可能是想藉以取代蛤仔難，而採用這個近代的名字。但在此處，不免易與不在海岸地帶的宜蘭街產生混淆。所以，在〈平臺灣序〉中所列的蛤仔難航泊地點，無論日程、地勢來看，無疑在蘇澳港以北的地區，另一方面又與直腳宣的花蓮港互做比較，此處的地名已應使用蘇澳比較適合。

接下來再回到本文論點。依據〈平臺灣序〉的記述，哆囉滿位在宜蘭（應做蘇澳）與花蓮港居中位置，距離花蓮港北方三日路程，以往均做如此解釋。只是，該地點究竟在哪裡呢？無論航程、地勢，尤其是地理位置，若認定是在大濁水溪溪口右岸海濱（今牛堀社附近）應該不會有疑慮。至於博士所見，相信亦與此看法一致。

然而，對於大濁水溪溪口附近是否為哆囉滿社這個問題，僅一部分可如

〔註51〕陳淑均，《噶瑪蘭廳志·卷八雜識下》，頁433。
〔註52〕按巾老耶，見於典籍亦作筠椰椰、根椰椰等。

此認定，而不是全部如此。此問題恰如巾老耶或花蓮港之屬於直加宣一部分，而不是全部相同一般；抑或蘇澳為蛤仔難的一小部分而不能代表全部一樣。因其抵達目的地的一部分，而使用該地域的統稱，以致一書為「抵蛤仔難」，另一則為「抵直腳宣」，使用相同的筆法，這是毫無疑問且無須再討論的。然而，所謂哆囉滿的領域，當然為北面起自大濁水溪，經過三日後，又重新抵達一處名為直腳宣的區域。此間經歷三日的航行，係沿著哆囉滿東岸南行，終於抵達南界米崙溪後，始能稱為到達另一領域，即直腳宣。至於此一南北領域，範圍究有多大，本文在前面已詳細論及，在此不做贅述。

但對於博士文中所述：「包括花蓮港在內這一大區域」，即不在筆者所主張的範圍內。因為哆囉滿南境既以米崙溪為界，花蓮港自排除在外，不需要再加以說明。

（六）新城部落一帶的新說與荳蘭社新說

在筆者演講前 2 日，昭和 13 年（1938）4 月 13 日，楊雲萍於《臺灣日日新報》發表〈芝山巖考〉一文。在閱讀之際，獲知安倍明義所著《臺灣地名研究》於近日發行，自忖該書如有哆囉滿的紀事，對 15 日的演講應不無助益，乃直接前往臺北圖書館借書。閱讀後果然有兩個新的發現，該書在「哆囉滿」的標題下，列出葡萄牙、西班牙以及〈番境補遺〉等紀錄，如下：

> 哆囉滿：西班牙人所謂 Tarumoan，以及漢人所稱的「哆囉滿」，乃至倒咯滿，應該都是占住擢其黎（得其黎）溪上游流域山中的泰雅族太魯閣群，將同一地區新城一帶的部落稱為 Torowan 所導致發音訛傳而來。現在該地區依然以產砂金而聞名，因此緣故，過去葡萄牙人以「金河」之意取名 Riodouro 者，其實並非指花蓮溪，而應該視之為擢其黎溪較為妥當。又《臺海使槎錄》收錄的〈番俗六考〉中：「後山倒咯滿南有金沙溪」，應該也是指擢其黎這個地方。但同書又另將奇萊平原的阿美族部落多難（今荳蘭）社比擬，並列舉崇爻後山九社。而多難社一作倒咯滿的說法，雖難免有失考之嫌，但在此以前，沈光文的〈平臺灣序〉夙已闡明這方面的地理資訊：「蛤仔難（後之宜蘭）三日至哆囉滿、三日至直腳宣（後之七腳川）」，直腳宣係崇爻九社之一社，而多難社又實際位在相連的南方，無法與「由蛤仔難至哆囉滿」、「由哆囉滿至直腳宣」等敘述相符合。問題既然如此，則 Torowan 這個地方的位置，始可免於矛盾之處。至於所謂

哆囉滿之地,即已沉沒於新城附近的海底(《臺灣文化志》)。但哆囉
滿與倒咯滿也不是同一個地區,因為如果將倒咯滿視為多難社所在,
〈番俗六考〉的敘述非但可以免除不合地理位置的指責,將 Riodouro
位置界定於花蓮附近的問題也可以迎刃而解。如現在仍灌流於花蓮
港街的溪流,注入大海的海岸一帶,仍出產大量的砂金,現今臺灣
產金會社的砂金礦區,尚包括吉野與荳蘭在內。〔註53〕

　　以上引用的敘述,在意義上並非筆者的見解,而是屬於其他論者。但將
Riodouro 以及金沙溪當作擢其黎,復將多難社當作「一作倒咯滿」的說法判
定為失考之處,筆者亦有同感。尤其,執意不將此倒咯滿與「後山倒咯滿南
有金沙溪云云」的倒咯滿連成一處,反而與近音譯字所表示的地名草率相連
結,則其應受失考的指責自不待言。何況,原先指稱擢其黎溪附近為哆囉滿
之後,又說多難社為古代產金地,不免有被指為「認識不足」的嫌疑。以下,
敘述此項理由。

1. 將擢其黎附近一小地號指稱為哆囉滿的錯誤

　　依據〈平臺灣序〉所載航程,不論是自北方蛤仔難或南方直腳宣,各航行
三日後抵達這一航泊地,也就是位處兩地中間的哆囉滿。這一說法如果成立,
則筆者在前言所舉「大濁水溪口附近」之論,就立即被摒除在外。但是問題的
關鍵在,今若將擢其黎溪附近視為哆囉滿時,地理位置過於偏南失去正中間的
位置之外,蛤仔難與哆囉滿間的距離航行不免過於短距。其次,哆囉滿與直腳
宣間的航程,經此改變所須時間不減反增,豈不是十分不合邏輯之論。因此,
本文一再提及,此一南北兩地的正中央非大濁水溪口附近莫屬,至於哆囉滿的
北部也就應該及於該條溪所在,何況進一步由大濁水溪以南這一條航程來說,
不論由地勢或距離來觀察,亦僅不過二日間的海路而已。是故,這一地區若確
實是古代哆囉滿的全部領域,則前人在撰寫〈平臺灣序〉時,其文字就應該改
寫成「蛤仔難,五日至哆囉滿,又一日至直腳宣」,才比較合理。當然,這個地
方既屬於哆囉滿社一小部分,在書寫上「五日至哆囉滿」,並沒有任何差別。因
為筆者認為前三日部分,既然書寫為「至哆囉滿」,就表示航程已進入哆囉滿境
內,而後經過同一社內的航泊地就該省略不提。其敘述便與前段在蛤仔難境內
的航行相同,可以將境內的其餘航泊地全部省略。

　　再者,將多難社當作倒咯滿,認為有失考證的理由是,該敘述引用〈平

〔註53〕安倍明義編,《臺灣地名研究》(臺北:蕃語研究會,1938),頁312。

臺灣序〉的紀錄，卻認為直腳宣僅為崇爻九社之一，若將多難的位置實際連接於它的南境，勢必無法與該序文的說法一致。其實，這個論點理由過於薄弱，因多難社位置固然與直腳宣以南接壤，正確位置應該是「位居其東方微南之處」。此一問題，雖不值得在此討論，但將該序文提到的直腳宣視為「崇爻九社之一」的見解，依然是莫大的謬誤。也就是說，此一直腳宣並非與文獻中所列舉「崇爻九社」的多難、薄薄、筠椰椰等社相同的小社名號，而是包括以上這些小社在內的「直腳宣五社」這一統稱，以此為代表使用下來。

另外，前文中又有依據《臺灣文化志》之說，且推論云：「哆囉滿之地已沉沒於新城附近的海底」，這個說法也是將哆囉滿看做一小地區，乃至一小社的謬誤，沉入海底的說法更是不可靠的謬論，不值得於此再加贅述。

2. 多難社為古代產金地的謬誤

《臺灣地名研究》在「哆囉滿」條的末段提及，〈番俗六考〉的「崇爻山後九社」中，多難社的註腳「一作倒咯滿」，與同書另外一條「倒咯滿南有金沙溪」視為同個地方。以及，將多難社認為是古代的產金地這一見解。關於這個新的說法，因已脫離哆囉滿問題的範圍，在此處原已沒有討論的必要，且在筆者的看法亦是牽強附會而已，但仍應略述否定的理由。何況，多難與哆囉滿並非同個地方，筆者自始至終都秉持這種看法。

因為，依據此一新說，〈番俗六考〉中的金沙溪記事便為：「山後多難，南有金沙溪」。由此，若將多難社即今之荳蘭社南面溪流進行檢討，則社內並無溪流存在，有溪流處已至隔著他社所在的木瓜溪。假設這條溪流在古代流經多難的方向，同時也在此採金，則此溪的流域在所謂「直腳宣五社」這一統稱下，至少也必須流過二、三社，用以表示所經之地外，其統稱應使用直腳宣來表示，豈有以多難這個小社名來獨占之理。所以這一新說也是一種不符實際的說法而已。另外，木瓜溪的砂金既不見舊文獻所載，更無口碑的流傳，此一狀況多為世人所知。然而，明治40年（1907）佐久間總督在巡視東部時，由花蓮港南下途中，於木瓜溪設休息所進行午餐。當時，筆者也在隨行之中，因而下溪嘗試淘沙，卻意外洗出數十顆細微的金粒，遂請總督過目，總督大感喜悅，成為此條溪流發現砂金的嚆矢。至大正3年（1914），太魯閣蕃大加討伐後，冒著危險到上游パトラソ社下方，試行淘洗確定多處含有砂金，惟在該下方末端獲得一處較大以外，其餘均為細微金粒，是否具有經濟價值，因尚未進一步調查，無從獲知。惟有砂金一事，當從此發現起始。近

年，砂金熱升高，吉野村荳蘭亦包含在內，猜想當多少受此介紹所影響。再者，紀錄上亦提及花蓮港的砂金附會於多難產金這一說法，這應該是指米崙溪溪口附近的海岸砂金。這一地帶的砂金，在領臺後不久已為世人所知，因為這一條溪流流經多難，即荳蘭社北方，不符合「倒咯滿（多難）南有金沙溪」之說，可知多難社產金的新說難以成立。

（七）初期的擢其黎溪下游新城附近說

筆者為研究臺灣的地名，在台北圖書館調閱目錄時，意外發現尾崎秀真氏《三百年前之東部臺灣》寫本，乃將之一併借閱，發現書內有關哆囉滿的下列記事：

> 要確認哆囉滿在今日的何處這個問題，首先應從究竟在東海岸何處出產砂金這一問題著手，可說是一條捷徑。時至今日的調查，產金地點應位於擢其黎下游今名新城的附近，因擢其黎溪與七腳川在距離上不算太遠。以今日花蓮港為中心，當年該地區的海岸不但曾經有日本人的海上交通，在陸地上也有相當多的同胞在此居住，採取砂金的規模盛大，再將砂金往南洋輸出。〔註54〕

尾崎氏認為從現在的產金地進行研究，所建立新城附近產金地這一新說，可說是歷來各種說法中較有突破性創見者，惟其中尚存有幾分偏向於花蓮港之外，且未注意統稱與小地號的區別，以致與其他異說同樣無法掌握確切之處，為十分遺憾的事。然而，該書為大正12年（1923）尾崎氏擔任臺灣總督府史料編纂委員會所撰述的著作，筆者也是委員之一，但依據大正14年（1925）所書之，猶為未定之稿。

（八）結　語

以上依據各種說法所成的定論，盡力詳敘從未確認的哆囉滿位置與相關問題，以及否定的理由，相信已盡筆者所能地列出大要。

總之，哆囉滿這個名稱在古代是以統稱方式與等同地位的蛤仔難、崇爻，乃至直腳宣對立，經常出現在典籍當中。它在古代絕非一小社，如大濁水溪下游或擢其黎下游的一個小社，在本文中已明白敘述。但眾多前輩與諸多方家，卻不拘這個事實以致疏於注意，令人覺得不可思議。在筆者所舉的考證當中，如有謬誤之處，期待各界鞭躂，在此結束這場演講。

〔註54〕尾崎秀真原稿本，《三百年前の東部臺灣》，國家圖書館臺灣分館藏。